# 细读两汉四百年

杨基宁 著

华文出版社

图书在版编目（CIP）数据

细读两汉四百年 / 杨基宁著. -- 北京：华文出版社, 2022.2

ISBN 978-7-5075-5619-3

Ⅰ.①细… Ⅱ.①杨… Ⅲ.①中国历史—汉代—通俗读物 Ⅳ.①K234.09

中国版本图书馆CIP数据核字(2022)第028446号

## 细读两汉四百年
### XIDU LIANGHAN SIBAI NIAN

| | |
|---|---|
| 著　　者： | 杨基宁 |
| 出版策划： | 品　雅 |
| 责任编辑： | 景洋子 |
| 出版发行： | 华文出版社 |
| 社　　址： | 北京市西城区广安门外大街305号8区2号楼 |
| 邮政编码： | 100055 |
| 网　　址： | http://www.hwcbs.com.cn |
| 电　　话： | 总 编 室 010-58336239　　发 行 部 010-58336202 |
| | 责任编辑 010-58336252 |
| 经　　销： | 新华书店 |
| 印　　刷： | 固安县保利达印务有限公司 |
| 开　　本： | 710×960　1/16 |
| 印　　张： | 16 |
| 字　　数： | 233千字 |
| 版　　次： | 2022年2月第1版 |
| 印　　次： | 2022年2月第1次印刷 |
| 书　　号： | ISBN 978-7-5075-5619-3 |
| 定　　价： | 49.80元 |

版权所有　侵权必究

# 目录

## 上篇·西汉

厚颜无耻的刘邦与他众多的追随者　　003

刘邦与吕后的较量　　009

白登之围中的刘邦　　015

汉文帝的忍气吞声　　023

唯一传五世的异姓王,长沙国的幸与不幸　　031

西汉最伟大的预言家,真的是一枚弃子吗　　039

张释之当法官,真的能做到天下无冤民吗　　047

既然口口声声说后悔,汉景帝为什么不给晁错平反　　055

七国之乱——诸侯王为何集体不服气　　063

单从个人品质来说,张骞为什么能走那么远　　073

张汤,一个非典型酷吏的意外死亡　　080

一代名将卫青,为何屡遭后世文人讥笑　　090

| | |
|---|---|
| 霍去病英年早逝，最感内疚的人是谁 | 099 |
| 杨仆移关，当真是因为"耻为关外民"吗 | 108 |
| 盐铁大辩论，汉武帝背后的男人桑弘羊真的输了吗 | 116 |
| 谁曾想到他竟超越了汉武帝 | 126 |
| 苏武牧羊中的路人甲，为何班固反复念叨他八次 | 138 |
| 倘若赵飞燕生了孩子，她的命运又会怎样 | 145 |
| 王莽的头颅：一个理想主义者"黑化"的下场 | 155 |

## 下篇·东汉

| | |
|---|---|
| "以柔道治天下"的刘秀，偏偏在这件事上铁血无情 | 169 |
| 汉明帝的"夜梦金人"，当真只是一个梦而已 | 179 |
| 班超麾下汉军一千，当真可抵贵霜十万吗 | 188 |
| 燕然勒功的窦宪，为何总是存在感全无呢 | 198 |
| 谭嗣同拿她影射慈禧，对这位东汉皇后公平吗 | 209 |
| 外戚宦官的轮盘赌，为何宦官能连续坐庄六把 | 221 |
| 立志"扫天下"的陈蕃，结局却是白头狼狈只堪哀 | 233 |
| 黄巾军的首领张角和宦官张让之流竟是师兄弟关系 | 244 |

上篇·西汉

# 厚颜无耻的刘邦与他众多的追随者

汉高祖九年（前198），气势磅礴的未央宫终于落成。

逢此盛事，刘邦大宴群臣。宴会的高潮是刘邦给老父亲刘太公祝寿敬酒，可他的祝酒词却满是讥讽："想当初在沛县，您老说我不务正业，像个无赖一样瞎混日子，比不上我哥刘仲。老头子，现在您看看，我和刘仲的产业谁做得大啊？"群臣听闻高呼万岁，并随着刘邦开怀大笑。

《史记·高祖本纪》没有记载太公的反应，不知道他有没有被臊得脸红脖子粗，酒还喝不喝得下去。不过，可以想象到，以老父亲对刘邦的了解，刘太公多半是尬笑两声，接着该吃吃、该喝喝。否则，要跟刘邦这个"混账儿子"置气，他早就没脸活下去了！

这个儿子到底有多混账？世人最熟悉的桥段是：广武对峙时，刘太公被项羽抓去，项羽威胁刘邦要把他老父亲活煮了的时候，刘邦竟喊出："分我一杯羹！"也许有人会替刘邦开脱：这正是刘邦的聪明之处，看似不重亲情，其实是救父的权宜之计。

刘邦的冷酷自私，还真不是嘴上说的。有一次被楚军追赶，为了逃命，刘邦多次把自己的孩子（后来的汉惠帝刘盈和鲁元公主）从车上踢下去，以使车辆减重，从而加快速度，作为车夫的夏侯婴只能不断地回去捡孩子。所谓虎毒不食子，单从这件事看刘邦，就是用诸葛亮骂王朗的那句千古名骂也不为过——我从未见过如此厚颜无耻之人!

就是这样一个无情无义之人,为何能让"汉初三杰"韩信、萧何、张良死心塌地跟着他干?就是这样一个品性有明显瑕疵的流氓无赖,居然最终夺得天下,他是如何做到的?

## 纠错比翻书还快

刘邦被民间吐槽为"品性差",确实是因为他做过不少糊涂事。他带领反秦义军进入咸阳时,当下就花了眼,窝在咸阳秦王宫里吃喝玩乐;他率领反楚联军拿下彭城时,也是一进城就脑袋犯晕,狂饮滥宴;他带三十万大军去攻打匈奴,看到对方是老弱残兵后立马放松警惕,傻乎乎地往人家的包围圈里撞。

刘邦虽然犯错多,但他拥有一项神奇的技能——纠错比翻书快。

在咸阳城里,刘邦被樊哙、张良指出错误后,立刻就从纸醉金迷中走了出来,站在咸阳大街上义正词严地公布约法三章,轻松赢得了人心。因他不识韩信的才华,韩信负气出走,好在萧何月下追韩信,回头又劝诫刘邦一番,刘邦知道自己看走了眼,便举办了隆重的典礼,破格提拔韩信为大将军。

有一件和韩信有关的事,特别能体现刘邦的现场改错能力。

《史记·淮阴侯列传》中记载,韩信攻下齐国后,派使者去见刘邦,说了一堆理由,要求封韩信为假齐王。刘邦大怒,当场破口大骂:"我被困在广武,日日夜夜盼望你韩信来救援,你不但不来,反而想自立为王,岂有此理?!"

这时,身边的张良和陈平双双踩了他一脚,并附耳言语几句,刘邦立刻开悟,改口骂道:"大丈夫定诸侯,即为真王耳,何以假为!"于是马上铸印,派张良出使,立韩信为齐王。

这当真是"纠错比翻书还快"。人在愤怒的时候往往不能理性思考,刘邦在这样气急败坏的情况下还能立即纠错,确实非常人可比。

更多时候,刘邦的纠错,认真到"自我打脸"的地步。在刘邦北伐匈奴前,谋士刘敬高呼匈奴有陷阱，刘邦一怒之下将其下了狱。后来果如刘敬所言，刘邦陷入白登之围。若是换成后世几位"枭雄""霸主"，回来后定然先把刘敬从监狱里拖出来砍了，比如袁绍和谋士田丰的故事，最后田丰被杀；而刘邦的做法却与袁绍大相径庭，刘邦回朝后心急火燎地把刘敬放了出来，心悦诚服地向他道歉，给刘敬加官晋爵，委派他赴匈奴和谈，咬牙与匈奴谈定"和亲"条款——只要能给新生的汉王朝赢得休养生息的时间，就算"啪啪"打脸，朕也认了。

## 不拘一格用人才

刘邦能够从"草根"奋斗成为帝王，最重要的成功因素，就是有自知之明，而有自知之明的人，往往会有所谓的知人之明。

韩信与刘邦那段最著名的对答充分说明了这一点。韩信初次和刘邦对话时曾不客气地问："大王自料勇悍仁强孰与项王？"（《史记·淮阴侯列传》）而刘邦老老实实回答说："不如也。"一个有地位、有权力的人说自己不如别人，估计很多人做不到，但当时的刘邦做到了。

之后，刘邦问韩信自己能带多少兵，韩信扳着手指头说道："大王带兵，不过十万。"刘邦又接着问道："那将军能带多少兵呢？"韩信自信地说了四个字："多多益善。"一般的领导，见下级如此狂妄自大，估计早就拂袖而去了，但刘邦笑了笑说："那你为啥给我打工呢？"韩信机智地答道："大王不能带兵，可是能带将啊！"

正如韩信所说，刘邦确实是帅才，而且能不拘一格地用将，所以他的队伍里什么出身都有：张良是贵族，陈平是游士，郦食其是说客，萧何是县吏，樊哙是狗屠，灌婴是布贩，娄敬是车夫，彭越是强盗，周勃是吹鼓手，韩信是"下岗待业青年"……但刘邦把他们组合起来，各就其位，让所有的人才都能够最大限度地发挥作用。

其实，有很多人，如韩信、陈平，都是从项羽麾下转投刘邦的。根据《史记·陈丞相世家》记载，陈平投奔刘邦后，遭到周勃、灌婴等人的排挤，他们在刘邦面前打小报告,说陈平这人品行不端,从前在家"盗嫂",如今当了护军,"受诸将金,金多者得善处,金少者得恶处"。

刘邦听后火冒三丈,可把陈平叫过来后,却瞬间被他的口才征服:"臣裸身来,不受金无以为资。诚臣计画有可采者,愿大王用之;使无可用者,金具在,请封输官,得请骸骨。"刘邦听得心花怒放,"黑钱"的事不追究了,还要重重赏他。刘邦为何如此?因为他明白,争天下要靠奇谋之士,而不是靠道德模范,所以"盗嫂受金又何足疑乎"?

即使到了生命最后一刻,病榻上的刘邦,面对吕后的询问,对他死后大臣该怎么用,仍桩桩件件交代得很清楚。特别是他对几位重臣的点评,均在未来应验。而在关键时刻挽救汉王朝的,就是刘邦寄予厚望的周勃。

可以说,刘邦开创汉王朝的伟业,就在于其精准的识人能力。

## 骂归骂,用归用

在很多后世儒生的评价中,刘邦日常的一大招厌之处,就是举止粗俗,而且经常粗口骂人。奇特的是,那些被他骂得狗血淋头的部下,仍旧继续忠心耿耿地干活——原因是爱骂人的这位领导,虽然骂部下难听,但锅往往是自己背。

对这事最有发言权的,是曾经被他骂得非常惨的一个人——谋士郦食其。这位老先生干得最多的是出使工作,却在刘邦血战荥阳渐渐抵挡不住时,出了个非常馊的主意:"赶紧刻制玺印,把战国六国的贵族后裔全都封王,叫他们拉队伍来助战。"这条计策,让着急上火的刘邦动了心,连封王的印信都准备好了。倘若不是张良及时阻拦,刘邦就晕乎乎按郦食其说的办了。

当时,张良在对刘邦发出著名的"八难"前的第一句就是:"谁为陛下画此计者?陛下事去矣。"(《史记·留侯世家》)听完张良反对的八点理由,惊出一头汗的刘邦,找来出馊主意的郦食其,怒喷出另一句千古名骂:"竖儒几败而公事。"——你这个臭书呆子,差点儿误了我的大事。

但挨过一顿暴骂后的郦食其，是被刘邦拖出去打了，还是剁了？什么惩罚都没有。这就是刘邦的风格——骂归骂，该用还会用。哪怕张良强调"谁为陛下画此计者？陛下事去矣"，刘邦也没有"甩锅"给郦食其。他出的主意不对，可以不听；但不能因为一件事，就把一个人给否定了。之后刘邦继续任用郦食其，让其从事擅长的出使工作。

这样一位坏脾气的领导，每次骂人都够粗暴，但骂过之后却是霸气大度地揽责。犯了错的部下，只要你是认真做事，即使犯了错也不会失去信任，对于这样用人的领导，部下当然服气。正如挨过骂后的郦食其，继续辛苦奔走游说，最后在齐王暴怒的刀锋下慷慨就义。以死相报的壮烈，没有辜负刘邦的信任。

## 主次分明，大局观超强

刘邦虽然脾气坏，不太尊重人，但是他足够尊重规则。在真正做决策时，刘邦往往能公私分明、分清主次，从大局出发，绝不公报私仇。

《史记·留侯世家》中记载了一个故事。汉高祖六年（前201）时，刘邦刚得天下，还有很多功臣没有封爵，因为具体到每个功臣，如何记功，封什么样的爵位，是颇为复杂而且容易引起矛盾的事，因此时间就拖得有点儿久了。

有一次，刘邦远远地看到宫殿外的将军们三三两两地交头接耳，就问张良："他们在谈什么呢？"张良说："陛下不知道啊，他们在商量谋反啊！"刘邦听了大惊失色。张良的回答可能有些夸张，他是在提醒刘邦，由于分封不及时，很多人的思想在发生变化，怀疑自己是否曾得罪过刘邦，怕他记仇……对此张良给出解决方案："上平生所憎，群臣所共知，谁最甚者？"就是在群臣中，找个与刘邦关系最恶劣的人封侯，来安抚人心。

刘邦马上接受了张良的这一建议，急封雍齿为什邡侯。雍齿一封，所有功臣都安心了。因为大家都知道雍齿是皇上最讨厌的人，连他都封侯了，那些功臣还担心什么呢？

雍齿能活着封侯甚至平安终老，也显示了刘邦的宽容大度。

说起来，作为老乡的雍齿从一开始就瞧不上刘邦，他是最早一批参与刘邦义军队伍的人，当时纯粹是因为不参加义军队伍就会家产不保，所以豪绅出身的雍齿，打心眼儿里看不上无赖出身的刘邦。刘邦对雍齿倒是很重视，想借助他家的声望，募集力量。刘邦对雍齿委以重任，让他镇守义军的后勤补给基地，也是刘邦的老家——丰邑。

但雍齿认为刘邦成不了大事，转投他人献出丰邑，刘邦得知勃然大怒，试图夺回基地却铩羽而归。没了基地的刘邦，无奈之下投了项梁。项梁为刘邦派出援军，才总算夺回丰邑。

历史就是这样爱捉弄人。后来，雍齿兜兜转转成了项羽的手下，刘邦则成了项羽的对手。等到项羽节节败退时，雍齿又不失时机地投奔了刘邦，刘邦虽然痛恨雍齿的反复无常，但是没有公报私仇。直到刘邦过世，雍齿也没受到不公正的待遇，甚至还阴差阳错地及早获封。汉惠帝三年（前192），雍齿病逝，被追谥为肃侯。

当然，刘邦从来没有掩饰过个人对雍齿的成见。在生命末期，刘邦曾重返沛县，与父老乡亲纵情畅饮，留下了著名的《大风歌》："大风起兮云飞扬，威加海内兮归故乡，安得猛士兮守四方！"

临走时，沛县全城出动相送，一起跪倒在尘埃中，求刘邦也免除他出生地丰邑的赋税和徭役："沛幸得复，丰未复，唯陛下哀怜之。"（《史记·高祖本纪》）刘邦回答说："丰邑是我生长的地方，我怎么能忘呢？只是当初你们跟着雍齿反叛我，才落得这样的下场。"在父老乡亲的再三恳求下，刘邦才答应免除丰邑的赋税和徭役。

由此可见，刘邦始终记着这个仇，而且属于咬牙切齿那种，但是他公私分明，并没有因为自己的怨念而加害雍齿，作为一个皇帝，可以说是非常难得的。

综合上面几个方面来说，看似"品性差"的刘邦，其实是一个拥有精准眼光与豁达管理方式的领导。这样的卓越人物，无论放在哪行哪业，都足以吸引业界最优秀的人才为他死心塌地去战斗！

## 刘邦与吕后的较量

汉高祖十二年（前195），大汉开国皇帝刘邦即将走到他生命的尽头。

这一年，他平定了英布的叛乱，在回军路上箭伤发作病倒了。刚回到长安，刘邦又得到燕王卢绾叛乱的消息，于是派樊哙以相国的身份率军讨伐。

樊哙领命刚走，便有人对汉高祖说："樊哙早就跟吕后串通一气，想等皇上百年之后，带兵把戚夫人和赵王如意等全都杀死。"

汉高祖听后勃然大怒，令陈平前往樊哙军中传诏，并暗载周勃同去，届时临阵换将，立斩樊哙。陈平、周勃动身后边走边合计。陈平说："樊哙是皇上的老部下，劳苦功高。更要紧的还是吕后的妹夫，皇亲国戚。眼下，皇帝在气头上，咱们杀了樊哙，万一他后悔了怎么办？况且他病这么重，一旦驾崩，吕后必定要报复咱们。所以我们不能擅杀，还是把樊哙绑回长安，让皇上下令动手吧。"

到了军前，陈平命人筑高台传旨，樊哙见只有陈平前来，没有多想，便一个人上台奉诏，随即被拿下，周勃顺利夺印代帅。

陈平押解樊哙返回长安，走到半路听说刘邦病故，他料想樊哙老婆吕嬃肯定要打小报告，而吕后听了必然会发怒降罪，于是轻车先行，路上遇到使者命他和灌婴驻守荥阳。陈平接诏后，不加理会继续驱车疾回长安。进宫后，他在刘邦灵前痛哭流涕，并借哭灵的机会，向吕后禀奏了处理樊哙一事的经过。吕后知道樊哙没死，自然松了口气，随即也就哀怜感激陈平，此后吕嬃再说啥也不管用了，陈平就此躲过一劫。樊哙被押解到长安，立即获得赦免且恢复了原来的爵位和封邑。

众所周知，樊哙是跟着刘邦起兵的老弟兄，鸿门宴上还救过刘邦一命。但临死前，刘邦却要立斩樊哙，这是一件值得反复咀嚼的事情，在《史记》的《陈丞相世家》和《樊郦滕灌列传》中都有详细的记载，看似一波三折的剧情，却清晰地表明了刘邦对吕后的态度，刘邦知道她和樊哙铁定要对戚夫人和刘如意下手。刘邦宁可千里迢迢派人弄死樊哙，也不会直接诛杀吕后，意图很明显：削弱而不是消灭吕后的力量，警告她不要太过分。而让"功臣派"的周勃、陈平杀死樊哙，是让他们与吕后彻底对立，形成互相牵制的局面。

但令刘邦没想到的是，虽然他还没死，但自己已是油尽灯枯，"人还没走，茶已凉"。司马迁一句"陈平畏吕后"，直接导致刘邦的计划破产，这充分证明吕后此时的影响力已无人可挡。事实上，刘邦死后，吕后独揽大权十五年，把"情敌"戚夫人砍断手脚做"人彘"，整死了刘邦的多个儿孙，掀起血雨腥风，被后世骂作"外戚之祸"发端的始作俑者。

那么问题来了，刘邦既已知道吕后肯定要对自己的宠妃和儿子下狠手，那究竟是出于怎样的考虑，他始终没动吕后？是不愿动还是不能动，或者说连他也根本动不了这个亲密战友了？

## 吕后的权力根基深不可测

吕后到底有多强？不谈能力，光看资历，大汉满朝文武也该心服口服。

父亲吕太公决定把吕雉（即吕后）嫁给刘邦时，刘邦只是个小小的泗水亭长，他比吕雉整整大出十五岁，而且还有个私生子。吕雉的母亲很是不情愿："当初沛县县令求婚你都没同意，为啥把女儿嫁给一个这么差劲的人？"吕太公一句话就顶回去了："刘邦绝非寻常之人，我的眼光不是你妇道人家能懂的。"

于是，吕雉从一个乡绅家的千金，变成一个给刘邦生儿育女、侍奉双亲、洗衣做饭甚至要耕田种地的农妇。后来，刘邦起兵反秦，吕雉因丈夫造反而被关进监狱，遭到狱卒的虐待，以致沛县监狱中刘邦的一个哥们儿——任敖（吕后掌权时，任敖当过御史大夫）实在看不过，打伤了那个欺负女人的小人。楚汉争霸时，吕雉还和刘邦的父亲一起被项羽抓走当了两年人质，这两年她承受的煎熬，同样成为她日后的政治资本。

从嫁给刘邦到他称帝，近十年时间，吕雉承担了古代社会一个女性所要承担的全部责任。可以说，刘邦成功后，能享受上有老、下有小的天伦之乐，吕雉居功至伟。当然，这十年的苦难也磨炼出吕后超越一般女性的坚毅心性。

其实，吕后很早便展露出能成为刘邦"得力助手"的潜质。刘邦躲在芒砀山时，无论藏身何处，吕雉总能找到他。别人问及原因，吕雉说丈夫藏身的上方有五彩祥云。这自然是无稽之谈，但一个农妇无师自通地学会了制造"神话"，利用舆论造势，为丈夫笼络势力，确实不负司马迁的评价："佐高祖定天下。"（《史记·吕太后本纪》）当然，吕后的权力基础深厚的更深层次的原因是，她不是一个人在战斗，虽然后世因为平定"诸吕之乱"，史书上提到吕家总是语焉不详，但我们还是能从只言片语中，解析出吕氏家族的卓越功绩。

《高祖功臣侯者年表》中曾给刘邦的大舅哥吕泽一个非常肯定的判断——"发兵佐高祖定天下"。甚至有学者大胆推断，吕泽的真实功劳甚至可能超过韩信。比如，彭城大败后，刘邦只敢往吕泽驻守的下邑跑，众叛亲离时，刘邦相信的只有吕泽。再如，汉初功臣中，第一批封侯的一小半都曾是吕泽的部属，包括陈豨、靳歙、丁复、蛊逢、朱轸、傅宽等将领，都是吕泽培养出来的。

关于吕泽的历史真相，因为资料缺失，很难再准确打捞，但有一点可以肯定，刘邦最初打天下时，吕氏家族是其最重要的助力。要知道，吕家是带着人马、钱粮、辎重来支持女婿造反的，这一点和萧何、韩信、张良这些单身投靠的人完全不同。倘若再算上吕家的女婿樊哙，吕氏家族在大汉开国时的功劳和势力，当真是无可匹敌。

最后八卦一句，吕泽死于汉高祖八年（前199）。巧合的是，在此之后，刘邦开始和朝臣们提换太子的事。倘若吕泽在世，刘邦怕是连换太子的想法都不敢有。

## 吕后的政治手腕老到毒辣

如今再看西汉初期的皇权,远非后世的"中央集权",就连"非刘姓不能封王"这类事,刘邦还要召集各路勋贵重臣杀白马盟誓。如此状况,套用历史术语说,还处在"脆弱的权力平衡"中。

因此,汉高祖过世后,倘若不是奉行强权政治的吕后,压制那些"削亦反、不削亦反"的诸王,恫吓那些对"王侯将相宁有种乎"深有体会的功臣集团,恐怕初建的汉王朝立刻会陷入天下大乱。

这绝不是危言耸听。可以说,汉朝开国皇帝刘邦的整个皇帝生涯就是一本平叛工作笔记,但还是按下葫芦起了瓢,直到他过世,对燕王卢绾的平叛也没结束。可以想象,无论是懦弱的太子刘盈、跳舞撒娇很在行的戚夫人,还是未成年的刘如意,任谁掌了大权,都很难稳住国家局势。

所以,刘邦死后,唯有吕后才能保证政权的平稳过渡。史书中的记载是"吕后为人刚毅,佐高祖定天下,所诛大臣多吕后力"(《史记·吕太后本纪》)。一方面交代了杀功臣的"脏活"多是吕后干的,揭露其手段残暴尤胜刘邦;另一方面也可以想象出官员们对双手沾满鲜血的吕后多么恐惧,前文说过的"陈平畏吕后",应该能代表一大批官员的想法。

所谓"杀人立威",吕后是用韩信、彭越等功臣的人头树立个人权威的,而且手段毒辣,全都是夷三族。

杀韩信时刘邦不在,这么大的事,吕后既不事先请示,也不事后汇报,自己做主就干了。等到刘邦打败陈豨,回来才知道此事。彭越死得更冤,他被人诬告,刘邦不过是贬他为庶人。在流放途中彭越撞上吕后,当真是自己找死,他居然找吕后哭诉,吕后当场安慰他,旋即带他回去。等见到刘邦,吕后却劝说刘邦杀了彭越。原因无他——彭越是"壮士",一个有实力的人,要么不动,动了就得斩草除根。于是吕后派人补齐彭越谋反的证据,将他剁成肉酱分发给各诸侯王吃。可以想象,各诸侯王拿到肉酱时,是怎样的胆战心惊!

刘邦驾崩后，掌握大权的吕后凶相毕露，把刘邦后宫外加诸侯勋贵圈闹得鸡飞狗跳。但国家并没有乱，西汉的皇权完成了平稳过渡。汉惠帝在位七年里，更是"天下事皆决于高后（吕后）"（《史记·齐悼惠王世家》），国家社稷，由她稳稳扛起。

吕后，这位手腕狠辣的"毒夫人"，变成了能力卓越的"女强人"。她独创的"举民孝悌力田者复其身"的国策，以种地打粮作免除徭役的条件，激发全国农民的生产积极性；汉朝的田租也被她减为"十五税一"；新型的"戍卒岁更"，令大批士兵每年可以返家生产；每一件，都在给汉朝经济民生护航。因此，吕后专权的十五年，是叫刘氏宗族暗无天日的年月，却是《史记》上"政不出户，天下晏然……民务稼穑，衣食滋殖"的繁荣时代。

值得一提的是，这位被后世文人骂作"毒妇"的吕后，还废除了自秦代开始实施的著名恶政"挟书律"。从此，"私藏禁书治罪"在汉朝成为历史，散失的华夏典籍重见天日。汉朝文化从此蓬勃发展，只此一条，便可光耀千秋。

## 吕后才是刘邦钦定的"继承人"

刘邦最后一次见吕后，吕后问他："陛下百岁后，萧何过世后谁能做相国？"刘邦回答："曹参可以继任。"吕雉又问："曹参之后呢？"刘邦说："王陵可以，不过他略显迂愚刚直，陈平可以帮他，陈平智慧有余，难以独当重任。周勃深沉厚道，缺少文才，但安定刘氏天下的一定是周勃，可以让他担任太尉。"吕后还想再问，刘邦摆摆手："再以后的事，也就不是你所能知道的了。"

笔者认为，《史记·高祖本纪》中记录的这段刘邦的临终遗言，充分证明了吕后才是刘邦钦定的"继承人"。他们不仅是夫妻，而且是白手起家共创大汉基业的亲密战友。他们之间，少了凡人夫妻的相濡以沫，而多了像欣赏敌人或对手一样的惺惺相惜。

众所周知，刘邦十分宠爱戚夫人和儿子刘如意。曾有三年时间，他一直想要废黜太子刘盈，改立刘如意为太子。刘盈是吕后唯一的儿子，废太子就等于"废后"，毕竟太子一旦换人，吕后和戚夫人的地位也必然要发生变化。

说到底，刘邦和吕后在三年的"立储"之争中，实际上已经撕破脸一决高下了。即使刘邦是皇帝，一言九鼎，但在这件事上，朝廷重臣却是一致反对。不仅如此，张良后来又给吕后支了一招，请出"商山四皓"，来获得更多的民间舆论支持。"商山四皓"是四位传奇老人（东园公唐秉、夏黄公崔广、绮里季吴实、甪里先生周术），当年刘邦遍求天下贤士，他们坚决不出山、不奉诏。

不久，在一次正式宴会中——极可能是刘邦想摊牌了，太子刘盈出现时，身后跟着四位须发皆白的老人。当刘邦知道这是他怎么请也请不来的"商山四皓"时，他大惊失色。而四位高人也说出侍奉太子的原因："陛下轻士善骂，臣等义不受辱，故恐而亡匿。窃闻太子为人仁孝，恭敬爱士，天下莫不延颈欲为太子死者，故臣等来耳。"（《史记·留侯世家》）

"商山四皓"向刘邦敬酒后，旋即离去，这让刘邦的计划彻底破产。刘邦悲伤地对戚夫人说：太子"羽翼已成，难动矣"。接下来对戚夫人说的那句话更是惊心动魄："吕后真而主矣！"（吕后真的要做你的主人了！）

经过几番较量之后，刘邦不得不承认，他动不了吕后了。张良、周昌、叔孙通所代表的朝廷重臣、"商山四皓"所代表的民间舆论都坚定地站在太子刘盈这一方。刘邦必须放弃，他的理智战胜了情感，为了王朝能延续下去，只能牺牲戚夫人和刘如意。

历史也证明刘邦的选择是正确的，理智冷静的吕雉确实比很傻、很天真的戚夫人更适合治国理政。在大政方针和选相用将上，吕雉几乎完全执行了刘邦生前的安排；同时，轻徭役、薄赋税，对工商实行自由政策。在她执政时期，政治、法制、经济和思想文化等各个领域稳定发展，为"文景之治"奠定了坚实的基础。因为吕雉对匈奴采取忍辱负重的策略，到了汉武帝时，大汉朝才能积聚足够的硬实力，打得匈奴俯首称臣。

## 白登之围中的刘邦

西汉初期，在吸取秦末六国旧贵族反扑的教训后，刘邦分封了七位异姓王来协助治理六国故地。其中，韩国故土由韩襄王庶出的孙子韩信统治，为区别于淮阴侯韩信，故一般称之为韩王信。

公元前201年，韩王信投降匈奴，并与之联兵南下，攻下太原郡。刘邦得知后，率三十二万大军御驾亲征。汉军出兵后连战连捷，刘邦遂产生轻敌思想。他亲率二万（一说五万）汉军精锐部队作为前锋乘胜追击。让他万万没想到的是，当追至平城外的白登山时，中了埋伏。刘邦被迫撤到白登山上，历史上将这一事件称为"白登之围"。

形势可以说是万分凶险。当时正值隆冬，汉军缺衣少粮，与对方兵力悬殊，突围无望。但七天七夜后，奇迹发生了：冒顿单于下令打开包围圈的一角，让刘邦率军下山缓缓撤出。"白登之围"以这样戏剧性的方式解决，而更狗血的情节却在幕后。

民间的描述形象而生动，陈平献计用重金贿赂冒顿单于的阏氏，并告诉她汉朝女子美丽温柔，如汉帝被俘，势必要进献女人，那时阏氏地位恐怕难保。于是乎，阏氏对冒顿狂吹枕边风，最终使匈奴网开一面……

陈平之计真的这么狗血？作为匈奴最高统帅的冒顿，耳根子真有这么软？刘邦脱险真的是靠美人计吗？

## 白登之围究竟是天灾还是人祸

其实从战国前期开始,匈奴就已经成为中原王朝的巨大边患。汉朝刚刚建立,趁着天下归一的余威,意图一举解决北方边患。韩王信投靠匈奴,就成了这一策略实施的导火索。而汉高祖亲征也明确了这场汉匈大战的历史性质:汉朝与匈奴,两个开始勃兴的帝国,第一次正面交锋。

说起来,刘邦做皇帝之前,其个人领兵战绩实在是一般,几次和项羽对垒,都差点儿全军覆没,而韩信却凭借楚汉战争中的优异表现被后世封为"战神"。因此,当了皇帝的刘邦,从某种程度上说,一直在为自己捞取更多的军事资本,用战绩震慑诸侯,增强统治权威。

因此,刘邦登基后多次亲征平定叛乱,包括臧荼、利几。有了前几次的平叛亲征,高祖率兵亲征韩王信和匈奴,便是自然而然的事情。群臣知道,韩王信知道,而匈奴知道也在情理之中。

开战后,汉军进展顺利,捷报频传。但刘邦毕竟久经沙场,面对匈奴这个从未交锋过的新对手,一开始他是相当谨慎和小心的。刘邦不断派遣使者前往匈奴,既是外交手段,更是打探虚实。来来回回十几批使者,带回来的消息相当一致,说是沿途所见,匈奴人困马乏,连战连败后士气低落。

刘邦还是放心不下,又派遣刘敬出使匈奴。刘敬回来后,却有相反的看法:"两国相击,此宜夸矜见所长。今臣往,徒见羸瘠老弱,此必欲见短,伏奇兵以争利。愚以为匈奴不可击也。"(《史记·刘敬叔孙通列传》)他反对继续进攻匈奴。

此时汉军早已大举出动,大军的前锋已翻过晋阳和平城之间的句注山(今雁门山)。刘邦听完后颇为恼怒,爆粗口骂道:"你这个齐国混混,用口舌混得一官半职,竟敢混言妄语,阻我大军出击!"当即下令将刘敬关押。于是,刘邦坚定了决心,命令部队向平城挺进。

在《史记·高祖本纪》中,此后发生的事情只用了非常简略的一句话概括:"高祖自往击之,会天寒,士卒堕指者什二三,遂至平城。匈奴围我平城,七日而后罢去。"

请仔细研读措辞,汉高祖亲自领兵进军,遭遇极端寒冷天气,汉军多人被冻伤,以致十个人里面有两三个人手指头都被冻掉了,这个损失有多惨重?以当时汉军总人数三十二万来计算,冻伤导致的非战斗减员接近十万人,然后大军到了平城,被匈奴的部队围困了七天。

单看这个记述,很容易得到一个推论:白登之围,主要是因为天气不给力,从而让读者忽略汉高祖这个主帅指挥上的失误。在《史记·匈奴列传》中,记述则变成了"会冬大寒雨雪",同样凸显极端天气对汉高祖被围事件的影响。这会使读者产生一个新的疑问——刘邦好歹也是身经百战,他真的会在这种极端天气、非战斗减员人数如此之高的严重情况下,突击冒进吗?

事实上,关于白登之围,《史记》中的《陈丞相世家》《刘敬叔孙通列传》等其他篇章中都有叙述,但竟然都没有"士卒堕指者什二三"的记载,甚至连天气都没提。特别是前文提到的刘敬力阻汉军冒进,明知前面是陷阱、刘邦又要往下跳的危急时刻,以刘敬的敏锐,为什么对严重不利于作战的恶劣气候只字不提呢?

原因或许在书外,《史记》成书于汉武帝太初年间,虽然司马迁忠于事实的治学精神为后世所崇敬,但在《史记》中,我们常常看到他左右为难的记述:既想坚持自己的原则,真实地记录史实,又不能太过清楚,让汉家宗室难看。

如今,网络上有很多历史爱好者称司马迁为"刘邦黑",指司马迁在楚汉相争过程中,多次形象具体地描写汉高祖败走的情形。但需要厘清的是,这些所谓的"黑",都是在刘邦登基前;而登基之后,司马迁笔下的刘邦,征伐四方时绝对是英明神武,势如破竹,尽显天威。

面对刘邦当皇帝后最大的一次挫折,尤其是因为他的轻敌导致的危机,司马迁自然不能妄言。此时,刘邦代表的已是中原王朝而不是一方诸侯或者草莽英雄,于是司马迁只能"甩锅"给天气,用"士卒堕指者什二三"来影射这次作战的惨重损失。

## "白登之围"真的是围而不攻吗

既然司马迁能以"士卒堕指者什二三"来影射这次作战的惨烈，那么必将牵扯出另一个疑问：白登之围时，真的像史籍中记述的那样围而不攻吗？

首先，我们先简单回顾一下"白登之围"的过程。

晋阳战败后，匈奴军与韩王信军分兵，不再与汉军进行列阵对战。冒顿单于充分发挥骑兵的机动性，遇到不利就撤，同时布置兵败畏战的假象，引诱汉军深入追击。

刘邦果然中计，亲率前锋部队追击并攻克平城。而当刘邦部队出城继续追击抵达白登山时，冒顿单于一声令下，四十万精骑突然杀出，将白登山和平城围了个水泄不通。匈奴人作战，擅长的就是分散敌军、诱敌深入，然后快速集结聚歼敌人。汉军旋即被分割在几处，刘邦及其前锋主力被困白登山，平城城中坚守着部分留守部队，而大量步兵还在缓慢靠拢平城的途中。

再来分析一下"白登之围"双方的兵力构成。匈奴不消说，全都是骑兵。《史记·匈奴列传》如此描述匈奴骑兵围困的情景："匈奴骑，其西方尽白马，东方尽青駹马，北方尽乌骊马，南方尽骍马。"冒顿单于如此布阵，必定给刘邦军队带来巨大的视觉震撼和心理压力，毕竟中原多年征战，资源消耗殆尽，连为了给汉高祖的御驾要想找四匹同样颜色的马都非常困难。

而被围困在白登山上的刘邦的两万部队，又是怎样的兵力构成呢？

首先，这支突击部队和后续步兵主力拉开了几天的路程，因此这两万人肯定属于快速机动部队。其中大部分是骑兵，因为刘邦不可能用步兵追击骑兵。刚刚说过关内战马紧缺，和匈奴骑兵相比，汉军骑兵整体战斗力一般，但作为护卫皇帝的亲军，无疑是最精锐的骑兵。此外，刘邦身边还有精锐的兵车步兵，这点在从白登山撤退时可以印证。当时刘邦心急，曾令车骑各部疾走，但被夏侯婴阻止，他坚定不移地命驾车缓缓移动。夏侯婴本人也是车战专家，白登之围后他曾率领兵车部队，在平城之南"三陷阵，功为多"。

当刘邦率部被匈奴主力围困后，冒顿单于得知包围圈内竟是大汉皇帝，自然是喜出望外。匈奴是马背上的民族，作战习惯就是急攻猛进，更何况前面有汉朝皇帝这只"大肥羊"，把他拿下就意味着会有巨大的利益。赶在救兵到来之前叼起肥羊、安全撤离才是上策。

但事情并不那么顺利，在很多人印象中，匈奴人骁勇善战，如今又有绝对的优势兵力，更何况还是由冒顿单于——这位匈奴史上第一卓越的军事家指挥，为何围白登七天而不能下？

这就必须要提起"白登之围"的决定性因素——战场（地利）。从古至今，一直有一个争论："白登之围"的白登究竟是一座台还是一座山？

北魏的地理学家郦道元在《水经注》中说："平城东十七里有台，即白登台。台南对冈阜，即白登山也。"这里的白登台或者白登山，都是传统意义上所认为的马铺山。马铺山也称小白登山，海拔一千三百米，纵深空间不大。但根据学者的最新实地考证，白登山实为采凉山，此山海拔约两千一百四十四米，为大同地区的第一高峰，具备战略制高点的地理优势，马铺山不过是它的小小余脉。而采凉山坡度虽然高，但到了山顶却比较平坦，很有利于驻军坚守。

当然，这场防御战汉军打得非常艰苦，有歌谣如此形容："平城之下亦诚苦！七日不食，不能彀弩。"（《汉书·匈奴传》）意思是说，在平城外这场仗打得太艰苦了，七天没有饭吃，连弓弦都拉不动了！在这七天七夜，白登山上的汉军要顶着饥饿、寒冷等不利条件，击退匈奴大军不断发起的围攻。除了地利之外，还要归功于汉军极强的战斗力。从秦末到汉初，汉军将士个个久经沙场，刘邦亲率的先头部队又是汉军中的精英。此外，匈奴部队更擅长骑射，骑兵再强，攻山时也只能下马步战。汉军则擅长坚守不出的消耗战，要知道，当年楚汉一次对峙就是数年，所以从彼此战法特长上来看，显然居高临下的汉军更能发挥所长。

最终，筋疲力尽的汉军守住了阵地，而拥有数量优势的匈奴人对汉军的战斗力也有所忌惮。汉军列阵撤出包围圈时，两边都安排了强弩，倘若匈奴背信发动攻击，失去地利的汉军很难扎住阵脚。但匈奴人实在没有信心，用已经到手的和约去赌更大的胜利，原因只有一个，匈奴在那七天的急攻中，肯定是吃了不小的亏。

## 提出和亲的极可能是冒顿

两千多年来，关于"白登之围"的最终破解，民间一直归功于陈平的奇计。

《史记·匈奴列传》中记载了陈平之策：他派使者下山，以重金贿赂冒顿单于的阏氏。于是，阏氏进言："两主不相困。今得汉地，而单于终非能居之也。且汉王亦有神，单于察之。"意思是说，两方君王不能相互围困。如果得到汉朝的土地，单于终究不能在那里居住。而且汉王也有神的帮助。冒顿单于居然就这样被阏氏轻易说服了。

单看阏氏的说辞，倒也冠冕堂皇，但实际上却禁不起推敲。

同样是在《史记·匈奴列传》中，我们很容易认识冒顿单于是个什么样的人。杀父夺权眉头都不皱，东胡索要他心爱的阏氏，眼睛都不眨就送出去了。像这样一个心机颇重、视女人为衣物的君王，会因为女人的争宠，而放弃有可能"斩首"成功，进而马踏中原的重大机会？更何况，汉使下山入匈奴大营，如何能不拜冒顿而携带金银去见阏氏；阏氏见了汉使后态度大变，冒顿当真不会生疑？要知道，这个时间周期非常短，回旋余地很小。而历史上打入敌营的说客，成功的必要前提，就是拥有相对宽裕的时间，用反间计绝不是一两天就可以搞定的。综上分析，冒顿绝无可能因为"枕头风"而放刘邦一马。

再仔细阅读《史记·匈奴列传》的原文，其实已经说出冒顿单于的隐忧："冒顿与韩王信之将王黄、赵利期，而黄、利兵又不来，疑其与汉有谋。"意思是说，冒顿本来和王黄、赵利相约共同围攻，可此二人兵马至今没来，因此，冒顿怀疑他们与汉朝暗中有联系。

后事证明，王、赵并无对匈奴不利之举。冒顿单于的担忧貌似多余，但真实反映了当时战场的整体态势。

"白登之围"只是这盘棋中最关键的"生死手"。如果有心，收集《史记》中《绛侯周勃世家》《樊郦滕灌列传》《傅靳蒯成列传》关于此战的只言片语，便会发现，与"白登之围"同时发生的、句注山以北的广阔战场上已经乱成一锅粥，千军万马从各个方向拼命往白登山赶，汉军准备去解围，匈奴和韩王信的部队则是要赶过去解决战斗。而王黄、赵利的部队正是因为遭遇汉军阻击，无法按期赶到平城。另外，包围圈之外的汉朝大军在樊哙等人的率领下，正在缓慢逼近。随着时间的推移，匈奴人的压力越来越大。一旦"时间窗口"关闭，冒顿单于计划的围歼战，就有可能变成阻击战。

对于匈奴来说，这场仗也是输不起的。冒顿单于统治时期，匈奴人口有两百万左右，此次调集精兵四十万骑，几乎是青壮年倾巢而出。一旦吃了大败仗，结局必是草原各部重新四分五裂。

此外，匈奴军围攻白登七天七夜后放弃，和其自身的局限性有关，他们并没有专门的军粮供给，一般是士兵自备粮草，每个人至多能带七天的口粮。七天攻不下来，粮草快耗尽，再拖就会陷入不利境地。冒顿单于一定是看清了战场形势正朝着己方不利的方向发展，于是赶紧和刘邦谈条件，签订"山下之盟"，获得更多的利益。

史料对"白登之围"记录寥寥，且讳莫如深，后世对此有个比较一致的观点：白登之围中刘邦的逃脱，确实存在不太光彩的手段。

这个不光彩，仅仅是指陈平的"美人计"蒙骗了阏氏，但历史的发展似乎又证实了陈平也不算欺骗阏氏——汉朝美女当真是被送过来了，也就是所谓"和亲之策"。

诚然，《史记》把"和亲之策"借刘敬之口提出，但我们有理由相信和亲就是高祖被围白登时的"山下之盟"。

首先，在此之前，从未有过和亲这样的外交策略，更不用说还要附带大量的金絮、缯酒、米食。这样一件无论如何都算不上光彩的事情，仅仅因为匈奴一些小小的边境袭扰，大汉王朝就要忙不迭地嫁女儿（哪怕是名义上的），是怎么也说不通的。

其次，在白登山下商讨罢兵，冒顿单于能提出和亲倒也不奇怪，就像当年东胡向冒顿单于索取了他所爱的阏氏一样，游牧民族习惯用这种方式宣示强者的征服姿态，在刘邦死后，冒顿单于甚至还公然在国书上对吕后提过非分要求。很显然，冒顿单于对汉朝公主可没有所谓的爱慕之心，后来刘邦以宫女伪装成公主送过去，他也并不追究，只要公主陪嫁的金银不少就行。说到这里或许豁然开朗：白登之围，刘邦脱险真的是靠"美人计"，只是此"美人计"非陈平的"美人计"，而是冒顿单于直接提条件要迎娶公主。无赖出身的刘邦，当皇帝前多次遇险，常常不顾父、妻、儿女的死活，只求脱离险境；而这一次，刘邦一咬牙一跺脚，答应把女儿送出去也是完全符合他行事风格的。

但是对于司马迁来说，又是那个老问题，登基后的刘邦代表的是中原王朝，必须要为他遮丑，所谓奇计只能语焉不详。另外，和亲之策也必须从"山下之盟"变成主动怀柔，结为秦晋之好，才算不丢中原王朝的脸面。

# 汉文帝的忍气吞声

史家常称"文景之治"为大汉盛世奠定了物质基础。文景虽然并称，但显然，汉景帝的历史地位和他爹汉文帝比起来要低很多。汉文帝在有汉一代有着崇高的地位，去世后被尊谥为"文帝"，而在宗庙祭祀中则被列为"太宗"，这也是汉朝人对其一生德行仁政的概括。而在后世对于历代帝王的评价里，他更是被视为能做楷模的圣君。

对于一般历史爱好者来说，关于汉景帝的谈资似乎更多些，至少一场七国之乱是在他的手中平定的。而在汉文帝统治的二十余年中，好像一切都很平静，连《史记·孝文本纪》与《汉书·文帝纪》载其事迹也十分简略，有的年份甚至无事可记，给史书留下空白年代，给后人留下汉文帝无所作为的印象。

当然，这并不是汉文帝的真实形象。其实做皇帝做到出名，方法多种多样。有能打的，有能杀的，有不爱上朝的，有爱斗蛐蛐的……而汉文帝的出名，或许能用一个字概括——忍。无论是他登基之前，还是开创治世之后，终其一生，他都是一个特别忍气吞声、谦恭低调的人。

因此，有人说汉文帝是天生仁德宽厚，但也有人说他只是太在乎自己的羽毛和名声，如果仔细研读他处理周勃和弟弟淮南王刘长的细节，就会发现他铁血冷酷的一面……那么，汉文帝的忍气吞声、谦恭低调真的是装出来的吗？

## 打娘胎里就学会了忍耐和小心翼翼

说到汉文帝的能忍，不得不说到他的母亲——薄太后。民间俗话说"儿子随娘"，薄太后，这个女人本身就不简单，是个特别能忍的人。

薄太后的故事主要记录在《史记·外戚世家》中，她父亲是苏州人，母亲则是魏国的王族之后，但薄姬却是母亲和人私通的私生女，秦末大起义后，六国遗民得到翻身，凭借王族的身份，母亲便把她嫁给了魏王豹为妻。

其实魏王豹之前的人生追求并不大，就想一直跟着刘邦。偏偏薄姬的老娘没事儿找事儿，她找了个算命先生，给薄姬相面，算命先生见了她后惊叹：此女将来要生个天子！

因为这句话，魏王豹心痒痒了：她生的儿子是天子，那我自然是天子的老子……于是，魏王豹决定自立门户，跟刘邦翻脸，结果兵败身死。算命先生说的话，他大概到死也没明白：你老婆生儿子要当天子不假，但爹不一定是你啊！

此后，薄姬作为罪臣之妇，被发配到了织室做工。有一天，刘邦偶然到织室，看到她长得还不错，于是便将她带进宫里，可一年多都没有宠幸她。还好，薄姬年轻时有两个闺密，三个人曾立下誓约说："谁富贵了也不要把别人忘了。"后来，这两个人先后得到了刘邦的宠幸。有一次，刘邦听到这两位美人谈起当初的誓约，心中有些伤感，可怜这个薄姬，当天便临幸了她。薄姬忍气吞声这么久，只因为这一晚，便彻底改变了她个人的命运和历史的走向。《史记》上是如此描述的："一幸生男，是为代王。其后薄姬希见高祖。"意思是说，就同宿了这么一次，便生了个男孩，这就是代王，此后薄姬几乎就没见过刘邦了。

说到底，薄姬是完全不得刘邦宠幸的，以致她的儿子刘恒，刘邦也没正眼瞧过。但所谓"三十年河东，三十年河西"，等到刘邦一死，剧情就反转了。当年那些常给汉高祖侍寝而恃宠而骄的妃子如戚夫人等人，都被吕后一一给收拾了，而且手段极其毒辣，此外吕后还大肆诛杀了刘邦诸子。

此时，薄姬不被刘邦宠信反倒成了护身符，同样是独守空房多年，相似的境遇，让吕后对这对母子生出难得的恻隐之心，她甚至还坏了宫里的规矩，批准了薄姬的请求，让其去代地和儿子团聚。一块儿去的，还有薄姬的弟弟薄昭。因此，他们一家远在代地，顺利躲开了接下来宫廷的那场腥风血雨。之所以花如此笔墨来书写汉文帝刘恒的身世背景，其实想解释的就是，虽然他贵为皇子，更是一方诸侯，但是母亲的不受宠，父亲的不重视，让他几乎打娘胎里就学会了忍耐和小心翼翼。这也就能解释为什么他做任何事情一定都要三思而后行了。如果没有必成的把握，宁可忍着，引而不发，也绝不留机会和口实给任何人。

毕竟他成长在复杂残酷的宫廷斗争中，从小也没什么可依靠的政治力量。母亲作为曾经的罪臣之妇，娘家毫无根基人丁寥落，就只有一个舅舅。所以逼着刘恒凡事必须小心谨慎，绝对不敢以身犯险。

## "臣立君"的政治结构极其危险

刘恒忍到自己命运的再次变化，是在公元前180年。

这一年，只手遮天十多年的吕后过世了。很快，周勃和陈平在长安策反军队，上演了一场"周勃夺军"的好戏。结果，吕后尸骨未寒，其家族就被诛杀了个干净，连吕后拥立的少帝刘弘也被废黜。这时候问题来了：吕家被打倒，刘家翻身了，可谁来当这个皇帝？

假如按"子承父业"，腥风血雨后刘邦幸存下来的皇子，只剩下代王刘恒、淮南王刘长二人了。当然也可以"隔代继承"，毕竟有过汉惠帝了，即从刘家子孙第三代里选个接班人，那众望所归的只有一个——齐王刘襄。他是刘邦的长孙，又在平灭诸吕过程中，率先在山东举旗，可谓夺下首功。

但为什么偏偏是反吕过程中寸功未立的刘恒，最终享受胜利果实？

这是因为西汉初年中央朝廷的政治角逐，基本是在功臣集团和外戚集团之间展开。刘襄最终没能被选中，恰恰是因为功臣集团对其非常忌惮。刘襄亲弟弟刘章娶了吕家的长孙女，对此，功臣集团不得不防，而刘襄本人的母舅一脉驷氏是山东大族，势力根深蒂固，更以凶狠横暴著称，一旦刘襄登基，可以预见又一个吕家要登台亮相了。

而代王刘恒和母亲薄姬的无根无基，竟然再一次成为优势。以陈平和周勃为代表的功臣集团大概也觉得，那个表面上温和孱弱的皇子，上了台也好控制，于是派使者去代地，迎立刘恒去长安登基。

接下来，刘恒的表现最能说明他的性格特点。面对天上掉馅饼的事情，刘恒没有忘乎所以。相反，他对即位之事有着很深的顾虑，对陈平、周勃等诛吕功臣充满忌惮之心。《史记·孝文本纪》中对这一段有着详细而生动的叙述。

一开始，他反复征求他人意见，后又通过占卜得天子之兆，才让舅舅薄昭去见周勃。在等到薄昭回来汇报情况属实后，才下定决心前往长安。但车至高陵时，他又让车队停下，命"宋昌先驰之长安观变"，可谓步步小心。

刘恒继位住进未央宫后，连夜命令自己从代地带来的心腹，迅速掌握长安城的军事大权："乃夜拜宋昌为卫将军，镇抚南北军。以张武为郎中令，行殿中。"（《史记·孝文本纪》）

可见，他心里很清楚："臣立君"的政治结构是很危险的，如果没有坚实的政治基础而身居高位，随时就有被疾风暴雨侵害的隐患，所以他不能有一丝一毫的放松。

他在给将军陈武的一封书信中也很清楚地表达了这一点："朕能任衣冠，念不到此。会吕氏之乱，功臣宗室共不羞耻，误居正位，常战战栗栗，恐事之不终。"（《史记·律书》）从书信的措辞中，不难看出他即位初期的忧虑及对功臣集团的忌惮之心。

## 不动声色中改变和收拢权力

汉文帝在即位那年（前180）相继发布了《封赐周勃等诏》《益封高帝从臣诏》，极力安抚那些拥立他即位的汉高祖旧臣。三大功臣周勃、陈平分别做了左右丞相，灌婴成了太尉。他对刘姓宗族也是大力笼络，一下封了八个刘姓宗王。在国家大事上，刘恒也很知趣，虽然自己当了皇帝，但依旧夹着尾巴做人。既定成法一概不变，继续与民休息。在他即位初期，功臣们很满意，宗室们很满意，朝堂上下一片和谐。

但这种和谐只是一种假象，汉文帝只是在忍耐中巧施暗手，用温和的手法，一步步改变和收拢权力，倘若细读历史文献，你就可以窥见汉文帝铁血冷酷的一面。

面对位高权重的两大势力——宗室与功臣，刘恒首先使出了"令列侯之国"之策。原来，诸侯以及贵戚们大多居住在长安，而他们的日常开支，则由其封地千里迢迢运送到京城来。刘恒在登基后的第二年十月发布诏令，以节省开支为由，令所有驻长安的列侯返回封地，只有在朝廷担任官职的和有诏令的留下。这样做的好处是，像周勃等功臣宿将们，因此被大削羽翼，其亲信大多被调离身边，他们原本在长安盘根错节的势力，一下被打散了。

以周勃为例，此后他身为丞相，汉文帝问话，他偶有对答不当之处，甚至"汗流浃背"。而到了前元三年（前177），汉文帝免周勃丞相之位，令其率诸侯之国。而周勃在自己的封邑常怀不安，"每河东守尉行县至绛，绛侯勃自畏恐诛"《史记·绛侯周勃世家》。后周勃被人上书告发谋反，被捕入狱，得太后之助，才免于难。周勃之所以会"自畏恐诛"，是因为他对汉文帝打压旧臣的心思清清楚楚。

另外，汉文帝其实早就开始着手"削藩"了。后世通常将"推恩令"归功于汉武帝时期的主父偃，其核心思想则是由贾谊最早提出。事实上，汉文帝在贾谊上治安之策前，就有过"削诸侯封地以施恩"的成功范例。即位之初，他曾以类似的手法分齐二郡而封朱虚侯刘章、东牟侯刘兴居分别为城阳王、济北王。此举一箭三雕，朱虚侯刘章、东牟侯刘兴居当初打算拥立齐王刘襄为帝，只不过是多了两个王的虚名，却分而治之弱化了齐国的实力。贾谊献策之后，汉文帝更是抓住齐王无后的机会，再次将齐国一分为六，立刘肥在世的六个儿子均为王。十年以后，他的儿子汉景帝一定感激老爹的英明之举：七国之乱里，正是由于实力最强的齐国被拆分,大大降低了平叛难度。

此外,淮南王刘长叛乱被镇压,刘恒采取了看似宽容的处理,刘长的三个儿子非但没有获罪,反而承袭了父亲的爵位,但淮南国又被一分为三。

总之,汉文帝的政策,在不动声色中慢慢推行,他在位时期,地方王国膨胀的势力得到了遏制,功臣勋贵们的气焰也遭到打压,皇帝正逐渐掌握汉帝国的真正权力。

## 第一个明确颁布"罪己诏"的皇帝

从古至今,天下人大多称赞汉文帝仁德宽厚,是千古明君。其口碑主要源自司马迁的《史记·孝文本纪》,而司马迁对汉文帝的夸赞主要有三个方面:一是俭朴;二是罢兵和亲;三是以德化民,简练刑罚。通过这一系列政策,汉朝短时间内就达到了"海内殷富,兴于礼义"的太平盛世。当然,很多学者指出,司马迁如此大力褒扬汉文帝,实是以一种"春秋笔法"对正处在崇尚奢华、频繁用兵、刑罚日盛的汉武帝时代进行的讥讽。

司马迁真的只是为了批评汉武帝而厚此薄彼吗?必须承认的是,汉文帝本人的行事风格和谦恭态度,特别是他反复强调自己做得不称职、不够好(自身不德),确实在中国古代皇帝当中是相当独特的。

比如,汉文帝刚刚即位时,就有大臣请求"早立太子",他的第一反应就是"朕既不德",强调自身德行不足,天下百姓还没有安居乐业,即使不能像尧、舜那样把天下禅让给贤人,但楚王、吴王、淮南王等同宗之人也可以继承帝位啊。

当然,后来的事实证明了汉文帝此言非常虚假。但他的确就是这种特点的人:小心翼翼,对天下人的看法很在意,很重视自身的羽毛和名声。这种谦恭和反省的态度他也确实保持了一辈子,而且常常要以诏令的形式对外发布和展示。这些诏令形成的舆论基础和政治声誉,是司马迁等后辈汉人最终想象明君汉文帝的基础。事实上,这些文书档案,也正是司马迁写《孝文本纪》的文献基础。

其中，最有代表性的自然是《日食求言诏》，这也让汉文帝成为中国历史上第一个明确颁布"罪己诏"的皇帝。《史记·孝文本纪》记载：帝即位二年，因连续日食，于是向天下发布了《日食求言诏》。汉文帝以前的帝王，如秦始皇等人，通过诏令向天下宣示威权、发布命令，皇权不容置疑，皇帝也不可能"罪己"，而汉文帝用发布"罪己诏"的方式，接续了所谓"禹汤罪己"的政治传统，将灾异的责任揽于一身。

值得一提的是，这不仅是一封"罪己诏"，也是第一封征寻贤良的诏书，汉文帝不仅主动承担天降异象的罪责，更是向天下士人发出征召贤良的声音。这一举动无疑为他积累下了深厚的政治声望和舆论基础。

同样，影响深远的《与匈奴和亲诏》也体现了汉文帝诏令的特色，读来也颇令人动容！

汉文帝即位后也对匈奴用过几次兵，甚至动过亲征的念头，只因薄太后的力阻才没有付诸实施。但几次军事行动耗费了汉朝巨量的物资，给百姓造成了很大困扰，却并没有收获到预期效果。

最终汉文帝认识到，此时的汉王朝，经过休养生息，综合国力仅仅是恢复而已，因此还应处在一个"忍耐"时期。于是他决定继续奉行"和亲政策"，为和平发展争取时间。

诏书起首再次强调自身的不明不德，将兵事引起的四荒不宁，归罪到自己一人身上。因此"朕夙兴夜寐，勤劳天下，忧苦万民，为之怛惕不安，未尝一日忘于心"（《史记·孝文本纪》），表示为了社稷安宁，为了万民之利，才与匈奴结兄弟之义，定下和亲。

可以说，汉文帝特别擅长降低自己的皇帝权威，尝试以个体的感受去表达对百姓的关爱，这就让他的诏令情感真切、打动人心，从而让天下人更好地理解他的良苦用心。

公元前157年，五十六岁的汉文帝刘恒过世，他留下了一个军力日益强大，经济蒸蒸日上，百姓安居乐业的大汉帝国。他死前留下的遗诏，也是他给予这个王朝最重要的遗产。

这封遗诏其实分为两个层次：第一层是阐述他坦然感悟生死，认为死亡是自然法则，没必要遵循重死而恶生的传统。倘若他去世后，天下人为其服丧三年，将极大影响老百姓的正常生活，更反衬出他的"不德"。第二层则是这封遗诏的核心内容，也是它能成为重要遗产的关键。汉文帝没有像很多重要人物一样在遗言中只说一句"一切从简"，因为到底怎么个"简"法呢？后人不能靠自己去猜啊，所以自然"简"不下来。

汉文帝把他去世后诸多细节性的丧仪规定全写了下来：普通百姓只需服丧三日；不禁止婚嫁、祭祀、饮酒、食肉；亲属子孙应当服丧者，不需要赤脚，经带不要过三寸，不要用丧布装饰车马和兵器；不要组织百姓在宫殿中哭丧……对于自己皇宫中没生育的妻妾，允许其全部回家，避免她们殉葬或终老冷宫的不幸。

汉文帝以一己之力改变了自周王朝以来重丧的葬礼制度，此后从西汉到东汉，所有帝王的丧礼制度都由此沿革。周礼中要服丧三年，汉文帝以日代月，只需服丧三十六日。而他对于自己的陵墓也是要求以山为坟，不再另外起坟，《史记》也记载了霸陵里所用到的器物都是瓦器，没有金银铜锡之物。

可以说，遗诏中汉文帝表现出的不仅是谦恭节俭，更是开明和大义，这在中国历代帝王中是独一无二的。

## 唯一传五世的异姓王，长沙国的幸与不幸

西晋泰始二年（266）春，一个叫吴纲的校尉，在安徽寿春遇到一个原先吴国的老汉。二人见面后，老汉惊奇地打量吴纲说："你的身材相貌很像长沙王吴芮呀！"吴纲听后大惊，说："吴芮乃是我十六世先祖，已经死了四百多年了，你怎么看得出我的相貌像他呢？"老汉说："实不相瞒，四十多年前，我们东吴在临湘（今长沙）欲修孙坚庙，因为木材不够，就挖了长沙王吴芮的墓，取出棺椁作为建庙的材料。当棺椁打开后，我曾亲眼看见长沙王的尸体面目如生，衣帛完好呢！"

这恐怕是中国历史上最早的盗墓故事了，而且这段内容在《世说新语》《水经注》等文献中都有散见，但基本就到此为止。不过在乡人的野史传说中，这盗墓史上的第一奇事具有更生动的细节：除了那些我们常在盗墓小说中看到的情节，盗墓者躲过重重机关后，心惊胆战打开内棺，竟然发现死亡四百余年的长沙王吴芮面色如生，须发完整，隐隐有打鼾之声。一帮人以为死者有神灵庇佑，不敢造次，只将外层椁板拆走，内棺原封不动，并找来吴家子弟复葬其棺。吴芮的子孙赶到后悲戚愤懑，突然，吴芮尸身竟从棺中奋起，扬臂摇身，高声呼曰："这一觉睡得好长呵，此处不可久留，快送我回瑶里老家去也！"言毕，尸身如僵木，向后一仰再无动静。众人皆呆若木鸡，如在梦境。回过神儿来方知是长沙王特留遗言，令其迁葬回乡……

说起来，前面扯的乱七八糟一大段都不是信史，虽然离奇有趣，但又和真实的长沙王吴芮有什么关系呢？请容我们暂且放下这个问题，先来谈谈一般的历史爱好者对长沙王吴芮有什么印象。

一般人对长沙王吴芮的印象源自《汉书·韩彭英卢吴传》，而班固夸赞他的那段话相当重要："昔高祖定天下，功臣异姓而王者八国……唯吴芮之起，不失正道，故能传号五世，以无嗣绝。"意思是说，当年刘邦分了八个异姓王爷，七个都没得到好下场，就吴芮始终正大光明，没有什么阴谋诡计，而长沙国传了五世，最后没有子嗣了才被取消。

这么一讲，估计不怎么了解长沙王吴芮的小伙伴都要惊呆了。这是一件多么不容易的事情啊，刘邦当了皇帝后诛杀功臣，把异姓王全都给灭了，还立下"白马之盟"：非刘姓不能称王。居然还有这个异姓的长沙国传了五世。倘若再附加一个信息，你是不是会更加叹服：淮南王英布竟是长沙王吴芮的女婿，要知道英布可是刘邦最痛恨的人，晚年刘邦身体糟糕，全赖征伐英布所受的箭伤？

那么一连串的问题就来了，吴芮到底有什么本事能让多疑的刘邦容他裂土称王？他的长沙国真是那堆异姓王中唯一善终的吗？

## 最怕的就是两边都下注的人

吴芮有一个声名显赫的祖先——春秋霸主之一的吴王阖闾。吴国被越国灭亡后，吴家子孙也因此漂泊四方，深入当时的南蛮之地，但是他们做梦都想恢复两百年前的荣光。

吴芮聪明伶俐，深受家族遗风的熏陶，自幼学习武艺兵法。可以说，吴芮的父辈从他小时候就按照政治家的标准在培养他。虽然会武术，但吴芮凡事并不总用拳头说话。他组织民团，教习武功，却不轻易动武，对秦灭六国后到处流窜的散兵游勇，只要不主动找事，他不但不会为难他们，相反还赠送路费，有愿意留下来的，也敞开大门欢迎。吴芮在十八岁的时候，居然已经拉起了一支接近两万人的私人部队,来"维护"地方治安。

到了公元前221年,秦灭六国,嬴政大概是觉得百越南蛮之地,太难管理,便决定让他们自治。于是就任命吴芮为番阳令,虽然也不是实际官职,只是中央的一种授权,但是正式承认了吴芮作为一个地方军阀的合法存在,吴芮可谓利用乱世成功获得了编制。

《汉书·韩彭英卢吴传》中如此形容吴芮:"吴芮,秦时番阳令也,甚得江湖间民心,号曰番君。"这里面说得很明白,他的行事风格很够朋友、很得人心。年纪轻轻的吴芮,名声越来越大,有点儿"战国四君子"的意思,人送外号"番君",各种各样的朋友都会来投奔他或者请他帮忙。举个例子,谜一样的航海家徐福也曾来找吴芮帮忙,结果吴芮的弟弟后来就跟着徐福一起东渡了。

借着"番令"的招牌,低调的吴芮在秦王朝的眼皮底下快速扩张。他率领麾下进入鄱阳湖地区。之后的几年,他在当地屯垦兴农,发展生产。此时正是暴秦肆虐的时期,大量农民纷纷南逃,吴芮大力招抚扩充实力。

公元前210年,嬴政于东巡途中驾崩,刚太平了十年的天下就又开始大乱。当机会来临的时候,吴芮自然毫不犹豫地揭起了造反大旗,并开始招揽天下英才。当时投奔他的人五花八门,有盗贼、草寇、农民、奴隶,只要是人才吴芮都会照单全收。譬如,九江人英布是一个被刺了面的囚徒,但此人有万夫不当之勇,吴芮收留了他不说,还把女儿嫁给了他,建立了稳固的家族关系;余干人梅鋗,说起来是越王勾践之后,可以说和吴芮家是世仇,但此人精通兵法,吴芮也不问出身,将其引为心腹。

反秦浪潮很快如火如荼,吴芮深知以自己的实力,不足以逐鹿中原,必须要找到一个强大的靠山,才能避免被别人侵吞。必须得说,他看人很准,找到的第一个靠山就是项羽,于是他让自己的女婿英布出兵去帮项羽,英布很快得到项羽赏识,成为其左膀右臂。而吴芮则努力做好项家重要的"后勤基地",每年提供大量钱粮,助项羽一次次在中原"力拔山兮气盖世"。吴芮乘中原大乱时,进一步向南扩展到长沙地区,并修筑了长沙城。北魏郦道元的《水经注·湘水》中说："汉高祖五年以封吴芮为长沙王，是城即芮所筑也。"这是现有历史文献中关于长沙城最早的记载。

一般人有了靠山之后，基本就靠山吃山了，更何况这座靠山是战无不胜的霸王项羽。但吴芮不知道是运气好还是眼光独特，他居然在群雄并起时，又发现了另一个值得下政治赌注的人物——刘邦，说到底这份幸运和眼光，还是靠人脉广，朋友多。原来，张良早年游洞庭的时候，曾与吴芮结交，二人成为好友。如今张良投奔了沛公，自然也会和吴芮私下沟通：我家主公争天下有戏，你要不要也下点注？

《汉书·韩彭英卢吴传》中记载："沛公攻南阳，乃遇芮之将梅鋗，与偕攻析、郦，降之。"前文已经介绍，梅鋗是吴芮手下除英布之外的另一员猛将。刘邦攻打南阳时，非常巧地遇到梅鋗率部赶到。此后，梅鋗就率领他的部队协助刘邦作战，一路攻进武关、骊山，打到秦二世投降。如此一看，梅鋗简直是帮助刘邦立下了不世之功啊！而这也能从项羽的封赏看出来，梅鋗直接被"封十万户，为列侯"，你说功劳大不大？

综合来看，你就不能说吴芮仅仅是运气好了，必须承认的现实是，秦末那么多诸侯混战中，他做出了最牛的选择：一方面派自己的女婿英布追随项羽征战，另一方面派出部将梅鋗为刘邦效力。结果是一个成了勇冠三军的九江王，一个成了天下唯一的十万户侯。

在项羽得势的时候，吴芮是衡山王；到了楚汉战争的最后一年，胜负大局已定，吴芮终于宣布自己的衡山国背叛项羽，摇身一变成了长沙王。

## 从衡山王到长沙王，吴芮亏了

如今我们获得关于吴芮的点滴信息，多来自《汉书·韩彭英卢吴传》，因为《史记》中根本没有给吴芮单独列传。项羽分封的十八王和刘邦分封的八个异姓王吴芮都位列其中，而且绝大多数人在《史记》中都有列传，甚至连他的女婿都有《黥布列传》，按说他作为唯一一个汉朝传世五代的异姓诸侯王，得到如此对待无论如何是说不过去的，司马迁如此惜墨如金，值得深思。

我们可以从项羽和刘邦对吴芮的态度和策略来分析一下，吴芮的衡山国或长沙国，到底存在什么样的价值。

前文曾经说过，吴芮手下大将梅鋗，被项羽封了十万户侯，听起来好大的头衔，那么封地在哪里呢？梅鋗谓之"台侯""食台以南诸邑"。"台以南"即台岭以南。而当时台岭以南，为南越王赵佗所据。也就是，你梅鋗要是想拿封地，就只能灭了赵佗，那你就是名副其实的十万户侯了。

赵佗的实力如何？至少刘邦和吕后都没能动得了他。况且当时秦军南征后的精锐部队应该还有不少，所以梅鋗不可能在血战灭秦后，再去强攻南越。因此后人有诗云："十万梅鋗空寸土"。意思是他只是得了一张空头支票。

项羽为什么要这么做呢？有人说是因为梅鋗站错了队，曾协助刘邦攻入武关。这是其中一个原因，对于项羽而言，梅鋗必须得到分封，因为只有分封了梅鋗，才能把灭秦之功从刘邦手里拿走一半，这样一来，赶刘邦去巴蜀也就顺理成章了。

但是项羽又不愿意真的让梅鋗获得实际利益。原因很简单，吴芮已经封王了，他的女婿英布也封王了，假如再给梅鋗一块大蛋糕，毫无疑问会直接导致吴芮派系坐大。所以他最终给了梅鋗这样奇怪的封赏：为列侯，却封十万户，而且要靠你自己去打。因此，在项羽经营天下的这盘棋里，吴芮集团只是在战略上制衡赵佗的一颗棋子。

到了刘邦时期，由于楚汉争霸时，吴芮、梅鋗并没有从刘邦击项羽，所以公元前202年，刘邦击败项羽登基后大封功臣，两人并未获封。对于吴芮由衡山王徙为长沙王，《汉书·韩彭英卢吴传》是这么说的："项籍死，上以鋗有功，从入武关，故德芮，徙为长沙王。"意思是给吴芮做长沙王，记得还是当年梅鋗帮着灭秦的功劳。

那我们再来看看吴芮的封地变化。吴芮原为衡山王，但是如今衡山一郡却被刘邦给了英布，所以才让吴芮当了长沙王，而刘邦封给吴芮的长沙国共辖有长沙、豫章、象、桂林、南海五郡。这里面，豫章郡实际拥有者，同样是淮南王英布，而象、桂林、南海三郡还被南越王赵佗所割据，又是一张空头支票。所以，从项羽封的衡山王到刘邦改封的长沙王，吴芮的封地实际上是大大缩小了，真实能控制的就只有长沙一郡之地。

由此看来，从项羽封梅鋗到刘邦封吴芮，政策几乎一脉相承，都隐藏着祸水南引的意图，就是希望吴芮成为维护中原的一道屏障，最好能和赵佗发生正面冲突。当然，刘邦的手段更毒辣一些，他把吴芮的衡山给了英布，又把英布的豫章封给吴芮（恰恰在实际操作中，英布没有执行），其实是在翁婿两人中埋下了大隐患，最终导致两人不和。事实上，后来英布造反时，吴芮已经死去五年了，但长沙国并没有任何异动，甚至在英布落败之后，吴芮的儿子吴臣，也就是英布的小舅子，假意助其逃跑，却直接诱杀了他。

只要看清了这些内容，你就能明白，汉高祖九年（前198），刘邦封吴芮为长沙王时，对写诏书的御史说的这句："长沙王忠，其定著令。"要么是句常规的客气话，当不了真，要么就是明平暗降，骗人的障眼法。

事实上，生性多疑的刘邦还是对有所谓"吴王夫差后代"身份的吴芮颇为忌惮。于是，刘邦曾试探过吴芮的口风："吴，古之建国也。日者荆王兼有其地，今死亡后。朕欲复立吴王，其议可者。"《汉书·高帝纪》这番话其实饱含杀机，吴芮怎能听不出来？他连忙表态说："沛侯濞重厚，请立为吴王。"把吴王的位置推给了刘邦的侄子刘濞，刘邦这才少了点儿疑虑。

当然，智商极高的吴芮知道，还需要做更多的事情让刘邦放心。此后，他极力拉拢刘邦的兄长刘贾，将自己手中一部分精兵交给刘贾节制，然后让小儿子吴元带着部分族人回到瑶里乡生活，这样就等于把部分家族成员放在了刘邦的监管之下。

这几个高姿态完成后，刘邦彻底安心，吴芮似乎也就可以快快乐乐享受人生了。

值得一提的是，作为吴芮妻子的毛苹，说起来也大大有名，她创作了那首汉乐府中著名的情诗："上邪！我欲与君相知，长命无绝衰。山无陵，江水为竭，冬雷震震,夏雨雪,天地合,乃敢与君绝。"

据说,这首诗是在吴芮和毛苹泛舟湘江时所作。但很少有人知道当毛苹吟出这首诗后,吴芮是这样回答的:"芮归当赴天台,观天门之暝晦。"意思是,死后请把我送回家乡瑶里吧,让我能观看天门的朝日夕阳。

说起来真是一语成谶,就在这一年(前201),刘邦封他为长沙王的第二年,刚满四十岁的吴芮便和他的妻子毛苹双双英年早逝。

那么,吴芮当真是拥有未卜先知的能力,知道自己即将早死吗?毛苹为何突然之间哀吟一首悲剧意识如此强烈的情诗,她预感到了什么?作为裂土封王的王爷、王妃,谁又有这样的能力让他俩生离死别呢?

## 长沙国五任国王的死因皆成疑

长沙王吴芮,在位不到一年便过世了。可对于吴芮的死因,史料中却没有明确记载。《汉书·韩彭英卢吴传》对吴芮之死只是一笔带过:"一年薨,谥曰文王,子成王臣嗣。"只是说明了吴芮死后,谥文王,其儿子继承王位。

因此,现代学者对吴芮的死因猜测较多。比较主流的说法是吴芮做长沙王的第二年,刘邦派他去福建平乱,当行军到当时的金精山一带(今江西宁都县西北十五里石鼓山),吴芮病倒后一命呜呼。

但还有一种说法是,吴芮是被毒死的。而毒害他的人正是长沙国的丞相也就是刘邦的亲信利苍,而这个利苍,就是我们20世纪一个相当重要的考古发现——长沙马王堆的主人。他当时被派去担任长沙国的丞相,意在监视长沙王。但是最新的考古发现证明了利苍担任长沙国丞相,不仅是在吴芮死后,甚至是在刘邦死后,因此这个说法禁不起推敲。

不过,研究一下前后继任长沙王的五位王的死亡时间,确实非常值得玩味。吴芮的长沙国一共传了五任,分别是吴芮、吴臣、吴回、吴若、吴著。

先说最后一任长沙王吴著,他是在汉文帝后元七年(前157)去世的。《史记·汉兴以来诸侯王年表》中关于长沙王这一年的记载是："来朝，薨，无后，国除。"明确说明了吴著是去长安朝见汉文帝时死的，因为他无后，长沙国就此被废除。补充一个关键信息，汉文帝是在这一年的六月份去世的，而吴著也很巧地死在了这一年。

我们再看看除了吴芮外，其他三个王又是什么时候死的，一查之后真的是吓人一跳：孝惠二年，吴回继任；高后二年，吴若继任；孝文二年，吴著继任。也就是吴臣、吴回、吴若分别死于孝惠元年、高后元年、孝文元年。

那么为什么这三王之死都是这样凑巧呢？都是在朝廷有了新主继任这一年，他们就很知趣地随旧主而去了。唯一的解释是，一有新主继任，作为诸侯王，他们必须要去朝见新主，否则不合礼制，而这个时候就是朝廷对他们下手的最佳时机。

事实上，种种事实反映出汉朝中央政府对长沙王这个唯一存在的异姓诸侯王始终耿耿于怀，总是想方设法除之而后快。

比如在吕后当政时期，就曾采取过"借刀杀人"的策略。《史记·南越列传》中记载："高后时，有司请禁南越关市铁器。佗曰：'高帝立我，通使物，今高后听谗臣，别异蛮夷，隔绝器物，此必长沙王计也……"吕后取消了南越国的王号，禁止铁器交易，惹怒了赵佗，赵佗一怒之下，先拿长沙国开刀。此时的长沙王吴若勉力支撑，长沙国几乎面临崩溃的边缘，后来还是长沙国的大臣陆贾等人出使南越，成功劝说双方罢兵和解。但长沙国也蒙受了极大的损失。

汉文帝最终决定在自己过世前，剪除长沙国，一个重要的原因是当年他弟弟淮南王刘长谋反时的计划是"令人使闽越、匈奴"，匈奴在汉文帝时期始终边患难除，而南方"闽越、南越"等势力也令人忧虑。说到底，长沙国以越人为主，又是异姓诸侯王，不如除之以绝后患。《汉书》中如此表述："讫于孝文，异姓尽矣"，长沙王最终也变成了刘姓。

最后，让我们回到文章开头提出的问题，为什么毛苹会发出如此哀声？为什么吴芮心心念念要回瑶里老家？他们夫妻俩大概也明白，长沙王这个位置实在是风险太高，谁坐到这个位置上都很难得以善终。

## 西汉最伟大的预言家,真的是一枚弃子吗

如果贾谊不是英年早逝,只活了三十三岁,汉王朝乃至中国的历史或许将会是另一番模样。

贾谊,洛阳(今河南洛阳东)人,西汉初年著名政论家、文学家,世称贾生。

拿现在的标准看,贾谊绝对算得上西汉初年的全能型"学霸",《史记·屈原贾生列传》中曾记载:"年十八,以能诵诗属书闻于郡中。"学而优则仕,作为一名学习优秀的好青年,仕途是贾谊最理想、最正确的向上之路。果然,在他二十一岁时,经河南郡守吴公的推荐,被汉文帝刘恒召入中央政府,任命为博士,也就是皇帝的智库人员,主要负责为皇帝释疑解惑出谋划策,这需要他通古博今。从此,贾谊步入了政治舞台。

之所以称贾谊为全能型"学霸",是因为虽然他从二十一岁进入政坛,到三十三岁英年早逝,时间不长,区区十二年,但他留下的政治、经济、民生、国防的各种政策性遗产比比皆是。贾谊死后,他的不少理念和政策相继被汉文帝、汉景帝、汉武帝一一落实执行,可以说为汉朝的强盛做出了巨大的贡献。

但在中国文化史上,贾谊所承载的文化符号却是"怀才不遇",他才高遭人妒,受庸臣权贵所排挤而被贬。后世文人李白、白居易、李贺、李商隐……每当中国文人感到自己怀才不遇时,都习惯性地以贾谊自比。但要知道,贾谊的被贬,可是被称为"千古明君"的汉文帝的旨意。那么,究竟是汉文帝一不小心出

了昏着儿，还是贾谊自身的时运不济呢？

## 告状的是同一批人，为何结果两样

年纪轻轻便入京为官，贾谊起初只是个六百石的博士，但在博士的职位上，他的才华显露得非常快，《史记·屈原贾生列传》中记载，每次汉文帝提出一些问题，那些年长的老先生都无话可说，而贾谊却能一一回答，人人都觉得他说出了自己想说的话。博士们都认为贾生才能无与伦比。汉文帝"爱其辞博"，意思是善于文辞而博识。不到一年，贾谊便被越格提拔为太中大夫。

那时，贾生的意气风发是可想而知的，年轻人得到赏识，自然是一腔热血，想为开始勃兴的汉王朝贡献所有的才智。于是，他给汉文帝提出了第一个建议：改正朔、易服色、定官名、兴礼乐。这四件事，都是折腾全国的大事，仿若如今的改宪法、换国体、机构改革一般。

汉文帝有没有听呢？没有。《史记》称"孝文帝初即位，谦让未遑也"。意思是说，皇帝刚刚即位，以谦让治国，无暇顾及。

毕竟这是汉文帝继位的第二年，不去动前朝的那些规章制度，继续与民休息，自然可以让那些拥立他的功臣、老臣很满意。

其实汉文帝还是欣赏贾谊的。

《汉书·食货表》中，记载了贾谊对当时重商轻农的风气十分忧虑，向汉文帝谏以农为本："汉之为汉，几四十年矣，公私之积，犹可哀痛。失时不雨，民且狼顾；岁恶不入，请卖爵子。既闻耳矣，安有为天下阽危者若是而上不惊者？"意思是说，大汉建国已近四十年了，国库和私人积贮数量之少，仍然令人悲哀痛惜。一旦老天不按时降雨，百姓就惶恐不安；年景不好，没有收成，百姓或者出卖爵位，或者自卖儿女，换粮度日。此类事情，陛下已经听到了，哪有天下如此危险而主上不惊惧的！

汉文帝被贾谊的话所打动，于是下诏举行"藉田"仪式，亲自耕种做表率。

于是上行下效，农业地位不断提升，不少工商业者、游民都改为从事农耕。很快，国家就有了积贮，短时间内充实了国力。

或许是因汉文帝爱才过度，拔擢过甚，越格提拔后仅过了两年，汉文帝便想升贾谊为公卿。何为公卿？就是三公九卿，等于进入了汉王朝权力中心。要知道，这才是贾谊从政的第四个年头，当时他年龄不过二十四岁。

不过是动了几下笔杆子，提拔如此之快，这让那些在战场上拿命换来权位，每一步沾满了血泪与汗水的老臣怎么想？于是，以周勃和灌婴为首的功臣们就诽谤贾谊说："年少初学，专欲擅权，纷乱诸事。"意思是说，"这个小子年纪轻轻学识浅薄，就想独揽大权，把政事弄得一团糟"。《史记》的记录，仅是这样一句大而空的诬告，就让汉文帝就此疏远了贾谊，不再采纳他的意见，任命他为长沙王太傅，这实际上是把他贬出了京城的权力中心。

事实上，这也不是周勃和灌婴第一次打小报告，早在高祖刘邦时期，这两人就曾合伙摆过当年刚投奔过来的陈平一道，向刘邦告状说："平虽美丈夫，如冠玉耳，其中未必有也。臣闻平居家时，盗其嫂……平受诸将金，金多者善处，金少者得恶处。平，反复乱臣也，愿王察之。"（《史记·陈丞相世家》）这就是著名的恶毒攻击——"盗嫂受金"的由来。那么，刘邦是怎么处理的呢？他先找来陈平的推荐人魏无知，魏无知说自己只是推荐奇才，有用于当下大乱之世，不是推荐德行高尚者；再问陈平，陈平对那些事情供认不讳。刘邦听了陈平的解释后，反而对陈平继续厚赐，这样一来，诸将就再也不敢背后议论陈平了。

同样是奇才，同样在年轻时便崭露头角，同样有人在背后告状，甚至告状者还是同一批人，即周勃、灌婴等一介武夫，一个是莫须有，一个则是言之凿凿确有其事。

为什么汉文帝和他的父亲汉高祖刘邦，面对几乎同样的事情，会采取不同的态度呢？

## 贾谊真的只是一枚弃子吗

要看汉文帝为何如此处理贾谊,那还得回到此时的权力结构和政治局势上来。西汉初年,汉朝中央政府一直都是三股政治势力的角逐和平衡:皇权、军功集团与外戚集团。

在汉文帝初年,军功集团在中央政府的势力可谓一家独大。原因很简单,旧的外戚集团经过诸吕之乱已经完全被清除;新的外戚集团如汉文帝的舅舅薄昭,此时势单力孤,没有培养出自己的势力。而皇权此时也是非常弱,因为汉文帝这个皇帝宝座,是周勃、灌婴等人"臣立君"立出来的,根基非常不牢靠,以致汉文帝也曾说"常战战栗栗,恐事之不终"。

因此,拿此时的汉文帝和汉高祖刘邦相比,实在不太厚道。同样是周勃和灌婴这批人,在刘邦面前叫"手下",在汉文帝面前便是"先帝老臣",甚至说是"恩人"也不为过。矛盾的是,汉文帝要想坐稳、坐好这个皇帝的位置,就必须打压军功集团的势力来加强皇权。

为了做到这一点,汉文帝颁布了诏令让"列侯之国",在之前,我们就说过这是一个非常重要的政策和手段,让那些不在封地居住,集中住在长安的列侯回到各自封地去。目的就是让政治中心的军功集团势力减弱,同时有效阻止盘根错节的串联(军功集团内部互相串通勾连在成功诛吕一事中体现得很明显)。一旦政策被执行,即使像周勃、灌婴这类有职务的人继续留在长安,其亲信也大多会被调离身边,其势力自然被分化瓦解,对皇权的威胁就会降低很多。

这个计策,就是出自贾谊之手,《史记·屈原贾生列传》记述:"诸律令所更定,及列侯悉就国,其说皆自贾生发之。"紧接之后,"于是天子议以为贾生任公卿之位",汉文帝便要提拔贾谊做公卿了。说到底,贾谊说出了汉文帝最想说的话,提出了皇帝最想要的治国方针。于是,汉文帝便在廷议中提出任命贾谊为公卿,来主持新政的实施。

几乎是在意料之中,这一提议当即遭到周勃、灌婴、东阳侯等一批老臣的联名反对，枪口不可能对准皇帝，就必然要指向贾谊，其目的其实不在人，而在于他所提出的政策。只不过政策既然已经颁布了，攻击政策就是公然抗旨，于是他们借攻击贾谊来表明政治态度。

一时间，皇权和军功集团在汉文帝继位之后，进行了第一次正面较量，陷入僵局。最终双方各退一步，政治僵局就此打开。

汉文帝率先抛出了贾谊，表面上不再听信于他，还将他踢出了中央政府，下放到遥远的长沙国。作为交换，军功集团最重要的人物，周勃的丞相之位被免，由他做表率回到封地，完成"列侯之国"之策。

最终，贾谊在这场政治较量中成了牺牲品。对此，苏轼在其名篇《贾谊论》中认为："为贾生者，上得其君，下得其大臣，如绛、灌之属，优游浸渍而深交之，使天子不疑，大臣不忌，然后举天下而唯吾之所欲为。不过十年，可以得志。"东坡先生的意思是，贾谊除了要取得汉文帝的信任之外，还应该和周勃、灌婴等人搞好关系，然后天子不疑，大臣不忌，花上十年工夫就可以实现自己的政治抱负了。

说到底，苏轼还是没有认识到汉文帝和军功集团之间有着无法调和的矛盾，如果贾谊按苏轼所说，与绛、灌深交，从容地在那些功臣宿将之间周旋，取得他们的支持，那他提出的意见和建议，还能被汉文帝采纳吗？

所以贾谊的悲剧命运是注定的。从某个角度来说，他从一开始或者就已经是汉文帝的一颗棋子，不断被提拔擢升，利用他的主张，去触动庞大的军功集团的利益，然后作为"革新派"的代表被"打入冷宫"，仅仅不过四年，最终却换得"守旧派"中关键人物周勃的丞相之位，可以说是汉文帝下了一手"好棋"。

但是，贾谊是不是汉文帝的一颗弃子？这个问题其实值得探讨。相比于汉景帝时晁错穿着朝服被斩，汉文帝让贾谊担任长沙王太傅，从某种角度来说，未尝不是对他的一种保护。贾谊得罪了那么多功臣宿将，留在长安反而危险。而长沙国是硕果仅存的异姓王封地，天高皇帝远，历次清洗和斗争都没有波及，相比之下与刘氏诸王和军功集团之间也没什么利害关系，因此是一个相对安全的去所。

事实上，贾谊被贬长沙国以后，汉文帝并没有对他置之不理。汉文帝六年（前174），也就是贾谊谪居长沙国的第三年，汉文帝再次征召他入宫。交谈后，汉文帝还慨叹："我好长时间没见贾谊了，自认为能超过他，现在看来还是不如他。"不久，汉文帝果然改任贾谊为梁怀王太傅，而梁怀王正是汉文帝最宠爱的小儿子，让贾谊做自己最喜爱的小儿子的老师，可见汉文帝依旧肯定贾谊的大才。

## 怀才不遇的文化符号，合适吗

通过前文可见，从始至终，汉文帝都没有改变他对贾谊的欣赏与喜爱，可以说对贾谊的才华，文帝是完全认可的。

但是在中国文化史上，贾谊所承载的文化符号却是"怀才不遇"。我不禁要问：是什么造成了千百年来人们对贾谊人生的误解？其实，仔细分析司马迁的《史记·屈原贾生列传》，不难发现其症结所在。

本来，司马迁将屈原、贾谊合为一传，已经带有极强的主观色彩。司马迁本人因遭受了汉武帝不公正的待遇而无处申诉，因此他在具体描写中借屈、贾自况，表达自己心中的不平，直接对后人产生了误导。而后世文人如李白、白居易、李贺、李商隐，纷纷效法司马迁的悲悯，每当自己感到怀才不遇时，就习惯性地以贾谊自比。于是，经过一代代文字的累加，"贾谊"也就逐渐演变成一个怀才不遇的文化符号。

司马迁将屈原和贾谊两个不同时代的人并列在一起，直接原因就是贾谊写下了名篇《吊屈原赋》，在此文中，司马迁看到的贾谊，是以吊唁屈原的名义，为自己鸣冤叫屈，认为自己才高遭妒、受权臣排挤。那么我们就要问了：屈原被放逐后汨罗投江，而贾谊谪居长沙后是不是就一蹶不振了呢？

恰恰相反，《资治通鉴·汉纪六》中记述，汉文帝下令废除了禁止民间铸钱的禁令。此时已经谪居长沙国的贾谊听闻后，大为担忧，当即上书《谏铸钱疏》给汉文帝，他从钱币铸造过程中的弊端、中央政府管理的难度、发行钱币权力各个方面都进行了劝谏。

除此之外，在长沙国的最后一年，贾谊还写下了他一生中最重要的一道奏章《治安策》，其文之美，事事皆中当朝利弊。其中最重要的就是全面分析了汉朝刘姓诸侯王与中央政府的关系，提出了通过不断分封以弱化诸侯国的建议。

可以说，他整整提前了二十年，预测到关东的同姓诸侯王必反，一针见血地提出："其异姓负强而动者，汉已幸胜之矣，又不易其所以然；同姓袭是迹而动……"（《汉书·贾谊传》）意思是说，那些自恃强大而谋反的异姓诸侯王，朝廷已幸运地战胜了他们，却不改变异姓王所以能够造反的客观条件；同姓诸侯王必然会仿效他们而图谋叛乱。

这样的言论在当时绝对是石破天惊的，贾谊给出的解决方案就是"众建诸侯而少其力"（《汉书·贾谊传》）。他以自己下放的长沙国为例，长沙国只有二万五千户百姓，在汉高祖封立的功臣中，长沙王吴芮功劳小，但封国保存最完整，与朝廷关系疏远，却最忠心。这是由国小势弱的客观形势决定的，要想使受封的诸侯王都忠于朝廷，最好的方法就是让他们都像长沙王那样国小势弱。

从这上面两个案例来看，贾谊即使被贬到长沙国，他一心为国谋划的热情也丝毫没有消退。相反，在多了一些基层工作经验后，他所提出来的建议远比原来那个早早得志的"少年"，对社会现状的把握更准确了。

从某个角度来说，贾谊本人虽然是一个伟大的预言家，而且能提出很有价值的解决方案，但从性格上来说，他"急于求成"的毛病始终没有太大的改观。比如，为解决诸侯王问题，贾谊甚至提出了"未生子而先分家"的推恩法策略："其分地众而子孙少者，建以为国，空而置之，须其子孙生者，举使君之。"（《汉书·贾谊传》）意思是说，为一劳永逸地解决诸侯王坐大的问题，朝廷应该马上把诸侯的土地分为若干块，等他们的子孙出世后再划归于这些子孙名下，目的是尽快削弱诸侯的势力。

这是一条实际操作性极差，而且必然引发大乱的策略，最能反映出贾谊急于求成的心理。这对于汉文帝这样一个行事小心谨慎、没有必胜的把握绝不出手的人来说，显然是不可能接受的。

但汉文帝对事情轻重缓急的掌握十分恰当，千古以来，很难有第二位君主能如他这般。所以贾谊的建议，汉文帝听在心里，只是不能第一时间实行而已，事实上，后续也都慢慢予以实施了。

这一点，作为改革者的王安石对文帝和贾谊的评价，在一众文人中最为中肯，他的《贾生》一诗认为汉文帝并没有辜负贾谊："一时谋议略施行，谁道君王薄贾生？爵位自高言尽废，古来何啻万公卿。"

或许，汉文帝在欣赏贾谊这个"洞悉预知时势大才"的年轻人的同时，早就发现了贾谊急于求成的性格特点，而这一点就决定了他很难在朝堂上富有建树，贯彻那些有价值的政策。于是，汉文帝希望他能在远离政治核心的同时，积累更多的基层经验，同时磨炼自己的心智，在遭遇挫折时具备更强的毅力，然后再调回中央委以大任。这从将贾谊调回来，做自己小儿子的老师，便可看出对他是有干部培养计划的。

但性格决定命运，汉文帝绝对没有想到贾谊竟是如此短寿之人，没能禁得起时间的磨炼。梁怀王因为骑马不慎，从马上掉下来摔死了，贾谊认为自己作为太傅没有尽到责任，非常伤心，哭泣岁余，亦死。

时也！恨也！命也！

## 张释之当法官，真的能做到天下无冤民吗

汉景帝元年（前156），刘启登基没多久，朝堂上发生了这样一幕。

一个名叫王生的老先生被召入宫中。关于这个"王生"，史料里交代很少，只知道他对道家黄老之学颇有研究，经常被请来给皇帝和大臣们讲课。这次三公九卿齐聚在朝堂，王生讲着讲着冒出一句："我的袜带松了。"回过头对廷尉张释之说："你给我系好袜带！"张释之二话不说，当即跪下为他系好袜带。

廷尉是位列九卿的高官，让身份如此尊贵的人跪下系袜带，不用说，满朝文武都为张释之受辱而鸣不平。

散朝之后，自然有人问王生："为什么要在朝堂之上羞辱张廷尉？"

王生倒也没遮着掩着，很痛快地表达了自己的意图："我年纪大了，人微言轻。知道自己帮不了张廷尉什么。张廷尉是天下名臣，所以我故意用言语羞辱他，让他跪下来系袜带，就是用这种办法来增加他的名望。"

大臣们听说以后，纷纷称赞王生的贤德，也更加敬重张释之了。

王生的做法，多半参考了秦末黄石公让张良纳履的典故。可张良当年忍受黄石公的测试时，那是在四下无人的桥上。而把这一套生搬到众人瞩目的朝堂之上，张释之即使不是个戏精，至少也懂得一个演员的自我修养吧！更何况这个剧本，张释之假如不是编剧，至少也是挂名策划的。那么王生和张释之究竟唱的是哪出呢？

要想说清楚这件事，还得从十二年前一件震动朝野的事情说起。

汉文帝前元十一年（前169），还是太子的刘启和弟弟梁王同乘一辆车入朝，经过司马门的时候没有下车，径直入宫。

当时张释之的官职是公车令，也就是掌管司马门门禁的负责人，他当即追上去，严令太子、梁王停下不得进入殿门，并立即向上汇报了他俩的罪责。

按照汉朝的宫廷警卫制度，凡出入司马门时，皇子、诸侯、百官都要下车，步行过门后再登车继续前行，这不仅是表示对皇帝的敬意，也是一项安全检查制度。违背这一法令者，将受到处罚金乃至削爵的惩罚。

此事最终惊动了太子的奶奶薄太后，于是汉文帝刘恒只能摘下冠冕给老母亲赔罪说："怪我教导儿子不严。"薄太后派人传令赦免了太子、梁王，两人才得以进宫。

这件事自然在长安引起了轰动，毕竟小小的公车令竟敢阻拦太子，最终还是公车令取胜，秉公执法的张释之让很多人第一次耳闻。而在汉文帝那里，他也认为张释之与众不同能堪大任，很快提升张释之为中大夫。

当然，此事对张释之是好事，对太子来说就很尴尬了。不过等到太子继位成为皇帝时，又轮到张释之尴尬了。

汉景帝继位后，张释之开始惴惴不安，他先是请病假，但请假总不是长久之计，因此他想干脆辞职，又担心此举会惹恼刘启。想当面对汉景帝谢罪，又不知怎么开口。此时，王生出现了。《史记·张释之冯唐列传》如此记述："用王生计，卒见谢，景帝不过也。"《史记》《汉书》都没具体说王生出了什么计策，让张释之怎么对刘启说，反正谢罪之后，汉景帝表示不计较。

在此之后，俩人又在朝堂演了一出"系袜带"的好戏，自然是为了增加张释之的政治资本。假设汉景帝想动他的话，心里必然要掂量掂量，自己办了一个口碑很好的老臣，会不会招致天下人的非议和唾骂？

事实证明，张释之的计划是很有成效的，虽然汉景帝找了个理由，把他外放去当淮南国国相，但好歹让他得了善终。

不过因为这件事，一代名臣张释之或多或少招来了非议。

为什么汉文帝一死，那个讲原则不怕惹恼皇帝、凡事总爱唱反调的张释之就不见了，只剩下一个担惊受怕、爱算计、一心只求自保的官场老混混？

另外，世人总爱将张释之和张汤对比，两人都当过廷尉，往往说张释之秉公执法，不分亲疏；张汤却按照皇帝好恶来判案，疏者严、亲者宽，两者行事真的有高下之分吗？

## 用口辩之术反对"口辩之术"

张释之，字季，堵阳（今河南南阳方城）人氏。因为家里有钱，哥哥就花钱给他买了个"骑郎"（守卫皇宫、宫门值班与接待官员）的职务。

一般来说，这个职位只是一个进入官场的跳板。但是他却整整十年得不到升迁，《史记·张释之冯唐列传》记录了张释之准备辞职时颇为奇怪的说法："久宦减仲之产，不遂。"意思是"长时间做郎官，耗费了哥哥的资财，让人不安"。按道理来说，郎官虽然品级较低，但也有工资和奖金，即使最初买官，那也是一锤子买卖，后期不用继续花钱，为什么张释之却说干这个工作耗费哥哥资财太多呢？我们暂且按下不表，继续往下看。一听说张释之要辞职，他的顶头上司中郎将袁盎知道他德才兼备，惋惜他的离去，请求汉文帝调补他做谒者。

说到这里，我们又要犯嘀咕了。按道理来说，袁盎是他的上司，对他是比较了解的，既然觉得他能力强，那早就该提拔了呀，但为什么非要拖到人家提辞职才向上推荐？

综合以上，我们可以得到一个合理的推论，张释之肯定是不满足当一个"骑郎"的，既然家里有钱，可以买个"骑郎"，同样也愿意花钱疏通各种关系，去谋求更大的发展。但是非常不走运，张释之一直没有得到擢升，于是他决定孤注一掷，选择了对此时的顶头上司中郎将袁盎进行重点突破，最终得到了他的举荐。

当然，张释之确有他的过人之处。在袁盎力荐以后，汉文帝便下诏单独接见他，当面考核。

张释之初见天子，丝毫不怯场。起初，他陈说利国利民的大计方针；但汉文帝并不感兴趣，不耐烦地说："说点儿更贴近当下的事，不要高谈阔论，所说的应该马上能实施。"于是，张释之谈起秦朝灭亡和汉朝兴盛的原因。汉文帝听了之后大为赞赏，任命他做了谒者仆射，成为皇帝身边的近臣。

此后不久，发生了一件非常有意思的事。

有一次，汉文帝到皇家动物园上林苑视察工作，他询问了书册上登记的各种禽兽情况，问了十几个问题，上林尉却顾左右而言他，完全答不上来。此时，负责虎圈的啬夫便在一旁代上林尉回答皇帝提出的问题，答得很周全，没有一个问题能难倒他。汉文帝就说："做官吏不应该像这样吗？！上林尉很难让人信赖。"于是，他让张释之去任命啬夫为上林尉。

但张释之过了很久才表示反对，他举了周勃和张相如两个曾经的重臣的例子——都不善言谈，却是长者重臣。如果汉文帝提拔了伶牙俐齿的啬夫，必会引起天下人争相效仿，都去练习"口辩之术"而无真才实能，就像当年秦朝重用刀笔之吏，使得官场上争着用敏捷苛察来比较高低一样。所谓"且下之化上疾于景响，举错不可不审也"。意思是说，"下面的人很容易受到上面人的喜好影响，所以君上的决定不可不审慎啊！"

汉文帝听完之后心悦诚服，就不给啬夫升官了，而且在回去的时候，令张释之陪乘。一路缓缓而行，汉文帝询问秦朝政治的弊端，张释之据实而言。车驾返抵宫中，汉文帝就给张释之升了官，命其为公车令。

读到这里，你会不会为啬夫鸣不平？同样是给皇上汇报工作，怎么你能升官，而到我这儿就变成伶牙俐齿、巧言令色了？

事实上，上林尉作为皇家动物园的主官，皇上问了有关业务的十几个问题，全都答不上来，这说明其业务能力确实很差。而虎圈啬夫能非常好地回答领导提出的问题，首先确定其业务能力是过关的，如果平时不踏实干活，就不可能把所有数据了然于心。不能因为其对答如流，就判断他是抢着在天子面前出风头。汉文帝非常生气，决定要免去上林尉，提拔虎圈啬夫，也是很正常的反应。

张释之当然可以提出反对意见，但他说出的反对之词明显偷换了概念，他用周勃等厚重长者的例子来形容上林尉"以其昏昏使人昭昭"的庸碌表现，完全不可类比，同样，也看不出来展现业务能力和逞口舌之能二者是怎样画上等号的。

不客气地说，张释之的这次晋升，恰恰靠的是他所反对的"口辩之术"。

从头到尾，他把汉文帝忽悠得一愣一愣的。那么张释之在官场上蹉跎十年后，突然之间青云直上，真的就是靠他那张善言的嘴吗？

## "惊驾案"和"窃环案"背后的真正主角

张释之自从得到汉文帝的赏识后，升迁速度非常快。官至九卿之一的廷尉后，张释之一度掌握了国家的司法大权，可谓位高权重。

后世给予张释之的较高评价大多源于他担任廷尉时的表现，认为他坚持依法办事，从不曲法奉迎，即使是涉及至高无上的天子的案件，也一样秉公处理。为后人所津津乐道的，就是他对"惊驾案"和"窃环案"这两件极为棘手的案子的处理。

"惊驾案"指的是，有一次汉文帝出宫视察，当车马行至中渭桥时，一个路人突然从桥下跑出来，惊了御马，车辆一阵摇晃，把汉文帝吓得不轻。惊了圣驾那还了得？于是汉文帝将此人交给张释之，让他严审。张释之随即展开审讯，那人说："我是长安县的乡下人，听到清道命令躲在桥下。过了好久，以为皇帝的队伍过去了，刚从桥下出来，看见车队赶忙想跑。"于是，张释之审清事实后，向汉文帝报告处罚结果：判那个乡下人触犯清道禁令，仅仅处以罚金。听到这个结果，汉文帝自然大为光火："这人惊了朕的马，幸亏御马驯良温和，否则朕肯定要摔伤。朕受到了这么大的惊吓，廷尉居然判罚钱了事！"面对皇帝的愤怒，《史记·张释之冯唐列传》所记录的张释之的回话非常经典："廷尉，天下之平也，一倾而天下用法皆轻重，民安所措其手足？"意思很清楚：廷尉是天下公正执法的带头人，稍一偏向和不公平，天下执法者就会任意或轻或重，老百姓们岂不是要手足无措？

汉文帝听完哑口无言，良久才说："你的判处是对的。"

过了不久，又发生一个案子，再让汉文帝与张释之的冲突升级。

"窃环案"事发于供奉汉高祖刘邦灵位的宗庙，有一只作为贡品的玉环被人偷走了。居然有人敢在"先皇"头上动土？这事立即作为"天字第一号盗窃案"限期破案，很快人赃并获。后又交到张释之手中，怒火中烧的汉文帝对他的指示是，此案要"从严、从速、从重"。结果，张释之以偷盗宗庙服饰器具之罪奏报皇帝，判处案犯死刑。汉文帝听闻又勃然大怒："这人太无法无天了，竟敢偷盗先帝庙中的器物，朕让你审理的目的，是要灭他三族，你这种判罚是想让朕背上不孝的罪名啊！"

张释之一看皇帝发了大火，心一横脖子一梗，摘下头上的官帽，跪在汉文帝面前磕头说：臣只是依法判决。现在他偷盗宗庙的器物要处以灭族之罪，那万一有愚蠢的人，挖了长陵一抔土，陛下准备用什么刑罚惩处他呢？张释之如此反问，反而将了汉文帝一军，天子当场在气头上没有表态，但过了一段时间，在和母亲薄太后谈论此事后，汉文帝同意了张释之的判决。

秉公执法、法大于天的张释之，因为这两个和皇帝对着干的案件，得到天下人的无比敬仰，流芳于史册，以至于很多人夸张地认为他是中国历史上追求"法律面前，人人平等"理念的第一人。我们暂且不讨论在中央集权的君主制度下，有没有践行这一理念的可能。需要提醒的是，在这两个案子里，另一个主角汉文帝的重要性不容忽视。可以说，身份至尊的汉文帝尊重司法官员的职权，更是注意以身守法。说到底，两个案子他是交给廷尉处理，正如张释之所说，汉文帝倘若当场下旨处理，做臣子的也无话可说。但是汉文帝并不以自己的意志破坏法令的执行，才让张释之有了操作的空间。可以说，没有汉文帝对张释之的支持，他要做到秉公执法，完全是不可能的，所以汉文帝也被尊为"千古名君"而令人称颂。

说句题外话，有没有发现汉文帝和张释之的关系有点像王生和张释之演的那场戏？两人虽然明面上针锋相对、剑拔弩张，结果却是相互成就。

## 张汤和张释之，两者之间有无不同

在古代封建社会，张释之以执法如山的胆略以及聪明过人的睿智，被美誉为"中国理想循吏的典范"，为后世所效仿，更成为庶民拥戴的偶像。

其中，司马光的《资治通鉴》对张释之的才学、人品褒奖有加，特别是"张释之为廷尉，天下无冤民"这句如此高的评价，简直将他抬到了一个后人无法企及的高度。

那么张释之治下，真的一个冤民也没有吗？

答案显然是否定的，不用今人来找事实反驳，早在南宋，学者洪迈就对此提出质疑："周勃就国，人上书告勃欲反，下廷尉逮捕，吏稍侵辱之，勃以千金与狱吏，吏使以公主为证，太后亦以为无反事，乃得赦出。释之正为廷尉，不能救，但申理犯跸、盗环一二细事耳。"（《容斋随笔》）

洪迈举出的例证确实非常有力，在周勃一案中，作为廷尉的张释之一反常态，竟装聋作哑。

周勃何许人？乃诛灭吕氏家族，从代地迎刘恒回长安，并将刘恒扶上龙椅的大功臣也。

在刘恒当上皇帝以后，陈平认为自己在政变中功劳不如周勃，于是举荐周勃当丞相。周勃是个粗人，不知道这是个危险的信号，继续一副踌躇满志的样子，汉文帝对他也很恭敬。

《史记·袁盎晁错列传》中记载，袁盎进谏汉文帝说："丞相如有骄主色，陛下谦让，臣主失礼，窃为陛下不取也。"意思是，丞相如果对皇上表现出骄傲的神色，而陛下却谦虚退让，臣下与主上都违背了礼节，我个人认为陛下不应该采取这种态度。

从此以后，汉文帝逐渐威严起来，周勃也渐渐感到功高震主的压力。他借口有病辞官，回到封国绛县当老百姓。不久就"有人"检举周勃谋反，汉文帝立即下令廷尉调查。

正如张释之此前所说，周勃本来就不善言辞，这时更是张口结舌，不晓得怎样为自己辩护。后来，是周家给法官送了二十四万两黄金，才换来一个提示："以公主为证。"原来，周勃同汉文帝是儿女亲家，公主当然有条件证明公公并没有谋反。最后连薄太后都出面证明："周勃清除吕家时，身上带着皇帝的印信，手握北军重兵。他那时不反，怎么会回到一个小县城谋反呢？"汉文帝才松口说："我也没有肯定他谋反呀……"派人赦免了周勃。

从事件前前后后可以看出，张释之作为廷尉，在此案中完全消失。《史记·袁盎晁错列传》中记载，当时朝中只有一个当年曾告绛侯状的袁盎努力证明周勃无罪。

说到底，汉文帝倘若下决心杀周勃，那周勃的性质同"惊驾案"和"窃环案"中小老百姓的性质是完全不一样的，搞不好，此时进谏的人连自己也会搭进去。在这种情况下，张释之为了自保选择了一言不发。

根据此案，我们可以有一个大胆的怀疑，张释之和张汤真的有所不同吗？

如果说不同，那也不过是张汤把所谓"依皇帝的好恶判案"放在表面；而张释之则因为了解汉文帝的喜好，即宽以待人，利用这一点，他敢于在细枝末节上和皇帝争辩，一副忠诚可鉴很讲原则的姿态，但遇到汉文帝的核心利益，该闭嘴时还得闭嘴。这也就可以解释，等到汉文帝死后，张释之怎么就像变了一个人，因为汉文帝喜欢"以德服人"，而汉景帝却不吃这一套，这哥们儿生起气是能拿棋盘砸死人的主，此时张释之别说唱反调，能保住小命就不错了。

说到底，在皇帝一个人说了算的时代，所谓"法律面前，人人平等"显然是无法实现的，而清官和廉吏也只是相对来说的。"没有冤假错案"，多数是一句自欺欺人的说辞，从这个意义上说，张汤和张释之没有什么不同，无论他们的行事和本意究竟如何，冤假错案和皇恩浩荡下的"平反昭雪"都将成为中国历史的必然组成部分。

## 既然口口声声说后悔，汉景帝为什么不给晁错平反

汉景帝三年（前154）正月下旬的一天，中尉陈嘉来到御史大夫晁错府上，奉命急召晁错入朝议事。此时，吴楚起兵叛乱已经十来天了，军情急报不断从前线传回长安，因此晁错毫不怀疑，随即换好朝服入朝。车马经过东市时，没有任何预兆地，晁错被拖下车腰斩。当时，西汉唯一被称为"智囊"的头颅，跌落在长安的尘埃之中。更血腥的屠戮紧随其后，晁氏全族被诛。

司马迁在《史记·袁盎晁错列传》中只用十个字记录了这一风云突变——"上令晁错衣朝衣斩东市"。从字面理解，汉景帝似乎给晁错留了面子，让他穿朝服上刑场，不曾经历撤职查办的羞辱。但《史记·吴王濞列传》中，太史公又添了几个字"绐载行东市"，说明了真相的冷酷。一个"绐"字，说明晁错完全是被骗杀。对这位自己当太子时，便已朝夕相处的"老师"，汉景帝完全没有给他任何辩驳、求生抑或大义凛然的机会。

而今影视剧里的"诛晁错"，普遍设计得煽情，基本逻辑都是刘启被形势所迫，痛下决心。这一点在电视剧《汉武大帝》中被演绎得尤为让人泪目——汉景帝下定决心后，给老师端上一杯酒："您说过，若毒蛇啮指，壮士断腕，为天下者，不顾身家。"而晁错明知是断魂酒，仍慷慨赴死。

两者相比较，真实的历史如此冰冷。也难怪编剧们加这么多戏，都是为晁错被冤杀鸣不平。历史上第一个为晁错鸣不平的人叫邓公。作为校尉的邓公从平

叛前线回京述职，汉景帝问他："你从前方回来，晁错已死，吴楚能罢兵吗？"邓公回答："吴王起兵以诛晁错为名，但意图却不在晁错。"接着他的话就很难听了，"陛下杀了晁错，我想天下有志之士以后都会把嘴巴闭上了。晁错主张削藩，明明是对大汉'万世之利'的好事，但计划刚刚开始，他就被诛杀。一心为国的忠臣却落个这样的结局，今后谁还敢冒死进言呢？"

这段逆耳忠言完全没给皇帝留面子，汉景帝听完之后什么反应呢？他沉默良久后说："你说得对，我也很后悔啊！"而且不是简单地口头服软，更付诸行动——邓公当即被提拔。这就让人有点儿摸不着头脑了，既然你重赏了为晁错鸣冤的人，那为什么不给晁错平反呢？

## 汉景帝真的是冲动杀人吗

说起汉景帝的冲动，最容易让人想起的就是他少年时犯下的大错——用棋盘砸死了吴王刘濞的太子。而晁错之死最为大众所接受的说法，也是汉景帝冲动误杀。"七国之乱"发生后，刘启被叛军阵仗吓得六神无主。朝廷军队准备不足，面对养精蓄锐数十年的吴楚联军节节败退。前线战事不利，朝中又有"小人进谗言"，慌乱之下，刘启便以为杀了晁错至少能稳住叛军进逼之势。偏偏事与愿违，晁错被杀后，叛军并没有罢兵的意思，因而刘启白白冤杀了重臣。

年轻时冲动暴烈的刘启，此时贵为天子，真的如此"任性"，没考虑清楚便冲动杀人吗？

复盘一下晁错被杀全过程，最早提出斩晁错而退吴楚七国之兵的是袁盎。《史记》把晁错与袁盎两个人并列为传，也是司马迁绝妙的讽刺，因为这两个人关系差到只要有晁错的地方，袁盎转身就走，反之亦然。

而袁盎紧急给汉景帝打小报告，是因为晁错计划搞内部清洗，第一个对象就是他！原因是晁错认为袁盎当过吴相，收过刘濞的贿赂，因此整天替刘濞说好话，而今刘濞反了，先把袁盎杀了，防止他在朝廷背后使阴招。由此一来，袁盎要自保只有抢先一步，先把晁错给办了。

于是袁盎找到窦婴。为什么要找窦婴，一方面窦婴是窦太后的弟弟，也就是汉景帝的舅舅，背景够硬。另一方面，窦婴和晁错关系也很差，而且窦婴也当过刘濞的吴相，境况相近。

果然，窦婴非常给力，立即入宫给皇上报告袁盎有退敌之策，汉景帝便召袁盎进宫觐见。尴尬的是，晁错当时就在皇帝身边。《史记·吴王濞列传》里对这一夜的惊天逆转记录得很详细，袁盎首先一阵痛贬刘濞，然后分析叛军实力不值一提。这通忽悠让晁错产生错觉，竟放松了警惕称："袁盎策之善。"

后面的事情却让晁错对自己的轻率表态后悔不已。袁盎讲到关键的退兵之策时，突然要求屏退左右。汉景帝让近臣们回避了，但晁错还在。袁盎继续坚持："我所说的，为人臣的不能知道。"就这样，晁错虽愤恨不平也只得退下。

袁盎果断亮出撒手锏，给刘启出主意：七国之所以反叛，就是因为削藩令。你如果杀了晁错，派使者赦免七国的罪过，恢复被削减的封地，这场祸事便能结束。汉景帝什么反应呢？沉默良久，说出了那句著名的话："顾诚何如，吾不爱一人以谢天下。"（《史记·吴王濞列传》）

意思就是，真实情况果真如此的话，我不会因为爱一个人而让天下人失望的。此时，汉景帝已有"斩晁错以谢天下"的念头了。

十几天后，丞相陶青、中尉陈嘉和廷尉张欧联合上书弹劾晁错，汉景帝同意了。注意一个细节，真正诛杀晁错其实是在袁盎进言"后十余日"。所以，汉景帝杀晁错绝不是一时冲动，他有足够的时间思考和计算袁盎提出的"退兵之策"符不符合他的利益。

最终上书名单的构成也颇具玩味之处，偏偏没有窦婴和袁盎这两个始作俑者，三人身份分别是文官、武将和监察系统的代表，这背后要没有汉景帝的授意是说不通的。由此综合判断，诛杀晁错应该是汉景帝刘启一手策划并且精密部署的，断无可能是所谓的冲动误杀。

然而，有一个谜团未解，既然袁盎在晁错眼皮底下"献策"，当时愤恨不已的晁错，面对政敌必然的攻讦，怎会毫无提防，最终被骗上刑场呢？

## 众叛亲离的孤臣逆子

的确，从袁盎献计到东市腰斩足足十几天时间，既然袁盎能连夜奔走自救，晁错为什么不能殊死一搏呢？

应该说，这两人此时的境况完全不同。据《史记·吴王濞列传》，七国之乱后，长安城里的官吏们争相依附窦婴和袁盎，驾车跟随其后的每天有几百辆，可见人气之高。

而晁错呢？表面上来看，他身居御史大夫，位高权重，但他的权力真的能转化成执行力吗？比如他要"清洗"袁盎这件事，按说快刀斩乱麻的话，根本没有袁盎"献策"什么事了。不是晁错不想先下手为强，奈何他的"刀"太不听话了。

吴楚一举反旗，晁错便召集手下说："这个袁盎一直蒙蔽皇上说刘濞不会反，现在刘濞反了，要治他的罪，看他还有什么阴谋。"

晁错的下属御史回复说："叛乱没发生时，惩治他，或许能中断叛乱的阴谋。现在叛军都打过来了，惩办他有什么用呢？再说，袁盎应该没有什么阴谋吧！"

这话怎么听怎么别扭，假如认定袁盎和叛军之间有某种关系，此时惩办至少是亡羊补牢，或者也是表明态度。而御史属于监察系统，职责所在就是对有问题的官员进行侦查，而不是用一句"莫须无"的态度糊弄一下。

很明显，堂堂御史大夫，此时已指挥不动下属了。更可怕的是，这边晁错还在为手下的反对犹豫不决，那边的袁盎居然收到消息——晁错要对他下手了。

是谁告诉袁盎的，答案不言自明，这已经不是执行力打折的问题了，而是晁错此时在官僚系统中众叛亲离，被彻底孤立了。这也解释了晁错作为朝中重臣，在袁盎打完小报告后却完全耳聋目盲，最终在毫无戒备的情况下被骗腰斩的真实原因。

为何晁错落到如此地步？其实无论是《史记》还是《汉书》，形容晁错时都用了"峭直刻深"四个字，就是为人严峻、刚正，又过于苛刻、严酷。这个形容词一般会用在同一类人身上：法家人物。

晁错是法家刑名学说最忠实的拥护者。法家刑名学主张为人性本恶，必须要用法律强制约束才能治国。一旦信奉这样的理念，便以性恶心态来推论同僚、下属，以残酷的刑法进行威权统治。把同僚、下属全得罪了，自己彻底变成一个"孤臣"，一旦失势就会被群起而攻之。

当然，能成为"孤臣"的一般会有君主来撑腰。但成也君主，败也君主。这一点在晁错身上体现得特别明显。

汉文帝最早发现晁错，觉得他才学出众，于是让他给太子当老师。太子刘启被老师的风度、学问倾倒，在太子府给了他外号叫"智囊"。

为了将性格冲动的太子培养成深谋善断的帝王，晁错曾专门给汉文帝上了《言皇太子宜知术数疏》，建议让太子多看一些法家之书以便驾驭大臣。虽然不知汉文帝有没有采纳这一建议，但以晁错太子老师的身份，他的法家思想必然影响到刘启。而法家向来主张君主对待大臣，不用道德感化之法，对大臣要运用权术甚至是阴谋诡计。汉景帝在其执政生涯中，确实贯彻了这一思想，重点防范和猜忌权臣，比如后来"平定七国之乱"的功臣周亚夫，就因为太过傲慢而被汉景帝投狱，蒙冤绝食而死。

苏轼在《晁错论》中，曾明确指出晁错引来杀身之祸最重要的原因就是"令上自将兵，而身居守"，意思是让皇帝亲征去最危险的地方，而让自己留守后方享受安全。这种提议，必然引起皇帝的反感，最终让小人有了可乘之机。

苏轼虽然点出了晁错被杀的关键事件，但却没说到点子上。皇帝亲征，臣子居中调度的情况不是没有先例，萧何和刘邦也曾如此搭档。但即使萧刘这么铁的关系，刘邦在前线依然会怀疑萧何会不会有异心，更何况晁错面对的是多疑的汉景帝，一下子犯了刘启的忌讳：把我支出去，你总揽朝政到底想干什么？

这种内心的恐惧和不信任，其实早就滋生了，提议亲征只是一个爆发点。在太子刘启变成皇帝之后，晁错显然没有调整两人的相处模式，继续一副帝师做派，天天上疏提意见，汉景帝一概言听计从。但表面上再宠幸，也抵不过老师经常性地"请间言事"，在朝堂上动不动让皇帝弟子私下听他的进言，这种损害权威、在朝臣看来在控制皇帝的做法，让汉景帝内心的怨恨日积月累。

但经历了冲动的少年时期后，深谙帝王之术的汉景帝，懂得把愤怒藏在心底，很少在事件的当时就发作，这才是最可怕的。

再看一下陶青、陈嘉和张鸥三人，罗织了怎样的罪名弹劾晁错。前文已述，这三人联合上疏不可能没有汉景帝的授意。而弹劾的重点果真不是晁错力推的削藩策，攻击的恰恰就是危难之际，晁错让汉景帝带兵平叛，自己却要留守京城，"无臣子礼，大逆无道"，应该"腰斩，父母妻子同产无少长皆弃世"。

汉景帝虽然只批了一个"可"字，但通篇劾奏每一个文字背后都渗透出他恶狠狠的杀机。否则，用"袁盎之计"，杀一个晁错就行了，何必愤恨到要灭晁氏全族。

搞清楚这一点，就明白了汉景帝杀晁错的内在诉求和逻辑。因此，他再口口声声说后悔，也不可能为晁错平反。

## 史上最会甩锅的皇帝

一个月前，对这场最终降临在晁家的弥天大祸，早就有人未卜先知，并陷入深深的焦虑和恐惧中。

这个人就是晁错的父亲。

《史记·袁盎晁错列传》记录了晁错上疏进言削藩后，汉景帝曾命令公卿、列侯和皇族一起在朝堂上讨论，但公开场合只有窦婴一个人敢与晁错争辩，其余没有人敢公开反对，因此晁错的上疏很快得以推行。但他所修改的法令足有三十章，传到各地藩王那里，不出意外地引发了巨大反弹。

削藩令一传出，晁错的老爹便心急如焚地从颍川赶到长安，苦口婆心地对晁错说："皇上继位时间不长，你就要削弱诸侯王的权力，疏远刘姓皇族的骨肉，老百姓们都怨恨和咒骂你，你何苦这么做呢？"

晁错的回答确实大义凛然："我知道会有这样的结果，但不这么做的话，就会让天子不尊，宗庙不安。"

老头见劝不动儿子，只能悲愤地说："照这样下去，刘家的天下安宁了，而我们晁家可就危险了，我要离开你回去了。"没想到晁盖的父亲对儿子说完这番话后竟服毒身亡，临终遗言更是一语成谶："我实在不忍心看到晁家大祸临头累及自己。"

晁父死去十几天后，吴楚七国扯起了反旗。再过上十几天，悬在晁家老小头上的那把刀，悄无声息地砍了下来。

晁错被誉为"智囊"，以他的智慧和信奉的法家学说，对人性的了解程度，他真的觉察不到老父亲以死劝诫预示的巨大危险？

当然不可能，这一点恰恰驳斥了苏轼在《晁错论》中认为其为了"欲自固其身"而留守京城，倘若只在乎自身的安全，晁错就不会那么执着地请求削藩了。这是把自己赤裸裸地扔进皇帝和诸侯王之间的斗争漩涡中去。即便七国不反，晁错也是性命堪忧。他大概率是准备好为理想献身了，但却没有料到晁家因为他惨遭"灭族"的结局。说到底，他还是太相信他的学生和他的靠山汉景帝了。

汉景帝曾把晁错"请诸侯之罪过，削其地，收其枝郡"的建议让公卿、列侯、宗室讨论，就是想让大家知道，削诸侯之意并非出自皇帝，而是出自晁错，很显然，汉景帝把晁错当作挡箭牌。

皇帝和诸侯王之间的矛盾，既是中央与地方的矛盾，又是刘姓皇族的内部矛盾，是国事又是家事。所以汉景帝一方面想削藩，另外一方面却不想在刘氏家族中落下一个不义的名声，所以他要找好背锅的人。

等到晁错推行削藩令后，遭到朝中大臣的集体反对，不光反对他削藩，更是因为他破坏规则，擅权变更法令。而诸侯国因为利益受损，自然对他恨之入骨。

所以吴楚发动叛乱之后，提出的口号是"诛晁错，清君侧"，意思是我们来替皇帝清理身边的坏人。

此后，晁错提出的应对之策（汉景帝亲征）被皇帝驳回或者说不置可否，朝臣的不满便开始明目张胆起来。接着，政敌们纷纷被起用，比如七国之乱发生前，袁盎只是个庶人，而七国反后，窦婴被拜为大将军，袁盎被拜为太常，此时长安城里很多官员都争附二人，每天跟在他们车马后面的就有几百乘。这充分证明，政治嗅觉敏锐的群臣们已经嗅到晁错"倒台"的政治气息了。

既然，朝内朝外一切矛盾的焦点集中在晁错身上，那汉景帝此时出手真的是价值最大化。首先"牺牲"了晁错，可以让朝廷大臣团结一致击败叛军。其次"牺牲"了他，按住那些"观望"中的诸侯骚动的心，让他们觉得朝廷枪打出头鸟，又要收回削藩之策，坐收渔翁之利。而最重要的一点，"牺牲"了晁错，直接让叛军失去旗号和借口，晁错已然被诛，叛军便"师出无名"，朝廷的平叛自然事半功倍。

不过是杀一个臣子，却能用最小的代价实现最快速地平叛，汉景帝怎么会后悔？

邓公进谏前的身份是校尉，级别有点低，和这样的人掏心窝子，能证明汉景帝的后悔有几分是真心实意呢？只能说，作为学生的刘启，也许有几分良心发现，但作为皇帝的刘启却只能是伪善。帝制时代，虽然"君要臣死，臣不得不死"，但一个皇帝也不可能对臣子明说："你们都是棋子，死了白死。"

更何况，汉景帝是一个特别爱甩锅，明明阴辣狠毒却偏偏不愿沾血的皇帝。

像用酷吏逼死长子刘荣的事就不说了，单拿晁错两个死对头袁盎和窦婴的结局，也能窥出几分端倪。袁盎被派出使叛军，摆明就是想借刘濞之手杀他，结果袁盎命大，九死一生逃回来，却再也没被重用；而对窦婴，汉景帝临死还耍个阴招，留了一封遗诏，让他事情紧急时可面呈皇帝，结果窦婴还真用了，这才发现宫中记录根本没有遗诏，就犯了伪造遗诏的大罪被处死。这件事特别能说明汉景帝的行事风格，借刀杀人玩得最熟。

## 七国之乱——诸侯王为何集体不服气

高祖十一年（前196），淮南王英布造反，刘邦御驾亲征。刘邦的侄子刘濞（刘邦二哥刘仲之子）这一年才刚刚二十岁，血气方刚又强壮有力，于是他以骑将的身份跟随汉高祖讨伐英布，屡立战功。平定叛乱之后，由于荆王刘贾被英布杀死，没有后嗣。刘邦又担心吴地、会稽地的人粗野强悍，没有勇壮的王震慑他们，很容易发生叛乱。考虑到自己的几个儿子年龄尚小，于是改荆国为吴国，封了这个大侄子刘濞为吴王，以广陵为都，统辖东阳郡、鄣郡、吴郡三郡，一共五十三个县城。这个封国规模之大，在诸侯国中只有刘邦长子刘肥的齐国能超过它，即使放在战国时期，战国七雄里有一半国家的国土面积都不及它。

当然，关于刘濞被封王，司马迁在《史记·吴王濞列传》中还陈述了另一个重要的理由："太史公曰：吴王之王，由父省也。"意思是，吴王能有这么重要的封赏，主要是父亲被贬谪的缘故。原来刘濞的父亲刘仲是刘邦的亲二哥，曾被封为代王。后来，匈奴围攻代地，刘仲本来就没什么军事才能，刘邦打天下时，他在家里侍奉父母，哪里见过这阵仗，于是丢弃了封国，跑回来自首。刘邦当然不忍心对自己的二哥依法办事，只是废黜其王号，贬他做郃阳侯。说到底，刘邦对哥哥有几把刷子非常清楚，自己白登之围都差点儿被匈奴团灭，让这个是种田能手的二哥去守边患之地太强人所难。大概刘仲被贬，刘邦心里是过意不去的，有机会自然要提拔一下二哥的儿子。

不过，《史记·吴王濞列传》记叙到这里，突然画风一转变得神秘兮兮了。公元前195年，封王拜印的仪式刚结束，刘邦就后悔了，因为他看到刘濞那桀骜不驯的样子，有种不祥的预感袭上心头：这小子一副反相。可是诏书已下，木已成舟。于是他把刘濞叫上前，轻拍他后背告诫他说："汉后五十年东南有乱者，岂若邪？然天下同姓为一家也，慎无反！"意思是说，汉朝兴立以后五十年左右，东南方向将有叛乱发生，难道是你吗？然而天下姓刘的是一家人，你千万不要造反啊！"刘濞听了冷汗直冒，连连叩头说："不敢。"

刘邦难道真的能预测到刘濞必反？毫无疑问这个说法的可信度不高。说到底，刘邦倘若真有此念，以他的铁腕手段，大可尽早除了这个祸害，不可能给自己的儿孙们留麻烦。一个比较合理的解释是，刘濞本人在平定英布的过程中，确实表现出超强的能力，而分封给他这么大一块地方，有铜可铸剑，有海可煮盐，地理和物质条件都不错，因此多疑的刘邦便用反相之类的话来震慑刘濞。

不管怎么理解，刘邦的话确实是一语成谶。公元前154年，汉景帝刘启听从御史大夫晁错的建议，实行削藩，计划削夺吴国两郡。早就蓄谋已久的刘濞再也忍耐不下去了，自称"东帝"，更是联合了楚王刘戊、赵王刘遂、济南王刘辟光、菑川王刘贤、胶西王刘印、胶东王刘雄渠，悍然发动了"七国之乱"。

而关于这场"七国之乱"的前因后果以及细节最丰富的记载都在《史记·吴王濞列传》中。可见削藩虽然是导火索，但刘濞却是这场动乱的罪魁祸首。司马迁事实上也同意晁错对吴王刘濞的看法："今削之亦反，不削之亦反。"

为什么刘濞一定要造反呢？他又凭什么能当上"带头大哥"发动叛乱呢？为什么这么多诸侯王集体对皇帝不服气呢？……

## 为什么刘濞一定要造反

说到底，刘濞和当朝皇帝汉景帝之间是有杀子之仇的。

在汉文帝时期，吴王刘濞的儿子刘孝入朝，其实就是以朝见的名义，到西汉中央政府来做人质。他经常陪当时还是皇太子的刘启饮酒下棋。堂兄弟两人年纪差不太多，年轻人容易冲动，有一次两人因为下棋发生争执，几番口角后，刘孝平素骄纵惯了，此时的态度也越发不恭敬了，皇太子刘启虽是汉文帝的儿子，但性情却与汉文帝全然不同。后世苏辙曾评价文景二帝，"文帝宽仁大度，有高帝之风"，景帝却是"忌刻少恩，无人君之量"。

《史记》记录了"皇太子引博局提吴太子，杀之"，意思是说，刘启操起棋盘砸向刘孝的脑袋，竟活活把他砸死了，估计这个棋盘是石头做的。刘启无故杀了一个诸侯王太子，这个篓子可捅大了。汉文帝为了掩人耳目，让人对外宣称，刘孝是感染瘟疫暴病身亡的，事后悄悄地把他的遗体送回了吴国埋葬。

尸体送回吴国后，刘濞悲愤地说："天下都是姓刘的，死在长安就该葬在长安，何必又送来吴国下葬呢！"暴脾气一上来，他又把儿子遗体送回长安下葬。

长安到广陵相距千里，一来一回，即使有保存措施，也可以想象刘孝尸体的腐烂程度。刘濞之所以让爱子死后遭此大罪，说到底有两个目的：第一，打脸之前朝廷所对外宣称刘孝感染瘟疫暴病身亡的说法，这么一来一回，大概所有人都知道事情的真相了；第二，更是表明了一种态度，此事他绝不忍气吞声，善罢甘休。

果然，刘濞自此以后一副破罐子破摔的状态，完全违忤藩王所应遵守的礼节，他长期称病不肯入朝。京城的人也都知道，他根本没病，只因儿子惨死的缘故。

时间长了，朝廷还得按礼制责问。于是吴王使臣一来，就被拘禁诘问而治罪。在连续拘禁惩治了好几个使者后，"吴王恐，为谋滋甚"（《史记·吴王濞列传》）。仔细品这句话，刘濞害怕了，更积极地策划谋反行动，因此可以确认，刘濞在朝廷削藩之前已经开始着手准备了。

不过，汉文帝确实是个宽仁大度的皇帝，况且他的行事策略是，没有必成的把握绝不出手。恰巧此时，刘濞名义上又服软了："唯上弃之而与更始。"（希望皇上捐弃前嫌给个重新开始的机会）汉文帝借驴下坡，随后赦免了所有的吴国使者，同时赐给刘濞坐几和手杖，并且告诉刘濞，既然他老了，给他特殊待遇可以不入京朝见。

汉文帝此举暂时按住了刘濞，但刘濞真的就此放弃他的谋反大计了吗？

事实上，刘濞根本就没停过。根据《汉书·荆燕吴传》记载，刘濞起兵造反时曾给天下诸侯写了封信，其中有一句非常重要的话："寡人节衣食用，积金钱，修兵革，聚粮食，夜以继日，三十余年矣。凡皆为此，愿诸王勉之。"可见三十多年，他阴谋造反的工作是一刻都没停止过。

这一点，中央政府也不是完全被蒙在鼓里，因为这是尽人皆知的秘密。比如，贾谊在给汉文帝上《治安策》时就明确指出了刘濞有谋反之心；再如，汉文帝派袁盎为吴国相，其侄子送他走时，就说这实在不是个好差事，都知道吴王要反，搞不好要掉脑袋。

这些事都发生在汉景帝削藩之前，可见"刘濞造反"早在大多数人预料之中。在吴国自己的封地上，这一点表现得就更加明显了。为收买人心，刘濞用尽了各种手段：在吴国，百姓不用交赋税，士兵服役发代役金，每年刘濞还要亲自慰问有才能的人，给平民各种赏赐。刘濞还网罗天下的亡命之徒，其他郡国犯了法被追捕的逃犯只要到了吴国，他都一概收容下来拒不交出。

总之，在吴地苦心经营四十年，刘濞可谓深得民心，也可以说是一呼百应，充分做好了造反的战斗动员。刘启即位后，刘濞心里本来就对这个有杀子之仇的侄子皇帝有疙瘩。而汉景帝听从晁错的计划削藩，则成为他造反的最好契机，他等了三十多年，一旦发难可以说是孤注一掷。《史记·吴王濞列传》中详细记录了刘濞的动员令："吴王悉其士卒，下令国中曰：'寡人年六十二，身自将。少子年十四，亦为士卒先。诸年上与寡人比，下与少子等者，皆发。'"也就是说，"七国之乱"时，刘濞已经六十二岁了，而他年仅十四岁的小儿子也要冲锋陷阵，他以自己和小儿子的年龄区间画了一个范围，吴国十四岁到六十二岁的男子全部强征入伍，迅速动员起一支二十多万人的造反大军。

这场波及西汉帝国三分之二国土的内战，就此打响。

## 刘濞凭什么能当"带头大哥"

除了在吴国组织浩浩荡荡的造反大军，刘濞还联络和串通其他六国共同发难，并且派人与匈奴、东越、闽越贵族勾结，企图南北夹击，四方呼应，建立起最广泛的统一战线，来一举夺取汉景帝的天下。

说起来，刘濞的准备还是相当细致的。早在汉文帝的晚期，他就经常和各路诸侯王"通谋"，"约纵"结盟，尤其是和楚王一脉早已结成了共同进退的战略同盟。楚国和吴国之所以会结盟，除了削藩触动了他们的利益之外，更因为两家地位血缘上的关系所致。此时，和其他诸侯国都是刘邦的直系子孙不同，这两个诸侯国，一个是刘邦的侄子（刘濞）获封，一个是刘邦的弟弟（刘交）开国。在如今皇帝的直系刘姓宗族中，他们已经属于远房旁支，相互之间自然同病相怜。

此时的楚王刘戊，是刘邦四弟刘交的孙子。楚国拥有四十多座城，是诸侯国中的大国，同样也是汉景帝重点收拾的对象。《史记·吴王濞列传》中记载，景帝三年（前154）冬，刘戊入朝，"晁错因言楚王戊往年为薄太后服，私奸服舍，请诛之。诏赦，罚削东海郡"。说句老实话，晁错把薄太后国丧期间楚王"私奸服舍"这种私密之事，拿到台面上来谈，极有可能是欲加之罪。果然晁错"请诛之"，汉景帝就来个"诏赦"，目的就是找理由削楚王刘戊的封地。楚王刘戊心中怨恨，"乃与吴通谋"，吴楚两国首先结盟。

刘濞第二个盟友则是胶西王刘卬，胶西国是当初刘肥的齐国被肢解后的产物。胶西王刘卬乘势斗胜，其他几个齐地的诸侯王常常唯他马首是瞻。同样，出头的胶西王自然也是汉景帝率先打击的目标，景帝二年（前155），"胶西王卬以卖爵有奸，削其六县"（《史记·吴王濞列传》）。

刘濞先是派出大臣劝说胶西王刘卬，甚至开出了"两主分割，瓜分天下"的条件。即使胶西王答应了，刘濞还是不放心，生怕他不肯参与起兵，于是"亲自为使，使于胶西，而结之"（《史记·吴王濞列传》），当面和胶西王刘卬订立了盟约。

要知道，当年汉文帝之所以能阴差阳错地继承大统，最重要的就是以周勃领衔的功臣集团和以齐王刘襄兄弟三人为首的刘氏诸王联手"尽诛诸吕"。但刘恒继承大统后，却对齐王系一再削弱。到了汉景帝时，悬在头上的刀似乎更近了。"诛吕"之后的分功不均，直到此时依旧堵在刘肥子孙的心里，足以令齐地的刘氏诸王铤而走险了。果然，胶西国率先加入反叛集团后，齐王系的诸王——齐、菑川、胶东、济南诸王，纷纷加入响应。

另外，刘濞还与赵国串谋。赵王刘遂同样对朝廷不满。一件事是汉文帝分赵之河间郡置国，传位二世，因无后国除为郡，并入汉廷直辖。而赵王一直想把河间要回来，但始终未能如愿。另一件事是景帝即位后，"赵王有罪，削其常山郡"。河间未得，常山又失，所谓新仇加旧恨，只要稍微扇一扇风，这火就忽地点起来了。

刘濞的串联工作到底做得有多细，我们可以盘点一下。此时，西汉帝国一共有二十二个诸侯国，其中八个诸侯国他是不碰的，因为有两个诸侯国是汉景帝兄弟的封国，另外六个是汉景帝儿子的封国，他们和当今皇帝血缘更近，自然把自己绑在朝廷的战车上。除了吴国，剩下的十三个诸侯国都是被剥夺和被损害的，他居中联络，但最终只有六国参与了叛乱。

为什么刘濞有资格当这个"带头大哥"？套用江湖剧的台词来说：辈分高，钱又多，不选他选谁？

论辈分，到了汉景帝年间，六十多岁的刘濞，作为刘家第二代，扛过枪，打过仗，跟着开国皇爷爷平乱立过战功，这样的资历和功绩摆出来，恐怕整个刘氏家族再难找出第二个。再说一个证据，《汉书·百官公卿表》中记载了汉朝历代宗正，"七国之乱"那年，汉景帝恰巧任命德顷侯刘通任宗正，宗正是皇族内部的"宗室长者"，而刘通恰恰是刘濞的亲侄子，由此可以判断，刘濞此时在刘氏宗族中辈分之高，无人可比。

论资财，《汉书·枚乘传》曾记载枚乘在《上书重谏吴王》中说："夫吴有诸侯之位，而实富于天子。"说刘濞比天子还富有，这一点真不是夸张。因为刘濞拥有特殊的经济资源：煮盐、冶铁和铸钱。前两样重要物资涉及国计民生，赚得多也就算了。而汉文帝在公元前175年废除禁止民间私自铸钱的禁令，更是让刘濞大发横财。"公即山铸钱，煮海为盐，诱天下亡人谋作乱逆。"（《汉书·荆燕吴传》）有了发钞的权力，他就有了发动叛乱的最大资本。

汉文帝的本意只是搞活金融，没想到被刘濞吃透政策红利，吴国发行的货币居然和中央政府的货币一样在全国流通。这一点绝对是刘濞造反的最大底气，而他在举兵遣信给各位诸侯王时，最后特地划了重点："寡人金钱在天下者往往而有，非必取于吴，诸王日夜用之弗能尽。"（《史记·吴王濞列传》）意思是说："我的钱天下到处都有，不一定要到吴国来取，诸位王爷日夜使用也不能用光。"此时刘濞作为"带头大哥"，拼命给"小弟们"打气，胸脯拍得震天响，"跟着我，钱管够"，毕竟，一旦踏上造反这条不归路，就意味着赌上身家性命和家族荣耀。

但这帮叛乱的诸侯王，内心真的认为他们能通过一场军事行动推翻汉景帝吗？

## 诸侯王的心思

《史记·吴王濞列传》记录了这样一个细节，很能说明这些反叛的诸侯王对起兵的前景其实并不乐观。

胶西王刘卬答应刘濞反叛后，随即派使者去联合齐王、菑川王、胶东王、济南王、济北王，诸王都答允了，而且这些王商量后还说："城阳景王有义，攻诸吕，勿与，事定分之耳。"

这句话虽然短，但是背后所包含的意思非常复杂。首先，我们要解释一下城阳景王，他是这些反叛王爷的哥哥刘章，当年还是朱虚侯的他，在"铲除诸吕"的行动中，杀死掌握北军的吕产，可以说为这场宫廷政变起到决定性作用。如此大功于汉室，虽然自己被封为城阳王，但城阳国是从他哥哥刘襄的齐国中分割出来的，刘章对如此封赏极不满意，于第二年病逝，谥号为"景"，后世称其为

"城阳景王"。

前文已说，刘章这六个兄弟反叛，说到底就是对长子长孙一脉的父亲和大哥没坐上皇位而愤愤不平，对"诛吕"之后朝廷明显的分功不均怀恨在心。可等到真正造反时，六兄弟却不愿意拉此时当城阳王的侄子刘喜蹚这池浑水，这是为何？

这些叔叔的想法是：刘章铲除了"诸吕"，在长安为整个刘氏立下了大功，即所谓"有义"，不应该再让其后代冒险，如果将来造反成功了，就多封些食邑给刘喜。其实，后面还有话没说出来，假如一旦事败，至少能继续保住刘章的荣光，让城阳景王继续享有血食祭祀。

这么看的话，齐地诸王起事时，多少有那么点儿悲壮的意思。

因为诸王心里清楚自己与朝廷之间的力量差距。胶西王的手下曾经劝阻他"诸侯之地不足为汉郡什二"，事情成功的可能性极低。就算是秘密准备了三十多年的刘濞，他的最高目标是什么呢？《史记·吴王濞列传》中多次提道："吴王率楚王略函谷关，守荥阳敖仓之粟，距汉兵。"意思是，吴王和楚王会一起出兵堵住函谷关，占据荥阳敖仓之粟，和关中的汉兵对峙。刘濞其实也深知杀入长安太难，他觉得最好的局面就是，占据函谷关，堵住汉军东出之路，所以他出兵后，自称"东帝"。

叛乱发生后，吴楚联军开始时是长驱直入连战连捷，但是其他诸侯国却相当不给力，基本没帮上忙。有的是因为臣下坚决拥护朝廷，拒绝执行王命。比如济北王刘志和淮南王刘安，都是兵权被夺。《史记·淮南衡山列传》里明确写着淮南王想反，"吴使者至淮南，淮南王欲发兵应之"，但因兵权被国相所夺，最终没反成。有的是因为担心事情不成而首鼠两端，比如，齐王本来是要参与叛乱的，结果事到临头反悔，导致齐地其他四国的叛军只能先打内战围攻临淄，而无暇东进。这些叛乱后发生的各种意外，也给了汉朝中央政府喘息之机，使其重整军队和战略，放心大胆地集中力量平叛。

七国之乱的平叛过程和结果不用多说，最后吴王刘濞兵败逃亡东瓯国，结果被砍了脑袋献给了周亚夫，其余参与叛乱的各位王爷基本都是兵败自杀。哪怕是事实上拖住叛军的齐王刘将闾，也因为参与谋划功不抵过落得个自杀谢罪。倒是被劫持了的淮南王和济北王，因祸得福活了下来。当然，淮南王刘安到了汉武帝时期，仍忍不住要造反，这是后话。

也就是说，所谓的"七国之乱"，加上临阵倒戈的齐王（算半个王的话），实际上是九个半王参与了，而除了汉景帝的兄弟和儿子，一共也只有十四个诸侯王，城阳王不参与的原因，前文已经说过了。燕王由于地处偏远，但事后也因为持观望态度被朝廷重罚。还有淮南王的两个兄弟庐阳王和衡山王，因为平素和刘濞有私人矛盾，所以没掺和这事。

那么，回到我们最初讨论的话题，诸侯王为什么对皇帝集体不服气呢？

从表面原因来看，削藩的政策触及了诸侯王的利益，而他们要用反叛这个终极手段来捍卫自己的利益，其实是汉高祖刘邦"刑白马为誓"所订立的游戏规则给予他们的，他们维护的实际是汉高祖时代所划定的"刘氏共同体"。

但是，对于汉文帝、汉景帝而言，这个"刘氏共同体"早就时过境迁了，只有他们的直系子弟才是可以令人放心的、真正的刘氏，正如晁错在请求削藩的奏疏中所说，"封三庶孽（齐、吴、楚），分天下半"（《史记·吴王濞列传》）。如今，汉景帝的"刘氏共同体"不再需要这"三庶孽"的支撑，而是全部换上了自己人。

这实际是分封制产生的必然结果。秦一统天下后，曾根据春秋战国的历史经验，认为分封制是战乱根源，将其彻底放弃。但秦二世亡国，刘邦又"惩于亡秦孤立之败"，于是封疆裂土给刘姓子弟，某种程度上恢复了分封制。但不久，伴随分封制而来的历史旧事再次上演。徐复观先生在其《两汉思想史》中非常明确地说："封建的存在，尤其是诸侯王这一系统的存在，始终对专制政治的自身，成为一对最大的矛盾。"

另外，文景时期，同姓诸侯王对皇帝确实不服气。诸侯王们围绕皇权的明争暗斗从未停止过，问题的根源就是皇位继承没有原则，没有依照所谓的嫡长子继承制，而是全凭皇帝、太后甚至权臣的个人意愿。如刘邦因偏爱戚夫人一直欲立刘如意为太子；吕后擅权立了不知所出的汉后少帝；汉文帝继位则是少有的"臣立君"，更是同姓诸侯王继承大统的示范。这种继承权的不确定性，令同姓诸侯王对皇权缺乏敬畏心，既然谁继承皇位都有可能，那些被损害利益和被剥夺权势的诸侯王，自然会心生怨念和不服。

矛盾的是，诸侯王们越对皇位觊觎，越对皇权挑战，皇帝就会越不安。因此，文景时期对同姓诸侯王的猜忌和防范也是最重的，只不过汉文帝谨慎，总是等待对方出错再动手，汉景帝则是急吼吼地采取晁错的削藩之策去压制诸侯王，因而诱发了西汉历史上规模最大的诸侯王叛乱——"七国之乱"。

可以说，晁错的这剂猛药确实吃得艰险。幸运的是，年轻的汉王朝在腹如刀绞后挺了过来。从此，诸侯王对皇权的威胁不复存在，一个统一的、中央集权的大汉帝国，才算是真正建立起来。

# 单从个人品质来说，张骞为什么能走那么远

西域同内地的联系，最早可见魏襄王墓中发现的《穆天子传》：周穆王曾驾八骏，率六师，行数万里，到西方的瑶池会见西王母国国君。据传，西王母国即在西域。但西域真正同内地频繁联系，始于西汉王朝，史称"西域以孝武时始通"。

汉武帝开始经营西域，有着明确的战略目标，希望借此断匈奴右臂。其中，最早出使、最为曲折、成就最大的当属张骞。《史记》中，司马迁将张骞出使西域的壮举，概括为两个字："凿空"。何谓"凿空"呢？盘古开天辟地，方可言为"凿空"，可见这两字凝结了司马迁对张骞出使西域艰难困苦的准确认知。柏杨先生认为，张骞的贡献只有一千六百年后的哥伦布发现新大陆可以相比。梁启超更是这样评价张骞："坚韧磊落奇男子。"

那么张骞到底是怎样一个奇男子？他身上又拥有怎样的品质，能完成这敢为天下先的伟业？

## 留居匈奴十年不忘初心

对于张骞的功绩，司马迁在《史记》中有非常高的评价，但并没有为他单独立传，张骞的事迹主要见于《史记·大宛列传》中。班固的《汉书》则为张骞、李广利合立了传，且《西域传》中也有大量记载，但主要资料还来自《史记》。

张骞第一次出使西域，是"以郎官应募"，也就是作为宫中的侍从官自愿报名参加的。当时，汉武帝从匈奴俘虏口中了解到，西域有个叫大月氏的国家，其王被匈奴单于杀死，头颅被做成酒器。大月氏人忍受不了匈奴的奴役，只能往更西的地方迁徙，继任的大月氏王一直想报仇，但苦于无人相助。汉武帝了解到这个情况后，便想联合大月氏，以"断匈右臂"，于是决定派使者出使大月氏。张骞以郎官的身份应募，肩负出使大月氏的任务。

当时，汉朝的势力范围只不过到金城（今甘肃兰州）一带，而民间形容西域犹如死亡之地，有去无回。可想而知，出使西域需要有巨大的勇气和理想追求。

公元前138年，张骞率领一百多名随行人员，匈奴人堂邑父作为向导，从长安出发前往西域。从长安到西域，必须经过河西走廊。这一地区自大月氏人西迁后，已完全被匈奴人所控制。张骞一行匆匆穿过时，一头撞上匈奴的骑兵，他们全部被抓。随后，张骞等人被押送到匈奴王庭（今内蒙古呼和浩特附近），见到当时的军臣单于。军臣单于得知张骞欲出使大月氏后，对张骞说："月氏在吾北，汉何以得往使？吾欲使越，汉肯听我乎？"（《史记·大宛列传》）意思是说，无论如何都不容许汉使通过匈奴人地区，去出使大月氏，就像汉朝不会让匈奴使者穿过汉区，到南方的越国去一样。张骞一行被扣留后，军臣单于为了软化和拉拢张骞，打消其出使大月氏的念头，除了威逼利诱外，还逼着张骞娶了匈奴女子为妻，生下孩子。

就这样，张骞等人在匈奴整整留居了十年之久，但他始终"牢记君命"，"持汉节不失"，从未动摇出使大月氏的意志和决心。至元光六年（前129），匈奴人看守日渐松弛，机会终于出现，张骞果断别妻离子，带领其旧部随从，逃出了匈奴王庭。

而张骞逃出匈奴王庭后的选择，才是让人感到震惊和感慨的。

其实无须看地图，我们也可以想象得出，张骞此时从呼和浩特周围出发，回长安远比去大月氏要近得多，更何况出使大月氏，已是汉武帝十年前的命令，如今皇帝心里怎么想的？时局还需要这个战略选择吗？可以说，一万个人在匈奴娶妻生子待上十年，恐怕只有一百个人愿意冒着生命危险逃出来；逃出来的一百个人里，恐怕有九十九个人会选择先返回长安，了解下十年后的形势再说。

但张骞恰恰是那万里挑一的奇男子。重获自由后，他没有向南，而是一路向西。事实上，从行进路线可以判断出，他在匈奴这十年，始终关心着大月氏的状况。因为在这十年中，匈奴多次怂恿乌孙进攻大月氏，大月氏人已从伊犁河流域继续西迁，进入了咸海附近的妫水地区，在新的土地上另建家园。

果然，张骞经车师后没有向西北进发，而是折向西南，进入焉耆，再溯塔里木河西行，过库车、疏勒等地，翻越葱岭，直达大宛（今乌兹别克斯坦费尔干纳盆地）。这是一次极为艰苦的行军。大戈壁滩上，飞沙走石，热浪滚滚；葱岭高如屋脊，冰雪皑皑，寒风刺骨。沿途人烟稀少，水源奇缺。加之匆匆出逃，物资准备严重不足，干粮吃尽了，张骞一行人最后只能靠善射的堂邑父射杀飞禽走兽来充饥，而多数的随从都葬身于沙海与冰窟之中。

后来，在大宛和康居两国的人力帮助下，张骞终于到达了大月氏。不料，此时大月氏人因为新的国土肥沃丰美，而且距匈奴和乌孙很远，他们已无意向匈奴复仇了。张骞等人在大月氏逗留了一年多，始终未能说服对方与汉朝联盟夹击匈奴。

也就是说，就预定联合大月氏夹攻匈奴的战略而论，张骞根本没有完成任务。但是从其产生的实际影响和所起的历史作用而言，是巨大的成功。

自春秋以来，戎狄杂居于泾渭之北。至秦始皇北却戎狄，筑长城以护中原，但西界不过临洮，玉门关之外的广阔西域，从未被华夏的政治文化势力所辐射，而张骞使中国的影响力第一次直达葱岭。

雄才伟略的汉武帝显然是看到了这一点，他对张骞这次没有实质性成果的西域之行颇为满意，封张骞为太中大夫，授堂邑父为奉使君，来表彰他们的功绩。

### 对未知充满想象力，更拥有发现细节的能力

在张骞第一次出使西域后，他曾直接参加过对匈奴作战。元朔六年（前

123）二月和四月，汉武帝命张骞为校尉，随大将军卫青两次出击漠北。当时，汉军行进在茫茫黄沙戈壁中，给养相当困难。张骞发挥了他通晓地理的优势，为汉军做向导，指点行军路线。他"知水草处，军得以不乏"，最终凭借此次军功获封"博望侯"，这也是他一生做官的顶点。

由此可知，张骞第一次出使西域，他不仅把自己当作一个外交家，更是完成了卓有成效的地理考察。他对所到之处的西域诸国、葱岭东西、中亚的大月氏和大夏诸国都有详细的记录。这些内容，司马迁通过《史记·大宛列传》保存了一小部分，这也是当今世界对于这些地区第一次翔实可靠的记载。

以古国大夏为例，后代学者普遍认为其就是吐火罗。张骞在大月氏国逗留的一年多，虽没有说服月氏君臣夹攻匈奴，却有足够的时间，对那块华夏民族几乎一无所知的地区进行实地调查。其间，他越过妫水南下，抵达了大夏的蓝氏城（今阿富汗伐济腊巴德）。而"大夏"这个名称也是在张骞出使西域后，史书上才首次提及的中亚古国之一，《史记·大宛列传》中如此记载："大夏在大宛西南二千余里妫水南……其兵弱，畏战。善贾市。及大月氏西徙，攻败之，皆臣畜大夏。大夏民多，可百余万。其都曰蓝市城，有市贩贾诸物。其东南有身毒国。"从这段话可以看出，张骞详细记录了他经过的诸国位置、特产、人口、城市、兵力强弱等。另外，他更是深入当地人的生活，从细节入手，充分发挥想象力，大胆展开推测。他向汉武帝汇报说："臣在大夏时，见邛竹杖、蜀布，问曰：'安得此？'大夏国人曰：'吾贾人往市之身毒。身毒在大夏东南可数千里……以骞度之，大夏去汉万二千里，居汉西南。今身毒国又居大夏东南数千里，有蜀物，此其去蜀不远矣……"

在这里，张骞又给汉武帝科普了一个他闻所未闻的新国名——身毒国（又名天竺，即印度）。虽然张骞自己没去过，但在大夏国的市场上，看到了四川产的邛竹杖和蜀布。他当即询问其来源，得到是从身毒国购进的答案。再问清地理形势，于是他有了一个大胆的推断：既然大夏位居西南，距长安一万二千里，那么身毒就在大夏东南数千里，四川在长安西南，身毒又有蜀的产物，那就证明身毒离蜀不会太远。

据此，张骞向汉武帝建议，遣使从蜀地出发往西南行，另辟一条直通身毒和中亚诸国的路线。如今来看，张骞的推断在大的方向上完全正确，只不过距离远近与实际情况不太符合，但在两千多年前，有此眼光实在是难能可贵了。

一个是真敢想，一个是真敢批。

汉武帝随即采纳了张骞的建议，命他去犍为郡（今四川宜宾）亲自主持该事。元狩元年（前122），张骞派出四路使者，分别从四川的成都和宜宾出发，向青海南部、西藏东部和云南境内前进，最后的目的地都是身毒。四路使者，分别受阻于氐、筰（今四川西南）和禹、昆明（今云南大理一带）等地区，未能继续前进，可见不是每个人都能够持之以恒，不辱使命的。

张骞所领导的由西南探辟新路线的计划，虽然没有取得预期的结果，但对西南的开发也是有很大贡献的。比如，在此以前，西南各地的少数民族对汉朝的情况几乎都不了解。《史记·西南夷列传》中记载："滇王与汉使者言曰：'汉孰与我大？'及夜郎侯亦然。以道不通故，各自以为一州主，不知汉广大。"这也就是"夜郎自大"典故的由来。

此后，汉王朝逐渐加强了同西南夷的联系。至元鼎六年（前111），汉王朝正式设置牂柯、越嶲、沈黎、汶山、武都五郡，以后又置益州、交趾等郡，基本上完成了对西南地区的开拓。

可以说，仅凭大夏市场上的蜀布与邛竹杖一个小小的细节，心思缜密的张骞就敢大胆推测西南存在贸易通道，这不仅需要拥有想象力，更要有去验证的勇气和魄力，正是这种敢为天下先的开拓精神，最终才让他获得非凡的成功。

## 宽大信人，蛮夷爱之

元狩二年（前121），张骞奉命与"飞将军"李广进击匈奴。李广率四千骑作先头部队，张骞率万骑随其后。结果李广孤军冒进，陷入匈奴左贤王四万骑兵的重围。李广苦战一昼夜，熬到张骞前来解围，匈奴军退去。此战李广部损失非常大，而张骞部也因过分疲劳，未能追击。事后朝廷论罪，李广功过相抵，张骞却因后期贻误战机，以当斩罪"赎为庶人"。

官场失意的张骞，不甘庸庸碌碌了此余生，他多次向汉武帝建议出使乌孙，终于获批。他被拜为中郎将，"将三百人，马各二匹，牛羊以万数"（《史记·大宛列传》），第二次出使西域。这一次，他选择的路线与第一次不同，走的是如今的天山北路。路线是从长安出发，经敦煌和楼兰，向北到达吐鲁番盆地，再沿着天山北麓西行，经伊犁河谷、昭苏草原，最后抵达乌孙国国都赤谷城。

在那里，张骞受到了乌孙王的热烈欢迎，虽然乌孙王惧于匈奴的压力，不敢与汉朝联盟，但他还是派了使者随张骞回长安拜见汉武帝。张骞第二次出使西域，他本人只到了乌孙，但他派出了许多副使，到达了大宛、康居、大月氏、大夏、安息、于阗、扜弥等国。张骞在第一次出使西域时，了解到中亚当地无漆、丝，所以第二次出使时带来了大量的丝绸。这是丝绸之路上有史可稽的第一批传往西方的中国丝绸。

1877年，德国地理学家李希霍芬首次提出了"丝绸之路"一词，并把丝绸之路的开通定在公元前114年，即以张骞第二次出使西域为开端，这也证明了张骞出使西域所走的路线，便是最早的丝绸之路。

一个人能取得这样的成就，仅凭自己的能力是远远不够的，一定是获得了很多人的帮助。那么什么样的人会得到别人的帮助和尊敬呢？尤其是在游牧民族为主的西域诸国。

司马迁对张骞的德才评价有一句非常具体的话："骞为人强力，宽大信人，蛮夷爱之。"（《史记·大宛列传》）意思是说，张骞这个人坚强有力，心胸宽广，诚实可信，于是蛮夷之人都很喜欢他。

可以说，游牧民族的生存守则和农耕民族不同，相互协作、共度危难是游牧民族生存发展的必要条件，而坚守诚信、重视友情是游牧民族的性格特点，诚实守信者，方能在游牧社会获得荣耀和尊重。张骞出使西域，正是由于他重承诺、讲信用，才能获得西域诸国君臣的喜爱和帮助。

这种信任与爱戴，甚至一直延续到张骞死后，以至于司马迁在《史记·发完列传》中称赞他说："其后使往者皆称博望侯，以为质于外国，外国由此信之。"原来，之后出使西域的人，都得打着"博望侯"的旗号，以此来取信于外国，外国人也因此而信任他们。

此外，张骞的成功必须得感谢两个人，而且都是匈奴人，这二人也是张骞第一次出使西域时跟随他回到长安的人。

一个是随从堂邑父，另一个是他的匈奴妻子。堂邑父就不用说了，身兼翻译、保镖、向导多重职务，绝对是张骞西行的"大腿"。那张骞的匈奴妻子又起到什么作用呢？

在第一次出使西域，从大月氏回长安的途中，张骞、堂邑父再次被匈奴抓捕，如果不是一年后因为匈奴单于死于大乱，他们很难有机会逃出来。"留岁余，单于死……国内乱，骞与胡妻及堂邑父俱亡归汉。"司马迁写《史记》惜墨如金，寥寥数笔交代了张骞的匈奴妻子也随丈夫回到了汉朝，但我们已无法知道她的名字。

唯一可以确认的是，两次从匈奴出逃，这位匈奴妻子都起到了关键作用。原因很简单，张骞第一次出逃，倘若不是和妻子达成默契，这个可以说是被派来软化和监视张骞的匈奴女子，如何愿意在丈夫曾经背叛的前提下，抛弃自己年幼的儿子，最终跟随这个"负心汉"逃到敌国去呢？笔者给出的解释只有一个，匈奴妻子早已与张骞同心同德，否则张骞根本无法逃脱，更别奢谈完成什么使命。

但反过来说，你又不得不佩服张骞，能让两位属于敌国一方的匈奴族人，死心塌地跟着他一条道走到黑，其人格魅力必定是无与伦比的：忠勇、坚韧、智慧、诚挚、友善、守信、宽厚达人……也许正是这些优秀的品质才能让那么多人折服于他吧！

## 张汤，一个非典型酷吏的意外死亡

汉武帝元狩六年（前117），汉武帝刘彻迷信方术所致，突发奇想要造白鹿皮币。古人经常以白鹿为祥瑞。一张白鹿皮币，价值四十万钱，在亲王贵族到长安朝觐皇帝时，都必须购买。说到底，汉武帝这个阶段发布了很多政策，都是向地方和民间榨取财富充实国库，皮币就是其中之一。

刘彻先征求了大司农（九卿之一，分管农业经济）颜异的意见，《史记·平准书》中记录了颜异不客气的回答："今王侯朝贺以苍璧，直数千，而其皮荐反四十万，本末不相称。"意思很清楚，诸侯王朝见天子用的苍璧，价值不过数千钱，而作为包装垫衬的鹿皮你要人家花四十万钱买。这种本末倒置的赔本生意，不等于敲诈勒索吗？颜异这个实诚人，惹得汉武帝很不高兴。

皇帝心里不痛快，很快就有人给颜异"找碴儿"。既然有人告发颜异，汉武帝就派张汤来审理此案，但张汤本来就和颜异有旧怨。

果然不负汉武帝"重望"，张汤很快揪出了置颜异于死地的问题。《史记·平准书》中，张汤如此向汉武帝汇报："异与客语，客语初令下有不便者，异不应，微反唇。"就是说，颜异与门客谈到缗钱（新税目）等法令，门客抨击这些法令扰民，制定得太不靠谱时，颜异什么都没说，但嘴唇动了一下。张汤认为这个行为该当何罪呢？"汤奏当异九卿见令不便，不入言而腹诽，论死"。意思是，张汤上奏天子说，颜异身为九卿，见法令有不妥之处，不向朝廷进言，却在心中诽谤非难，其罪当死。

就这样，颜异成为中国历史上第一个死于"腹诽"罪名的人。作为一个现代人，你理所当然会认为这种"莫须有"的罪名荒唐，但如果回到汉武帝时代，从张汤来说，他如此审理判决是有理论依据的。汉武帝推崇儒家思想，解决疑难问题所遵循的均是春秋经义，这就是所谓"春秋决狱"。这种审理的方法论就是"原心定罪"。如果你的动机是邪恶的，哪怕没有实际操作，或造成的损失不大，也要受到严厉的惩罚。像颜异这种，知道法令不好但不上奏皇帝，还不能说明他不尽职、不忠心吗？

吊诡的是，张汤当了七年的御史大夫，被人诬告自杀时，其中最重要的一条罪状，是他与商人串通囤积物资，利用国家的政策大发横财。

你可以说他执法酷烈，可以说他诬害同僚，可以说他阿谀逢上，可以说他僭越其位……总之他有一百条罪名可诛杀伏法，独独贪污渎墨这条，当真是冤杀廉吏张汤了！

可是，张汤偏偏像颜异一样没有机会自辩，哪怕汉武帝曾派九批使者去审问他，不管招供与否，还是甘心与否，最终只能是自杀伏法。不过在张汤死后，因为出殡实在太寒酸，"不小心"引起了汉武帝的注意，再一调查，发现他家里的财产加起来不超过五百金，这下和所谓的"大发横财"对不上了。这会儿汉武帝似乎突然醒悟，穷究此案后发现张汤是被诬告的。

在这里，我们先不讨论汉武帝的醒悟为何一定要等到张汤死后，仅按常理判断：拿人拿赃，判处一个贪污犯，总得先抄家统计下赃款吧？问题是按照张汤研发出来的"春秋决狱""原心定罪"，只要有动机就可以定罪了，而这个动机由谁来判定？自然是皇帝。

所以，仅凭这点来说，张汤被杀也不算冤，他不过是死在自己制定的规则之下。当然，这只是张汤之死的表层原因。其实，张汤自杀前已清醒认识到自己一定要被冤杀的原因，他给汉武帝信中如此表述："汤无尺寸功，起刀笔吏，陛下幸致为三公，无以塞责。然谋陷汤罪者，三长史也。"（《史记·酷吏列传》）

仅从字面表达，张汤一口咬定谋害他的元凶是"三长史"，但当真如此吗？实际上谋害他的罪魁祸首又是谁呢？

## 曾经天才儿童，曾经八面玲珑

《史记·酷吏列传》中一开始对张汤的介绍定格为一个从小就颇具法律天赋的天才儿童形象。

张汤的父亲是长安县丞，所以说他出身刀笔吏世家。小时候，父亲出门，张汤负责看家。由于老鼠偷吃了家里的肉，他被恼火的父亲一顿痛打。谁知张汤被打后不哭不闹，咬牙切齿地挖开老鼠洞，逮住那只偷肉的老鼠，还找出了吃剩的肉作为证据。他像一个富有经验的刀笔吏一样，煞有其事地开庭审问，严格遵照审判程序，宣判并将老鼠分尸处死。父亲看到这个情景特别惊讶，觉得儿子天生是吃这碗饭的，于是开始让他学习法律文书。父亲死后，张汤也就父死子继地当上了长安吏，并做了很长一段时间。

按说，在当时的制度下，这样的小官吏家出身，纵是工作再出色，升迁也非常困难。但是张汤在人际交往方面展现出非常高的情商，这一点也直接让他从一个小小的长安县吏一路飞升，最终位列三公。

命运的转机稍纵即逝，在长安吏任上，张汤认识了身陷狱中的田胜，而田胜是田蚡的弟弟，两人都是皇后的胞弟。显然，张汤敏感地嗅到了机会，毫不犹豫地为尚在狱中的田胜奔走。倘若不是田胜身陷囹圄，平日张汤就算对田胜示好，也未必会有收获。但此时的政治投资回报率超高，田胜在出狱封侯后，就引荐张汤结识了大批达官贵人，从此张汤仕途通畅。

张汤被提拔后的第一个上司便是中尉宁成，这可是个有名的酷吏，全长安的皇族豪强提起他都惴惴不安。宁成对待属下更是苛刻无比，公务稍有延迟必然严惩。但张汤在其属下任职期间，却被给予非常高的评价。能让眼高过顶的宁成如此看重，是让人极其惊讶的。宁成认为张汤治事有才华，还极力向上推荐，让张汤调升为茂陵尉，主持汉武帝陵墓的修建。

武安侯田蚡当了丞相以后，又征召张汤做丞相长史，并反复向汉武帝推荐。可见张汤长期维护用心经营和田家的关系，并因此渐渐接近权力中枢。

此外，从与同僚赵禹的交往也能看出张汤的交际手段。

司马迁在《史记·酷吏列传》中，是将张汤和赵禹两人对比着写的。在他的笔下，赵禹为人廉洁傲慢，做官以来，家中没有食客。三公九卿前来拜访，一律不答谢回访，以便使自己清净，一心一意工作。张汤则是为人多诈，善用智谋控制别人。他当小官时，喜欢与长安三教九流厮混，做了九卿之官时，则结交天下名士，内心虽然不屑，但表面却装出很仰慕他们的样子。

在这里，司马迁显然是褒禹贬汤，但反讽的是，他又提及了两人的关系："两人交驩，而兄事禹"。意思是说，这两人关系非常好，张汤待赵禹像自己的兄长一样。也就是说，几乎没有朋友的赵禹，居然和性格大相径庭的张汤关系融洽，足见张汤与人交往确有其独到之处。

张汤不仅受到田蚡的赏识、宁成的夸赞和赵禹的尊重，很长一段时间在其他人口中也声誉颇佳。据《史记·酷吏列传》中记载，张汤做了廷尉之后，喜好结交天下宾客，关心宾客细致到他们的饮食，对待故人子弟和贫困的本族兄弟，也照顾得很是周到。对待比自己地位高的三公，每日问候，得到文武百官的一致赞扬，当时的丞相公孙弘就曾多次称赞张汤。

可以说，一般的历史爱好者只知道张汤是一个酷吏，但绝对没有想到，他曾经在官场中如鱼得水，在宾客、同僚、前辈中左右逢源。

只不过猛然间，众人发现，这个八面玲珑、堪称交际奇才的张汤，再次变回"幼时审鼠"的黑脸模样，那么究竟哪一面才是他的本来面目呢？

## 和汉武帝据理力争的"快刀"

张汤作为汉武帝一朝中最有名的酷吏，一生判案无数，但是被史书详细提及的只有两个：一个是陈皇后巫蛊案，另一个是淮南王、衡山王、江都王谋反案。在处理这两个大案时，张汤充分展现出其冷酷的一面。

关于陈皇后一案，《史记·酷吏列传》的记载是张汤判案时"深竟党与"，深挖陈阿娇的党羽，要知道这些人都是皇亲贵戚，但张汤并不因为这些人身份高贵而手软，《汉书·外戚传》则明确了"相连及诛者三百余人"，一口气杀掉了三百多人，干脆利落地把这桩大案搞定，这让张汤第一次获得汉武帝的赏识，很快被提拔为太中大夫，位列三公。

关于三王谋反案，杀的人就更多了。《史记·平准书》中记载此次案件"坐死者数万人"。而《史记·酷吏列传》则记载了在审理此案时，张汤对汉武帝的一次顶撞："严助及伍被，上欲释之。汤争曰：'……弗诛，后不可治。'"

可以说，张汤在处理三王谋反案时，恨不得将所有犯法之人一概铲除。连汉武帝想保下的严助和伍被，也被他驳回后处死。这种情况并不是个例，"其治狱所排大臣自为功，多此类"。意思是张汤处理案件，大多是置罪臣于死地，为此不惜和皇帝争辩。但越是如此，张汤越受汉武帝的宠信。

说到底，张汤还是"情商高"。在这两件大案中，他绝对是揣度到汉武帝要重办、严办的心思，又怕自己背上"滥杀"的名声。此时一把和天子据理力争也要大开杀戒的"快刀"横空出世，对汉武帝来说，实在是喜出望外！

很快，汉武帝就发现这把"快刀"不光能判案杀人，更能割肉榨血。

汉武帝时期，连年发兵讨伐匈奴消耗巨大，《盐铁论·轻重》上就有此言："车甲之费，克获之赏，以亿万计。"山东又遇到自然灾害，贫苦百姓流离失所，只能靠政府救济……几件事叠加到一起直接导致国库空虚，张汤受命来解决这种困顿局面。据《史记·酷吏列传》记载："请造白金及五铢钱，笼天下盐铁，排富商大贾，出告缗令，锄豪强并兼之家，舞文巧诋以辅法。"

这里的意思是，张汤主要靠三项措施来帮朝廷敛财解决经济危机。首先，张汤请旨铸造了白金、五铢钱和皮币；其次，归盐铁大权于中央；最后，在汉武帝授意下，张汤颁布了"告缗令"。前两个不用多解释，收回重点物资的经营权和发行新的货币，肯定能缓解财政困难。而所谓的"告缗令"，其实就是互相检举揭发，名义上是防止商人们逃税漏税，但该法令规定，对待隐匿不报或者少报的商人，一经告发查实，全家贬为奴隶，一半财产充公，另一半财产奖励告发者。这令一出，很多人想方设法告发商贾，把这当成发家致富的捷径，民间互相攻讦诬告，富商大贾和地方豪强都遭受了沉重打击。

当然，张汤制定的三项政策法令所产生的后果应该一分为二来看，不能完全肯定或者完全否定，有些政策也的确被后世所沿袭。但是当时法令一出，民间和地方，必然是骚动不安、反弹极大。于是张汤又进一步细化法律条文，他在法律条文的制定上有极高的天赋，善于制定各种细小严苛的法律条文，编织出十分严密的法网。正因如此，三项政策法规严令执行后，一时间监狱人满为患，犯法被诛杀者，足有数十万人。

正是这一轮雷厉风行的施政，让张汤彻底成为汉武帝面前的第一"红人"。每次上朝奏事，只要是张汤谈论国家的财务状况和改革措施，都能从早晨一直谈到傍晚，汉武帝听得入神甚至忘记了吃饭。张汤生病了，汉武帝亲自登门探望，可见他在皇帝心中的重要性，司马迁在《史记·酷吏列传》中用一句惊人的话来形容："天下事皆决于汤。"

天下的事都取决于张汤，意味着什么？意味着丞相空有相位却无事可做，从三公九卿以下，直到平民百姓，所有人都将指责张汤的乱政和严苛。

曾经游走在权贵之间，处世八面玲珑的张汤，把自己彻底变成了一把让众人恐惧和憎恶的"快刀"，这把快刀可以砍向任何人，却只能得到一个人的欣赏和称赞，他正是手握这把刀的人——汉武帝。任何一个人，胆敢把命运紧紧系在皇帝一个人的身上，那他距离悲剧也就不远了。

## 一个非典型的酷吏

在述说张汤最后的悲剧命运之前，我们还有必要讨论一下他的酷吏身份。

张汤之所以能成为汉朝数一数二的酷吏，多半归功于司马迁写《史记·酷吏列传》时，在他所列十名酷吏中把近三分之一的篇幅给了张汤。而且从行文之中可以很明显看出司马迁非常不喜欢张汤这个人，尤其是张汤善于揣度天子心意，来调整判案方式："所治即上意所欲罪，予监史深祸者；即上意所欲释，与监史轻平者。"意思是，如果皇上想要加罪的，他就交给执法严酷的监史去办理；皇上想宽恕的，他就交给执法轻而公平的监史去办理。

司马迁对这种事深恶痛绝，恐怕和个人遭遇有关。司马迁因受李陵案牵连，身受宫刑，此乃终身刻骨铭心之痛，他认为自己是冤屈的，这使他对逢迎上意的法吏有强烈的反感。毫无疑问，以司马迁的遭遇，他有资格抒发自己的愤懑之情。

但从后世的理解来看，所谓酷吏，最重要的一点应该指极尽苛刻的刑罚手段。以此衡量，张汤这个酷吏恐怕还不合格。至少在《史记·酷吏列传》中我们能找到张汤最为残酷的手段只是用在了那只老鼠身上，"磔"于堂下，把老鼠大卸八块，其他并没有这方面的记述。所以，班固在《汉书》中也没有觉得他是酷吏，而是单独给他写了传记。

事实上，张汤被指摘的酷吏行径主要表现在用法深刻上，张汤往往严格按照律法行事，造成株连广泛、诛杀者众的后果。

回到那句"所治即上意所欲罪，予监史深祸者；即上意所欲释，与监史轻平者"，后世常常据此讽刺张汤为人狡诈，深谙谄媚逢迎之道。但倘若仔细读《史记·酷吏列传》，紧接着这句话之后，司马迁又补了一句："所治即豪，必舞文巧诋；即下户羸弱，时口言，虽文致法，上财察。于是往往释汤所言。"如果说前一句，张汤是以汉武帝的意志为准绳，那后者便是以他自己的好恶来判案了：如果处理的是豪强，他定要玩弄法律条文，巧妙罗织罪名；如果是平民百姓和弱小的人，他就常常只是口头向皇上禀明，表示按律应当判刑，还请皇上明察裁定。一般这样，汉武帝往往就宽释了。

这也许是司马迁伟大的地方，他尊重历史的真实性，即使对深恶痛绝的人亦是如此。在他的记述中，这个酷吏很反常，他似乎是站在平民一边的，断案风格以"曲折豪强"著称，越是权贵豪强，越是狠办；越是穷苦百姓，处理则越宽大。让人无法理解的是，此前他曾和权贵们打得火热。

或许，张汤确实是一个非典型的酷吏，但是他最终的命运却和绝大多数酷吏的命运一样。酷吏是中国古代官场的特殊群体，在秩序井然的官场上，他们是一群善于用特殊手段投机的人。特别是在皇权遭遇麻烦和质疑时，总有酷吏站出来清除障碍，等到他们把障碍扫清了以后，他们自己便会变成障碍，此时要么是新的酷吏取而代之，要么是皇权直接出手将其剪除。

那么，张汤的"事败"，遭遇的是哪种结果呢？

### 秘密隐藏在张汤的绝笔信里

笔者读《史记·酷吏列传》，最初感觉张汤的死是一连串的意外造成的。

"倒汤运动"首先从张汤身边开始。张汤的副手御史中丞李文，一直和他有隙，其收集各种材料意图扳倒张汤。这件事被张汤的心腹手下鲁谒居得知后，就让人炮制一些"黑材料"密告皇上，汉武帝交给张汤去查，张汤自然不会放过李文，就处死了他。事实上，鲁谒居的小动作，张汤是知道的，但汉武帝问他是谁告发了李文，张汤就撒了个谎，把事情推得一干二净。

后来鲁谒居病了，张汤去探望他，替鲁谒居按摩脚。没想到，他俩早就被人盯上了，赵王刘彭祖将这件事报告给汉武帝："张汤身为三公重臣，竟然给一个小科员按摩脚，这里边绝对有内情，我怀疑他俩肯定一起做了坏事。"

在这里发生了第一个意外，鲁谒居很快病死了。如果鲁谒居不死，此事必然不会连累到张汤身上；但他一死，只能查他的弟弟，就把他弟弟给拘禁了起来。恰好张汤审理别的囚犯，见到鲁谒居的弟弟假装不认识（其实他想暗中帮助），鲁谒居的弟弟误以为张汤见死不救，于是就把他哥哥和张汤联手干掉李文的事情全都抖搂了出来，这是第二个意外。

此时接替李文当御史中丞的人名叫减宣，汉武帝让他处理这个案子，减宣大概吸取了李文的教训，案情早就查得水落石出，证据也充足，但他就是不上报，显然他在等一举扳倒张汤的最好时机。

时机果然来了。有贼偷盗了汉文帝陵园的下葬钱。丞相庄青翟上朝前，同张汤约定一起谢罪。可是到了汉武帝面前，张汤临时变卦，暗想：只有丞相必须按四季巡视陵园，丞相该谢罪，与我有什么关系？忽悠了对方以后，张汤还想借此机会打压庄青翟。一个盗墓贼，引发了丞相与御史大夫的最后摊牌。这可谓是第三个意外。

丞相府的三位长史朱买臣、王朝、边通本就与张汤结有深怨，于是三人给庄青翟出主意先发制人，他们迅速逮捕了商人田信等，诬告张汤总是将朝廷即将颁布的政策法规提前透露给商人们，然后商人们囤积物资，大发横财并同张汤分赃。

三长史联名上告以后，减宣乘机将他的调查结果和盘托出。这样一来，汉武帝暴怒，认定张汤内心险诈，一贯欺君。于是诸侯、部属、同僚上下内外全方位攻击张汤，其实要张汤倒台的何止这些人。前文已经说过，张汤制定三项经济政策法规，与诸侯、地方争利，严重损害了豪强富贾的利益，否则刘彭祖这个藩王也不会吃饱了撑的要监视他。全国被搞得通货膨胀，可以说张汤已是万夫所指。

在这种情况下，汉武帝就必须扔掉这把特别合手的"快刀"。

本文一开始就提出，汉武帝既然有派九批使者逼迫张汤认罪的时间，为什么不去抄家寻找人证、物证，而是等张汤死后再幡然醒悟？

说到底，张汤必须得死，他不是被冤杀，而是命该如此。

事实上，张汤在自杀前已经完全醒悟了。

汉武帝第九次派出的审问使者，是当年与张汤情同兄弟的酷吏赵禹。赵禹对张汤当头痛斥："君何不知分也。君所治夷灭者几何人矣？今人言君皆有状，天子重致君狱，欲令君自为计，何多以对簿为？"《史记·酷吏列传》意思是，今天你觉得冤枉了，被你杀的那么多人就不冤枉吗？现在告你的都是有真凭实据的，皇上把你关着没宣判，就是希望你自我了断，为什么还要争辩呢？

注意，赵禹说得很清楚，汉武帝之所以如此大费周章，派九批使者让张汤认罪，就是希望他自杀。显然，这并不是一种优待，汉武帝既要让他死但也不愿意背上杀宠臣的名声，让天下人耻笑。

此时，张汤已经认命，他在自己的绝笔书上说得很清楚："汤无尺寸功，起刀笔吏，陛下幸致为三公，无以塞责。然谋陷汤罪者，三长史也。"（《史记·酷吏列传》）所谓三长史的构陷，只不过是给天下人看的一个幌子。真正关键的是前面一句，张汤很清楚自己的一切都是汉武帝给的，如今位列三公，"无以塞责"，不去推卸责任，要效忠皇帝，把所有的恶名都扛下来。

这封信，恐怕才是汉武帝最终要替张汤翻案的缘起，因为皇帝和酷吏在这一刻最终达成一致。张汤母亲坚持用牛车拉棺材，下葬没有外椁，说到底，只不过是汉武帝策划翻案前制造好舆论环境罢了。

# 一代名将卫青，为何屡遭后世文人讥笑

有这样一个男人，私生活荒唐，三十多岁了，没有明媒正娶地讨个老婆，却有了三个儿子。再一查身世，他居然是当县令的父亲和侯爷府上侍女的私生子，从小在侯爷府上当奴才，十几岁时在侯爷夫人身边当跟班。二十年后，他咸鱼翻身发达了，最终正儿八经领证娶的老婆，居然是当年的侯爷夫人。

这剧情太狗血了，再粗制滥造的电视剧也不敢这么编。可这偏偏是一段真实的历史，这个男人的名字叫卫青。

这是一个非常著名的"历史八卦"。很多人无法理解：为什么大将军卫青愿意娶一个比自己大不少的三婚寡妇平阳公主？

但凡提出这样问题的人，言下之意都是卫青吃亏了。其实，从历史的真实情况看，恰恰相反，这是骑奴出身卫青的荣幸。我们先来看看平阳公主是什么人。

她的名讳及生卒不详，是汉景帝刘启与皇后王娡的长女，汉武帝刘彻的同胞长姐，本被封为阳信公主，因嫁于开国功臣曹参的曾孙平阳侯曹寿，故改称平阳公主。在元光四年（前131）曹寿死后，平阳公主又嫁给了同是功臣之后的汝阴侯夏侯颇（夏侯婴的曾孙），根据《史记·樊郦滕灌列传》的记载："子侯颇尚平阳公主。立十九岁，元鼎二年，坐与父御婢奸罪，自杀，国除。"也就是公元前115年，夏侯颇因为和父亲的御婢通奸，畏罪自杀。此时，平阳公主有多大呢？粗略推算一下，她的弟弟汉武帝刘彻生于公元前156年，汉武帝有三个同胞姐姐，平阳公主又是大姐，所以此时她恐怕至少有四十五岁了。

一个奔五的寡妇，两任老公死在前头，但平阳公主依旧寂寞难耐，还想找个人嫁了。她问身边的人，长安的列侯中间，有谁适合做夫君？大家都说大将军卫青最为合适。公主笑着说："他曾经做过我的奴仆，怎么能嫁呢？"左右的人都说："大将军现在已是尊贵无比了。"公主想想也对。

应了那句俗语：皇帝女儿不愁嫁。就算是三婚的寡妇，挑老公也是随心所欲。根据《汉书·卫青霍去病传》的记载，平阳公主找皇后卫子夫说了自己的意图，皇后如实转告汉武帝，于是汉武帝下令让卫青娶了平阳公主。

现在大家明白了，这件事从头到尾，卫青只是一个被动的承受者，那他到底愿不愿意呢？史籍中没记载，但汉武帝赐婚，纵然他心有不甘也不敢拒绝吧！而且这段政治婚姻对卫家来说好处只多不少。

比如卫青死后，《史记·卫将军骠骑列传》中有这样一句："大将军以其得尚平阳长公主故，长平侯伉代侯。"意思是，因为平阳公主，所以卫伉才能接替长平侯的爵位。

一般人读到这里可能会倒吸一口冷气：难不成卫青一死，汉武帝就想让他的侯国"绝嗣"吗？以汉武帝晚年和卫家之间的微妙关系，恐怕确有此意。不过说起来，汉武帝也有正当的理由。

为什么呢？因为卫青的几个儿子都不是嫡出，这又是从哪里看出来的呢？当年卫青立功封侯时，汉武帝大喜过望，曾把他三个儿子都封了侯，其中就包括卫伉，这就证明了三个儿子都是庶出。因为按照汉朝律法，嫡出的世子是要继承父亲爵位的，无须另外封侯。所以卫伉的继承确实有麻烦，幸亏平阳公主把此事摆平了。这也解释得通，当年平阳公主想找老公时，为什么卫青明明有三个儿子，但左右异口同声地认为卫大将军是最合适的候选人？正说明此时卫青还没有正妻，属于"超级钻石王老五"，否则他们推荐一个有妇之夫给高贵的长公主算什么呢？

不过，这段"主仆之婚"确实成了太多人恶毒攻击卫青的借口——本来就靠外戚上位，还傍上"权势富婆"。因此，千百年来，中国文人们都不太喜欢卫青，王维笑他"卫青不败由天幸"；李白曾有诗云"卫青谩作大将军，白起真成一竖子"；苏东坡说得更是恶毒："若青（卫青）奴才，雅宜舐痔。"直接骂卫青就是个靠逢迎拍马上位的奴才。奇怪的是，与文人墨客相比，兵家则对卫青评论非常高，自古就有"孙吴白韩，颇牧卫霍"之说。岳飞更是为他击节叫好："战法革新破匈奴，卫青始！"

那么，为什么同一个人会得到如此截然不同的评价？卫青戎马一生，最终能得以善终，真的是仅仅靠"幸运"二字就能概括的吗？

## 幸运源自人品大爆发

首先，必须要承认的是，卫青确实是一个非常幸运的人，这一点毋庸置疑。可以说，他一生中多次被幸运女神照拂护佑。

卫青，字仲卿，西汉河东郡平阳（今山西临汾西南）人。卫青本姓郑，生父郑季当过平阳县吏，因为办事常出入平阳侯曹寿家，与侍婢卫氏私通生下了卫青，因从其母姓卫氏。幼年时，他曾回过父亲郑家，后不堪异母兄弟们的歧视与凌辱，又返回平阳侯家当家奴，常作为跟班骑马护卫平阳公主出游。后面的故事大家就很熟悉了，平阳公主把府中歌女、卫青的姐姐卫子夫献给了汉武帝，很快卫子夫就怀孕了。

卫子夫的怀孕惹火了一个人，就是汉武帝的姑姑，陈阿娇的母亲馆陶公主刘嫖。她女儿始终没有生育，如今卫子夫得宠又怀孕，刘嫖自然是妒忌恼火。卫子夫有皇帝罩着，动不了她，于是刘嫖便让人把当时在建章宫办事的卫青给绑了，想杀他来泄恨。倘若此时寂寂无闻的卫青死在刘嫖手上，真是死了白死。

好在卫青的好友公孙敖在危急时刻带了几个壮士把他给救了出来，命保住不说，还让汉武帝知道了有这么个小舅子，身边有一批勇猛之士，所谓因祸得福，也给日后卫青从军埋下了伏笔。从这一点我们也能看出，卫青人缘不错，虽是

"骑奴"出身，但生死攸关时，也有朋友愿意为他赴汤蹈火。不久，卫子夫被立为夫人，卫青被擢为太中大夫，救他的公孙敖也跟着富贵起来。

元光五年（前130），匈奴铁骑侵扰汉朝边境，作为皇帝的小舅子，卫青火线就任车骑将军，率一万骑兵从上谷出塞，打响了他反击匈奴的第一战。此战兵分四路，除了卫青以外，公孙贺、公孙敖、李广各带一万人马深入塞外，结果公孙贺兜了一圈一无所获；公孙敖被匈奴所败，损兵七千；李广最惨，全军覆没，自己被俘后侥幸夺马逃回。唯独卫青一路直捣龙城，"斩首虏数百"（《史记·卫将军骠骑列传》），成为此战中汉军唯一的亮点。

当然，也有人评价此战说，是公孙敖、李广吸引了匈奴的主力，卫青才得以轻松攻击匈奴后方。但需要强调的是，四将中最无作战经验的卫青，首次上阵竟敢轻兵突进四百里，暗箭般射向龙城，其眼光之精准，情报工作之周密，可见一斑！

说卫青是幸运的，因为这的确不是一个简单的战役胜利，而是汉匈战争中具有转折意义的一战。事实上，汉军此前一直是依托长城进行防御，敌人来了固守关防，敌人退却后也不敢深入追击。汉武帝此次下令的主动反击战，并非心血来潮，而是汉朝对匈奴作战方式的一次巨大调整。

作为最高的军事统帅，汉武帝此前曾经考虑过毕其功于一役，利用马邑设伏来一举解决匈奴人。但该计失败后就等于和匈奴人撕破了脸，接下来的五年时间，匈奴人在汉朝边境声东击西，纵横驰骋。反复上演的剧本就是，匈奴人集中优势兵力，在几千里的汉朝边境线突破一点，袭扰破城，汉军匆匆赶来迎战，匈奴人退却，汉军撤回，匈奴人再杀个回马枪。可以说，这种被动防御牵制和消耗了整个汉帝国的军事力量，汉朝完全是被对方牵着鼻子走。

于是，汉武帝决定化被动为主动，主动出击，在野战中摧毁匈奴人的据点，消灭匈奴的主力。当然，对于汉军通过野战能否达到自己的战略目的，是需要用实践来检验的。因此，汉武帝实际上是给汉军将帅出了一道题，结果在这次关键考察中，只有卫青一人交出了他满意的答卷。

当然，从一次战役的得失，我们无法管窥卫青的谋略和战法创新，但是有一点可以肯定，正如他遇难时有朋友舍命相救一样，卫青的人品，在带兵上也得到了展现，他的带兵方法确实赢得了士兵的尊重，他们愿意为之死战。

根据《汉书·蒯伍江息夫传》的记载："曹梁使长安来，言大将军号令明，当敌勇，常为士卒先；须士卒休，乃舍；穿井得水，乃敢饮；军罢，士卒已逾河，乃度。皇太后所赐金钱，尽以赏赐。"意思是说，使者曹梁亲眼得见，卫青带兵，纪律严明，身先士卒。士兵休息了，他才休息；挖井得水，士兵都喝上了他才会喝；士兵都已过河，他却总是断后的那个。皇太后赐给他的金钱，他全都赏赐给了部下。

只有这样以身作则的统帅，才能打磨出一支令出必行的精锐之师，来完成不世之功。

## 战法革新，卫青到底做了什么

当然，即使是奇袭龙城的"幸运"初体验，也有美中不足。一万汉军骑兵包围一千匈奴骑兵，依然无法做到全歼，让近三分之一的匈奴骑兵突围了出去。显然，汉武帝决定主动出击的早期，汉军士兵在野战骑射能力上的差距，和匈奴人相比是相当明显的。这一点也很好理解，汉军士兵毕竟是农耕出身，和马背上长大的匈奴人相比，骑兵素质先天就有较大差距。

要弥补这一差距，就必须在战法上有所创新。正如岳飞所言："战法革新破匈奴，卫青始！"卫青击败匈奴最重要的三大战役——河套之战、漠南之战、漠北之战，都能看出他作为一名出色的军事统帅具备卓越的战略眼光；同时，在具体的战术调配中，也能随机应变地使用创新战法。

在河套之战中，汉军首次完成骑兵的长途奔袭作战。如果看一下卫青的行军路线图，就知道这有多困难：在黄金般的突击时间里，卫青需要先向西攻克高阙，再快速南下陇西县。以匈奴人的理解，汉军总是从南方进攻，而这一次却是从他们的背后，绕了一个大圈子直插河套，令猝不及防的匈奴军队顿时崩溃。要知道，这样一个千里大迂回，换成二流部队，就足以跑到人困马乏。但卫青大军却在抵达后，马不停蹄地发起总攻，将匈奴的白羊王、楼烦王所部一举击溃。

此战一举打破了匈奴人认为汉军骑兵不能远征的错误判断，充分证明了汉军的骑兵训练已达到非常高的水平，战马数量也实现了指数级增长。从此，汉军上千里"长途奔袭"的战术变成家常便饭。

击溃匈奴右贤王的漠南之战中，卫青更是将此种战法发挥到新的高度。此时汉军骑兵中，轻重骑兵的战术配合已经成熟，重骑兵负责冲锋突破，轻骑兵负责侧翼包抄和追击。

此战十分生动地展示了汉军静若处子、动若脱兔的战术。起初，汉军只是缓缓而行，以此来麻痹对手。《史记·卫将军骠骑列传》中记载，匈奴右贤王果然中计，"以为汉兵不能至此，饮醉"。结果，当晚汉军一夜奔袭数百里，迅速实施包围冲锋，令毫无提防的匈奴人顿时崩溃。右贤王仅带了一个侍妾突围逃跑，其十多万部众大多逃散，汉军斩首上万，俘虏了王公贵胄十多人，男女民众一万五千余人，牲畜数百万头。卫青仅以三万骑兵，竟能击溃拥有十多万部众的右贤王部，一举改变了汉军此前野战需要数倍优势方能取胜的情况，甚至击溃数倍于己的匈奴骑兵，大大增强了汉军的信心。此战之后，在卫青班师回朝的路上，汉武帝派使者拿着大将军印信，在军中任命卫青为大将军，统领其他将军，可谓功高盖世、荣宠之至，足见其战果远超出汉武帝的预期。

元狩四年（前119），在汉匈那场史诗般的漠北之战中，面对匈奴单于的主力骑兵，卫青更是把战法发挥到了极致。

此战的背景是汉武帝希望霍去病能立下砍下单于头颅的不世奇功，为此不惜更改出兵方向，可以说，霍去病带走的才是汉军精锐，卫青所部在计划里只是陪衬和打援。但是人算不如天算，一心要找匈奴主力决战的霍去病狂奔两千多里没找到的单于，偏偏却被卫青撞上了。

可以说，匈奴人同样在战争中成长。在吃了汉军几次大亏以后，匈奴人学会了诱敌深入的套路，把长途奔袭的卫青引到了以逸待劳的决战地。《史记·卫将军骠骑列传》如此描述卫青的沉着应变："见单于兵陈而待，于是大将军令武刚车自环为营。"意思是说，卫青发现匈奴大军陈兵于此，随即下令用武刚战车结环为阵，来抵御匈奴骑兵的冲击。注意"武刚车"这个名词，由此可知，卫青的部队中，除了骑兵还配备大量战车，在战斗中可以首尾结环，形成防御工事，用密集的弩箭阻遏匈奴骑兵的进攻。正是这个战术，让匈奴人养精蓄锐的优势，在弩箭车阵面前消耗殆尽。

傍晚，大漠中刮起狂风，"沙砾击面，两军不相见"时，卫青果断命令"纵左右翼绕单于"，让轻骑兵左右两翼包抄，一举将单于主力击垮。在发现单于逃跑后，卫青又命令"汉军因发轻骑夜追之，大将军军因随其后"。

可以说，此战将卫青指挥镇定从容，善于把握战机的特点体现得淋漓尽致，他确是一位能指挥千军万马的大将军，一生中七次率兵出击匈奴，本部无一败绩，这样的功绩又岂是一句"天幸"所能掩盖的？

## 一代名将为何被司马迁指责"媚上"

漠南之战后，汉武帝等不及卫青班师回朝，派使者在军中就任命他为大将军，同时还把卫青的三个小儿子全都封侯。对此，卫青是坚决不受，《史记·卫将军骠骑列传》中记录了他的推辞："臣幸得待罪行间，赖陛下神灵，军大捷，皆诸校尉力战之功也。陛下幸已益封臣青。臣青子在襁褓中，未有勤劳，上幸列地封为三侯，非臣待罪行间所以劝士力战之意也。伉等三人何敢受封！"

这一段推辞的话说明了卫青的为将风格，其中有两层意思。第一层意思是，"我侥幸能在军队中当官，是依赖陛下的神圣威灵，才使军队获得大捷。"第二层意思是，"这是各位校尉拼力奋战的功劳。我的儿子们年龄还小，寸功未立，怎敢接受封赏？"

这两层意思反映出的卫青的性格，恰恰与司马迁的评价颇为吻合："大将军为人仁善退让,以和柔自媚于上。"前一句自然是表扬,卫青将功劳记在手下诸将身上,让汉武帝将他们一一封侯。但后一句却是有明显的贬义了,特别是一个"媚"字,司马迁很明显是在这里批评卫青对汉武帝逢迎。笔者认为,司马迁的这句评价正是后世文人不齿卫青的源头。

一个常被人拿来说事的例子是,有一次卫青得胜回京,汉武帝赏赐他千金。此时,王夫人正受汉武帝的宠幸,手下宁乘就劝卫青说:"将军的富贵都是姐姐卫皇后的缘故。如今王夫人得宠,她家还没有富贵,将军赶紧把皇上赏赐的钱,去给王夫人的父母祝寿。"卫青听了就真的送了五百金给王夫人的双亲。汉武帝听说后便问他缘由,卫青就一五一十全说了,汉武帝听后很高兴,随即提拔宁乘做了东海都尉。

表面上,这件事说明了卫青的"媚上",而且汉武帝也非常"受用",但反过来说,既然有人提出建议,若卫青不同意的话,事情传到王夫人的耳朵里,王夫人会怎么想?汉武帝又会怎么想?倚仗军功看不起人……甚至还能得出相反的判断:为什么汉武帝立马反应过来是有人教卫青的,说明以汉武帝对卫青的了解,卫青根本想不到也做不出这样的事来。

事实也正是如此,卫青虽然从小为奴,性格特点中"和柔"有之,但"谄媚"绝无。他既不因战功卓著而轻狂自大,也不因位极人臣而骄横跋扈,而是始终小心谨慎,随和待人。当初他荣任大将军时,大臣们人人对他毕恭毕敬,只有汲黯对他揖而不拜。卫青不仅没有为此嫉恨汲黯,反而认为他是贤者,对他更加尊敬。谁能想象一个谄媚小人,会去尊敬和欣赏一个"性倨、少礼"之人呢?

说到底,他和汉武帝之间的关系是典型的皇帝和重臣之间的关系。面对天性凉薄、生性多疑的汉武帝,卫青要保全自己和家族利益,就必须变得尽可能"圆滑",以求君臣相安。

比如,卫青在处理败军之将苏建时(赵信叛变,导致苏建全军覆没,按律当斩),部下曾劝他杀将立威,但《史记·卫将军骠骑列传》中却记载了卫青不敢专权:"以臣之尊宠而不敢自擅专诛于境外,而具归天子,天子自裁之。"意思是,"凭我的地位还不敢在国境外擅自诛杀,还是让天子裁决吧。"这个态度非常清楚地表现出,卫青不想让汉武帝有一丝一毫"将在外,君命有所不受"的猜忌。

此外,正是这个苏建曾建议卫青:"大将军你功高位重,但天下的士子文人却无人赞你,所以你得像古代名将那样招揽门客来做点宣传工作。"对此,卫青的回答是:"招贤绌不肖者,人主之柄也。人臣奉法遵职而已,何与招士!"这句话特别能反映卫青的价值观:招纳贤才、罢黜无德之人,是君主的责任;做臣下的就该奉法遵职,为什么要招士呢?

显然,卫青非常知晓自己作为人臣的进退"红线",绝对不能对皇权构成任何威胁。那么,既然他的觉悟这么高,汉武帝真的就对他放心吗?

答案当然是否定的,毕竟他是大将军、皇后的弟弟、太子的舅舅、功高震主的朝之重臣,即使你没有任何觊觎之心,也无法阻挡皇帝对你的猜忌啊。

当年,卫青的三个儿子被封侯,推都推不掉,但等到汉武帝心里犯嘀咕以后,一个个侯爵全都被剥夺。唯一让人长叹一声的是,至少卫青在世期间,他的长平侯得到了保全,可见他处事有多谨慎,始终没有把柄被汉武帝抓到。

娶了平阳公主,死后又进入汉武帝的茂陵陪葬系统,卫青算得上善终了。只是恐怕他无论如何都没想到,自己在汉武帝面前隐忍一生,不愿与皇权发生任何正面冲突,在自己死后,太子和卫氏一族竟因为巫蛊之祸被汉武帝诛杀殆尽,不可谓不悲惨!

## 霍去病英年早逝，最感内疚的人是谁

元狩六年（前117）三月，二十三岁的霍去病一反常态，向来只关心征伐的他，突然操心起皇帝的家务事来。他奏请汉武帝尽快立他的三个皇子刘闳、刘旦、刘胥为王。

此时，距离霍去病离世仅仅不到半年时间，这也是史书上关于他英年早逝前所记载的最后一件事。

作为一个职业军人，霍去病本该知道外臣不该干涉皇族事务，那为什么还要这么做呢？原因只有一个，大司马霍去病还有另一重身份——太子刘据的表哥，皇后卫子夫是他的小姨。显然，他是在为这个刚刚十一岁的表弟着想。因为根据汉朝律法，诸侯王必须去封地、不能留在长安，所以奏请汉武帝封王，实际是要把刘据的三个兄弟调出长安，彻底断了他们争储的念想。

七年前，汉武帝在元朔四年（前125）接受了主父偃的建议，将"推恩令"作为国策制定实施，目的是削减诸侯王，倘若再封新王，显然有逆转"推恩令"的嫌疑。于情于理汉武帝都不该这么快松口，但经过一番封侯还是封王的推辞表演后，汉武帝最终封了三个儿子为王。

从表面上看，汉武帝采纳了霍去病的建议，但这件事，极可能是压倒霍去病命运的最后一根稻草。给三个儿子封王，汉武帝释放出来的信号很容易理解，他要杜绝皇族内斗，稳固太子的位置。同样，为了稳固太子的位置，他更会下决心去做另一些事情。

或许,太子刘据此时的地位在外人看来坚如磐石,有一个强大的权力集团全力支持他,那就是以母舅卫青为首的卫氏家族,可谓功高盖世、权倾朝野。但汉武帝未必这么想,外戚吕氏干政之鉴尚在眼前,而今卫氏家族的势力,相比于"诸吕",有过之而无不及。

此时得罪了卫氏家族会有什么样的结果?以卫青帐下埋怨分配不公的飞将军李广家族为例。公元前119年,漠北大战,李广因贻误军机拒不接受调查而自杀。班师回朝后,李敢为报父仇,冲动之下刺伤了卫青。卫青受伤后严格对外封锁消息。可到了公元前118年,李广的从弟李蔡,堂堂大汉朝的丞相,却因盗卖帝陵道边的土地而下狱自杀,这位丞相当真是贪财不要命了,太子少傅庄青翟继任丞相。还是在这一年,霍去病随汉武帝去甘泉宫狩猎,当众射杀了李敢,终于把这笔账连本带息全讨了回来。

一年不到,李家势力被连根拔除,汉武帝虽然为霍去病掩饰:"上讳云鹿触杀之。"(《史记·李将军列传》)但面对咄咄逼人的卫氏家族,向来多疑的汉武帝当真不倒吸一口凉气吗?

霍去病是汉武帝一手提拔起来的,卫青也是,但必须承认的是,汉武帝对霍去病的喜爱远远超过卫青。特别是霍去病崭露头角后,汉武帝曾有意尊霍抑卫,漠北一战后,霍去病已然独立于卫氏之外。《史记·卫将军骠骑列传》如此记录:"大将军青日退,而骠骑日益贵。举大将军故人门下多去事骠骑。"意思是大将军卫青的权势一天天减退,而骠骑将军霍去病的权势却越发显贵。卫青的老友和门客多半离开他转投霍去病。

很显然,这是汉武帝刻意为之的结果,也是他乐于见到的状况。但那个冲动的年轻人很快就令他失望了。霍去病为了维护卫青,当众射杀了李敢,对汉武帝来说,这件事的影响不是一般的坏。不光是因为一个郎中令被无缘无故刺杀,更坏的是等于向所有朝臣宣布,霍去病和卫青还是一体的。这让汉武帝如芒在背,他绝不允许朝中两个大司马结朋成党。

但霍去病毕竟才二十三岁，对于自己一手培养的新一代"战神"，汉武帝虽然火大，但还是放了他一马。没想到这小子不知天高地厚，两次上书奏请封王。总之，霍去病在军事方面非常突出，在政治方面却极其幼稚。他完全不理会汉武帝的帝王术是为了制衡，贸然充当卫氏家族的代言人，公然干预皇族之事，这是任何一位帝王都无法忍受的。

愤怒的汉武帝会做什么，我们不得而知。但在这年的九月份，二十三岁的霍去病死了。

那么，所谓千古之谜——霍去病到底是怎么死的？汉武帝为什么要选择他来打压卫青？他和舅舅卫青以及身后的卫氏家族究竟又是怎样的关系？

## 打仗没必要学古代兵法

元朔六年（前123），十八岁的霍去病深受汉武帝的宠爱，他本在内廷当侍中，因为善于骑马射箭，便随从舅舅卫青出征塞外。卫青奉汉武帝之命，任命他为剽姚校尉，并帮他挑选了八百名最精锐的战士。

这一战中，汉军遭遇了匈奴的诱敌深入，始终找不到对方主力。结果，右将军苏建与前将军赵信的部队和汉军主力脱节，遭遇到单于大军，双方大战一日，汉军伤亡惨重，苏建只身逃归，赵信投降匈奴。几乎和当年卫青出道直捣龙城一样，这次为汉军挽回颜面的是霍去病，他率领八百人，甩开大军几百里深入草原，袭击了单于设于后方的博思腾营地，斩首两千余人，这其中包括单于的叔爷，还活捉了单于的叔父。此战霍去病的功劳全军第一，汉武帝大喜，封霍去病为冠军侯。

奇袭博思腾让霍去病一战成名，真正让匈奴闻风丧胆的，却是在元狩二年（前121）霍去病两度征战河西走廊。这年春天，汉武帝封霍去病为骠骑将军，率一万骑兵从陇西郡出发远征。霍去病继续采取大迂回战略，从背后插了河西匈奴一刀。他采用的战术是速战速决，一路荡平匈奴众多小部落，迅速补充部队给养，转战六日行军千里，与匈奴浑邪王、休屠王在祁连山下激战，一路追杀累计斩首八千余级，俘虏浑邪王子及相国等敌酋多人，缴获休屠部落的祭天金人。

没等对方喘过气来，这年夏天，汉军就发动了第二次河西之战。这一次，霍去病和公孙敖两路大军由北地郡出发。没想到，公孙敖出征后不久迷路，只剩下霍去病一路挺进。他竟然孤军穿越了居延泽，长途奔袭两千里攻到祁连山下。原本在贺兰山正面重兵囤积的匈奴人，背后遭到突如其来的攻击，全线崩溃。霍去病部只有一万人，累计斩杀匈奴人三万两千多人，俘虏两千五百人。更值得一提的是，如此长途奔袭加恶战，汉军仅伤亡三千人左右，汉军和匈奴的伤亡比是一比十，如此悬殊的大胜，这在以往的战史上是看不到的。

两次河西大捷不仅让河西匈奴各部遭受重创，还引起匈奴内乱。这年秋天，匈奴大单于因为对河西的浑邪、休屠二王作战不力感到愤怒，想召见并诛杀他们。故二王惊恐，决定投降汉朝。但汉武帝担心对方诈降，遂派霍去病率军迎降。

果然，汉武帝的担心不是多余的。在降汉途中，两王内乱，浑邪王杀了休屠王。望见霍去病大军后，浑邪王的部下们多不愿归附。霍去病当机立断，率军杀了不愿归附的八千人。然后命令浑邪王一个人乘着传车，先到汉武帝的行宫面圣，然后由他领着浑邪王的全部军队渡过黄河。这次投降的两部部众有四万多人，对外宣称十万，毫无疑问对匈奴的士气打击很大。

至此，广阔的河西走廊被正式纳入汉朝治下，后来又设立了酒泉、武威、张掖、敦煌四郡，匈奴人悲伤地唱道："失我焉支山，使我妇女无颜色。失我祁连山，使我六畜不蕃息。"

霍去病前四次出征匈奴，表现出他勇猛果断，用兵灵活，善于快速突袭、长途奔袭和大迂回、大穿插作战的特点，而且这个军事天才几乎是无师自通。汉武帝曾想教他孙子和吴起的兵法，但《史记·卫将军骠骑列传》中记载霍去病如此回答："顾方略何如耳，不至学古兵法。"意思是，打仗只看方针策略就够了，没必要学习古代的兵法，言下之意就是打仗不必拘泥于古法。

不过仔细分析四次战役的经过和战果，我们必须看到，除了迎降浑邪王部外，其他三次霍去病都是以偏师出征，并非主力部队。此外，这四次出征，他也从未正面对阵匈奴单于的主力。

这难道就是所谓的"幸运"吗？当然不是，这与汉武帝的战略决策和军事部署有关。很显然，前几次出征，汉武帝是刻意培养霍去病，给他配备的多是死士精锐，他们大多是历年来汉朝对匈战争中战死的烈士子弟，身负家族荣耀和刻骨仇恨，视匈奴为死敌。用这样一支彪悍之师和年轻的主帅在实战中共同成长，肩负着汉武帝的巨大期望。

随着霍去病战功和经验的积累，以及汉武帝对他宠信的加深，再加上汉武帝对卫青的刻意打压，霍去病距离从"偏师"到"主力"的时间越来越近了。

## 阴差阳错的"当单于"

霍去病六次征讨匈奴，最值得玩味的就是元狩四年（前119）的最后两次，也就是第五次和第六次出征匈奴的漠北之战。说是两次，其实是同一次，只不过更换了出兵地点和方向，这也是汉武帝以举国之力，对匈奴发动的最致命一击。

经过数次重创，匈奴单于已不敢轻举妄动，他采纳降将赵信的策略，屯兵于大漠之北，如果汉军来攻，匈奴军队可以以逸待劳消耗对方。而这年初，汉武帝大概是得到了这一情报，他在军事会议上明确指出："赵信替匈奴单于出谋划策，认为我汉军不能越过沙漠，更别说长久留在那里，倘若派大军出击，只要补给跟得上，这一次越过大漠雷霆一击，必能实现我们的愿望。"

于是这年春天，汉武帝再次命卫青、霍去病各率五万骑兵征讨匈奴，几十万步兵和转运粮草物资的人跟随其后，目标直指匈奴的大单于伊稚斜。事实上，这一次出兵，霍去病、卫青、李广、公孙敖等都想获得"当单于"的机会，因为所有人都知道，这是最后的大决战，一旦斩首或者俘虏伊稚斜单于，将立下不世之功。

显然，汉武帝是希望由霍去病来承担这一重大使命，《史记·卫将军骠骑列传》中记载"敢力战深入之士皆属骠骑"，意思是说，所有最精锐、最有士气的部队全都被拨给了骠骑将军霍去病，而卫青等老将只能挑剩下的部队上阵。

本来大军已经开拔，但发生了一个小小的插曲，一开始定的出兵地点和路线，霍去病是从定襄出兵，很快斥候抓到一个匈奴俘虏，交代了大单于伊稚斜向东而去。霍去病立即上报了这一重要情报，随即汉武帝紧急改变作战计划，令霍去病从代郡出兵，卫青则从定襄出兵。我们看一下代郡（今河北蔚县东北）和定襄（今内蒙古和林格尔西北土城子）的位置，代郡位于定襄之东。汉武帝之所以劳民伤财地调防两大集团军，无非是希望自己的爱将霍去病能"当单于"斩获头功，这是再明显不过的了。查遍史籍，大战在即对作战计划做如此大的调整，更换将领出征地的事件，在汉武帝一朝仅此一例。

但人算不如天算，战争局势的发展往往出人预料，或与谋划者意愿背道而驰。

霍去病碰到的，是相对较弱的匈奴左贤王部。而他老成持重的舅舅则遭遇了单于主力。这两场重要的战役，也让这对舅甥的作战思路得到完美的彰显。

卫青面对养精蓄锐的匈奴主力，没有贸然发动进攻，而是用车阵消耗对方的锐气和战斗力，最终在恶劣天气中发动反击，一举击溃对手。霍去病则延续了他高速突击的作战风格，他只携带少量的军需物资，越过了大沙漠，彻底击溃了匈奴左贤王部，共俘虏和杀敌七万多人，然后在狼居胥山祭天，在姑衍山祭地。此后，他继续北行两千余里，完全靠以战养战的补给方式，兵锋一直逼至瀚海（今贝加尔湖）。霍去病抱有很大的期望，但就是找不到匈奴的主力。

即使如此，霍去病在他二十一岁的年纪能取得如此巨大的成功，实属难得。可以说，如果没有汉武帝这样一个伯乐敢于大胆起用霍去病，没有他一步步培养霍去病，又有谁敢将一支部队的统帅权、一个王朝的国运，轻易交给一个二十岁出头的年轻人？毫无疑问，汉武帝在这一点上展现出历代帝王少有的魄力。

汉武帝对霍去病的喜爱，似乎超过一般意义上的君对臣、长辈对小辈的恩宠，当然这其中固然有刻意打压卫青的成分，不乏裙带关系和私人感情的因素，但最根本的原因，是因为霍去病身上有一种强烈的为国忘家的精神和奋发有为的气势。

那句最著名的"匈奴未灭，无以家为也"，正是出自霍去病之口，原因是汉武帝想给他修建一座宅第，但霍去病一口拒绝，给出的理由正是这句掷地有声的话，而《史记·卫将军骠骑列传》中记录了汉武帝的反应："由此上益重爱之。"的确，一个奋发向上的年轻人，汉武帝怎么可能不真心喜欢呢？而霍去病又能奉法守职，不招纳宾客，对皇帝绝对忠诚，自然是汉武帝心目中讨伐匈奴最理想的统帅人才。

短短三年多，霍去病就从一名军中白丁，荣升至骠骑将军，然后官拜大司马，与在军旅中摸爬滚打十几载的舅舅卫青平起平坐。那卫青心里会怎么想，霍去病有没有考虑过舅舅的感受呢？

## 谁会对霍去病大打"亲情牌"

讲霍去病和卫青的关系，还得从霍去病和亲生父亲之间的故事说起。

霍去病的父亲名叫霍中孺，河东平阳人，他以县吏的身份在平阳侯家供事，同侍女卫少儿私通后生下了霍去病。霍中孺在差事结束后就离开了平阳侯府，回家之后他又娶妻生下了后来的权臣霍光，自然就与卫少儿断了关系且再无音信，必须得说他是一个极不负责任的父亲。

霍去病长大成人后，知道了自己的身世，被封为骠骑将军后，他奉命再次攻打匈奴，路过河东郡，就住在平阳侯家里。霍去病派人请了亲生父亲来相见。霍中孺赶来后很恭敬地晋见，霍去病拦住对方的揖拜，自己扑通跪下。《汉书·霍光金日磾传》中对这一段描述非常动人："去病不早自知为大人遗体也。"中孺扶服叩头，曰："老臣得托命将军，此天力也。"意思是，霍去病说："早先不知道，自己是您的骨肉啊。"而霍中孺同样跪下叩头说："老臣能托命给将军，这是上天所助啊。"

父子相认后，霍去病给霍中孺置买了大量的田地、房宅、奴婢后才离开，后来还军时又特地经过河东。这一次，他把同父异母的弟弟霍光带到了长安，当时霍光才十几岁，霍去病奏请汉武帝任命霍光为郎。霍去病死后，霍光渐渐成为皇帝身边最亲近的人，进出禁宫长达二十多年。汉武帝死前，让霍光做了托孤的顾命大臣。

很多人看了这一段，都感慨霍去病大度不记仇，居然给那个让他出身耻辱、从没养过他一天的父亲买大房子，还为同父异母的弟弟铺了一条青云直上的路。《汉书》中说，霍去病"孝友"，指的就是这两点。由此可知，霍去病被公认是一个非常重视亲情的人。

对霍中孺尚且如此，我们自然可以推测，霍去病对从小把他带大、情同父子的卫青会有多么的孝顺和维护。

射杀李敢，就是一个最好的例证。本来，性格火暴的霍去病为自己的"半父"复仇并不出人意料。但令人生疑的是，李敢伤卫青明明事隔大半年，以霍去病的性格，若早知道此事，不可能拖这么久才动手。也就是说，在狩猎前，他极可能受了别人的"挑唆"，而"挑唆"他的人偏偏选择这样的时间、地点，显然是精心策划的。而两次上书奏请封王，对霍去病这样一个职业军人来说，这些朝堂律法的门道，如果没有人提醒，显然也不是他这个政治上的门外汉能玩得转的。

说到底，一定有位高人对霍去病大打"亲情牌"，因为这两件事情，一件是为了舅舅卫青，一件是为了表弟太子刘据。这位高人显然非常了解霍去病的人性弱点，冲动而又重视血缘亲情，一点就着，最终连续做了两件令皇帝愤怒和敏感的事。

半年后霍去病的突然身亡，与愤怒的汉武帝有没有关系呢？

从《史记·匈奴列传》的记录来看，元狩六年（前117），匈奴又把汉朝使者给扣了，汉武帝大怒，下令集结兵马准备出击匈奴，"会骠骑将军去病死，于是汉久不北击胡"。正好撞上霍去病亡故，直接导致汉武帝征伐计划流产，之后很久都没有再攻匈奴。由此足以判断，胸怀天下的汉武帝，在讨伐匈奴的用人之际，是不会在此时责罚霍去病的。

但《史记·卫将军骠骑列传》中对霍去病亡故的描述为："元狩六年而卒。天子悼之，发属国玄甲军，陈自长安至茂陵，为冢象祁连山。"记录的确蹊跷，一代名将在英武之年突然过世，太史公只用一个"卒"字，而不说死亡原因，却详细记录葬礼流程、墓地形制等。

关于霍去病的死因，历代史书中只有褚少孙在《史记》卷二十《建元以来侯者年表》第八中补记："光未死时上书曰：'臣兄骠骑将军去病从军有功，病死，赐谥景桓侯……'"这也是让"病死"说成为后世主流看法的唯一证据。有不少电视剧如此演绎霍去病死因：漠北之战中，匈奴人将病死的牲畜投入河中，少年将军饮用了被污染的水源，最终染上瘟疫。关于这一点，并没有任何汉军暴发瘟疫的记录；此外，漠北之战是在元狩四年（前119），如果说病毒潜伏两年才发作，显然是不太可能。

我们还是回到司马迁的《史记·卫将军骠骑列传》，细读文本去挖掘其中隐藏的信息。

"自骠骑将军死后，大将军长子宜春侯伉坐法失侯"。从字面表述来看，这两件事仅仅是时间上相近，还是两者本身有密不可分的联系呢？

卫青的长子卫伉因矫诏而失去侯爵，矫诏就是假传圣旨，这么严重的罪名却只是削去侯爵？况且卫伉此时只有十几岁，他有什么资格假传圣旨呢？过了几年，卫伉的两个弟弟也被削爵，罪名更加可笑：祭品金子的成色和分量不足。至此，卫青三个儿子的侯爵全部被削。汉武帝明明白白给了权倾朝野的卫家一个信号：想办你们，随便找个理由就行。但矛盾的是，卫青本人的侯爵却一直稳稳地伴到过世，但他死后，汉武帝差点儿让他这个长平侯"绝嗣"。

汉武帝既然如此忌惮卫青，为什么不能像对付他的儿子一样，随便找个理由削掉侯爵呢？仅凭卫青的重臣地位和小心谨慎，显然说不过去，汉武帝杀丞相，一杀一大把，更何况削个爵。那什么人能力保卫青安然无恙呢？平阳公主、卫子夫还是霍去病？

也许这些人里，唯一让汉武帝心怀愧疚的只有霍去病，因为正是汉武帝"尊霍抑卫"的帝王术，让他与卫家疏远导致亲情缺失，更让他那二十三岁的生命，灿烂至极后突然陨落。

我们已无法得知霍去病的真正死因，但可以肯定的是，这个善良孝顺、忠君敬上的年轻人，他可以在沙场上千里突袭纵横驰骋，可一旦陷入被权力扭曲的人伦中，他却是寸步难行。

## 杨仆移关，当真是因为"耻为关外民"吗

2014年，"丝绸之路"的路网申遗成功，而洛阳新安县的汉函谷关，作为"丝绸之路第一关"，被列入了世界文化遗产名录！

很多人不知道，虽然是世界文化遗产点，但这座函谷关却不是我们所熟悉的那座孟尝君要靠"鸡鸣狗盗"侥幸得过的函谷关。

原来，函谷关是有秦汉之别的，秦代函谷关位于今三门峡市的灵宝市，而汉代函谷关却在洛阳的新安县，两者相距一百多公里。

这就有点儿奇怪了，如果是毁于兵火抑或搬迁重建，好端端的函谷关，如何能位移出如此远的距离？

说起来，有一个非常有意思的典故，叫作"杨仆移关"。在唐代，刘禹锡、李商隐等诗人都曾以此典入诗。

在野史杂说中，这个典故更是变成了一个笑话，主人公杨仆被刻画成一个"钱多人傻"的莽夫。

话说杨仆作为楼船将军（水军司令），平定闽越、南越后，因战功显赫而封侯。但他始终愁眉不展，只因他只能被封为关外侯。

原来，西汉初年，以位于今灵宝市的秦代函谷关为界，东面为关东人，西面为关中人。论"政治地位"，位于关外的关东人远低于关内的关中人。西汉朝廷甚至针对关东人出台过诸多歧视性政策，比如关东人不得入宫或担当警卫。封侯

那就更明显了，关内侯不仅比关外侯更有面子，还享有特殊的政治待遇与政治地位，甚至触犯律法，也可凭借爵位来抵消相应罪责。

杨仆觉得委屈的是，他老家离函谷关也不远啊（杨仆老家新安县南湾村距离秦代函谷关二百余里），怎么就因为关内、关外，差距这么大呢？

他还真想到个办法，杨仆一本正经地给汉武帝打报告：能否把函谷关往东边儿挪挪，把他的老家圈到关内，使他成为"关中人"，而不是"关东人"？不知何故，汉武帝居然被他说动了，但皇帝表示朝廷也有困难："迁移关隘工程浩大，眼下国库空虚，还是暂缓吧。"杨仆一咬牙一跺脚："臣愿意拿出全部家财来作为移关所需。"汉武帝等的就是这句话，他心下大喜，当即拍板着杨仆负责移关之事。

那么这个故事到底有几分靠谱呢？

《汉书·武帝纪》的记载非常简单，"三年冬，徙函谷关于新安"，丝毫没有提及具体缘由。

不过，同为东汉人的应劭，对此有比较详细的注："时楼船将军杨仆数有大功，耻为关外民，上书乞徙东关，以家财给其用度。武帝意亦好广阔，于是徙关于新安，去弘农三百里。"此后，《水经注》等典籍皆引用了这一说法，更增添了"请以家僮七百人筑塞"的具体细节。

解释一下，应劭的注释意思是函谷关东移二百余里，完全是楼船将军杨仆个人居功自傲，大搞"形象工程"。自掏腰包不算，还令自家的家童奴仆七百多人一齐上阵，在新安县东生生造了一座全新的函谷关。这么一来，和野史对照，大的情节也基本符合，看起来这才是"杨仆移关"典故的出处和源头。

当然，对于杨仆这种自欺欺人的行为，后人评价多有讥讽之意，毕竟为了一己私欲，而造了一座函谷关的"赝品"，实在让人贻笑大方。

不过笑完之后，还是有疑问：杨仆功劳再大，汉武帝再怎么宠信他，当真能为了一人之私利，说移就把一座函谷关给移了吗？汉朝的文武大臣当真都变成了傻子？另外，史料记载汉武帝答应的原因似乎也颇有点儿莫名其妙："武帝意亦好广阔"。这函谷关怎么着了,让汉武帝觉得自己很憋屈,伸不开腿脚,这到底做何解释呢?

## 先"有功"还是先"移关"

在《史记》中,司马迁并没有单篇记载杨仆的生平,他的故事只是分散记载在《酷吏列传》《南越列传》《朝鲜列传》之中,从记载详略可知,杨仆其人的作用及影响在汉武帝时期并不突出,更无太史公为其立传的必要。

杨仆,宜阳人,以千夫的身份当上了小官。千夫是当时实行的武功爵制的一种爵位,可以用军功获得,也可以用钱粮捐得。这个千夫,杨仆究竟是用哪种方式得来的,史书上没有记载,但是从后来他掏钱修函谷关的这个架势来看,估计家境优渥,十有八九是用钱粮换来的官爵,从而享受免役的特权。

进入仕途后,杨仆官运不错,河南太守在考核中,觉得他有才能,便向上推荐了他。很快,杨仆被升为御史,汉武帝派他到关东去督捕盗贼。杨仆在治理政事时,仿效酷吏尹齐,做事大胆、凶猛,逐渐升为主爵都尉,位列九卿。

而司马迁把杨仆放在《酷吏列传》中,主要也因为他从政的这段生涯。在他担任主爵都尉时,以办事"严酷"著称。

不过,纵有"天子以为能",即汉武帝觉得杨仆能力强,非常看好他,但总体来说,此时杨仆的表现和升迁只能算是中规中矩,谈不上"数有大功"。

按照应劭的注释,在杨仆给汉武帝提"移关"要求时,正是因为挟功而骄,而汉武帝也是考虑其立下大功,又愿意自掏腰包,才"天恩浩荡"批准移关的。

不过,这个"数有大功"和"移关"之间的因果关系,似乎弄颠倒了。

仔细看杨仆的人生经历,元鼎三年(前114)冬开始的"移关",恰恰是他政治生涯的一个转折点。在此之后,他很快被任命为楼船将军,完成了从一个酷吏到一个领兵打仗将军的转变。

而且,杨仆所统率的是当时汉军的一个新兵种。楼船指一种古代战船,因外观像楼一样高大，故名为楼船。《史记·平准书》中记载："治楼船，高十余丈，旗帜加其上，甚壮。"可见当时的造船技术已相当高超。而楼船将军，说白了就是水军将领的意思。

元鼎五年（前112），南越国叛乱，杨仆带着他的水师一路势如破竹打到番禺（今广州）。杨仆猛攻，而另一路领军之将路博德则卖力招降，两人配合得天衣无缝，很快拿下了番禺城，《史记·南越列传》记载："南越已平矣。遂为九郡。伏波将军益封。楼船将军兵以陷坚为将梁侯。"意思是，杨仆因为能够攻坚，被封为将梁侯。很显然，因为拿下了多年悬而未决的岭南之地，杨仆一战成名。唐代诗人杜甫也有诗云："卫青开幕府，杨仆将楼船。"

但和卫青相比，杨仆的战功差得实在太远，此后在灭东越的战争中，他仅仅是五路大军中的一路，也没立下多大功劳。此役之后，汉武帝甚至没给他封赏。征伐朝鲜对他来说更是一生的耻辱之战，事后汉武帝治罪，他差点儿掉了脑袋。

纵观杨仆一生，其军功升迁封侯都是在元鼎三年（前114）移关之后。在此之前，他丝毫没有立下足以令汉武帝能为他一个人的"私欲"额外开天恩的功勋或伟业。因此，应劭所注的"时楼船将军杨仆数有大功"，有很大的存疑之处：第一，此时杨仆还未被封楼船将军；第二，没有所谓的"数有大功"。

那么，函谷关这个东徙工程，会不会只是杨仆提出的建议呢？显然这与杨仆的"耻为关外民"心理无关，因为汉武帝绝不可能因为一个人的私欲而做出一项战略性部署。那么，杨仆到底号准了汉武帝的什么脉，居然会提出"移关之计"呢？

## 做大做强"大关中"

作为提出"杨仆移关"最早的文献出处，应劭的注里最重要的信息，应该落在"武帝意亦好广阔"这一句上。

说到底，函谷关东移这样的大事情只能出自汉武帝的战略决策，绝无可能仅是为了杨仆这种小人物的一己私欲。

那么，汉武帝为什么要做如此重大的地域政策和布防方略的调整呢？

首先，让我们来瞧瞧位于灵宝的旧函谷关的地理位置。其位于洛阳和长安之间，最早建于春秋时期，秦国凭借其天险而阻六国兵众于关下。西汉建立后，刘邦先是定都洛阳，后纳娄敬、张良的建议，建都于长安。正如张良所言："夫关中左崤函，右陇蜀，沃野千里，南有巴蜀之饶，北有胡苑之利，阻三面而守，独以一面东制诸侯。"其实相比于关东的广袤与富饶，关中最大的优势就是在于地形。可以说，西汉初期的中央政府为了保证其政权的绝对安全，严厉限制关中与其他地区的人员往来，出入其间必须持有官府发给的"传"来作为通行凭证。同时，还严格限制马匹等军事物资出关。

毫无疑问，这些政策对于叛乱此起彼伏的西汉初年来说，显然是相当重要的。毕竟，关东诸侯王的势力存在，始终为西汉中央所忌惮。吴楚七国之乱更是直接验证了这一矛盾的存在。汉景帝在平定叛乱后，进一步削弱了关东诸王的势力。汉武帝即位后，诸侯王的威胁已大为减弱，但仍有淮南、衡山之乱。故而汉武帝又广施推恩，使诸王分地广封子弟，终于彻底解决了诸侯国对中央政府的威胁。

既然来自关东的威胁没有了，一直以来作为咽喉要地的旧函谷关的价值就不再突出。而新函谷关依旧是扼守东西交通的关隘，相比于旧函谷关，其军事功能大大降低。其地势平坦，无险可守，只能建筑宏大的楼阁来烘托关城气势。这充分证明了，函谷关的东徙不是出于军事上的考量。

事实上，旧函谷关之所以被称为"长安锁钥"，是因为它牢牢卡住了崤函古道。在西汉之前，战车是最重要的作战工具，战车要进入关中，就必须从崤函古道西进。而到汉武帝时期，随着对匈奴战争的展开，军事变革让骑兵成为主力，战车逐渐被淘汰，函谷关扼守关中的屏障作用，相比战车时代已大大减弱。

就在函谷关东徙的第二年（前113），汉武帝在秦汉两座函谷关之间设立弘农郡，治所设在旧函谷关，将南面的武关附近地区也划入其辖境。类似这样的调整，并不局限于函谷关一处，时人称为"广关"，其本质用意就是拓广关中的范围。

通过"广关"，大关中区域北部的东界，推进至太行山一线；中部区域的东界，推进至嵩山脚下；南部区域的东界，则推进至柱蒲关、进桑关一线。关中区域扩大了，官制修改自然也要跟上。《史记·平准书》记载"益广关，置左右辅"，特地为此设置了左右辅尉，具体负责管理关中地区。

当然，要让这些新"关中"区域完全被朝廷掌握，还需要其他一些政治手段。

《汉书·武帝纪》记载："九月，列侯坐献黄金酎祭宗庙不如法，夺爵者百六人。"大概汉武帝想要治臣下的罪，最简单的就是这招了：拿祭祀祖宗的黄金成色说事。汉武帝在执政期间，这一招屡试不爽，这一次，封国在河南、河内的诸侯几乎全部被罢免。联系到一年前的"广关"之策，很显然，这桩"酎金案"只是汉武帝为达到战略意图的具体实践，将"广关"后的新"关中"区域彻底纳入西汉中央政府的直接管理。

可以说，"广关"政策，将西汉中央政府的实力彻底推向巅峰。坐镇长安的汉武帝，依托"大关中"，虎视关东，汉代中央集权得到了前所未有的加强。

## 捐钱移关，花钱买命

明确了"广关"的真实意图后，杨仆上书乞求"迁关"，并"输家财以其用"，显然是主动迎合汉武帝的政治需求。

但是，功臣将相何其多哉，"广关"又是何等大事，为何汉武帝偏偏选定杨仆来承办此事？

首先，元鼎三年（前114），杨仆任主爵都尉，位列九卿，本就有参政议政的权利。其次，确实因为其家在宜阳，符合汉武帝"广关"的空间拓展计划。最后，杨仆家确实有钱，真的能把移关这项大工程给扛下来，这也是最重要的一点。

事实上，汉武帝中期，由于连年对匈作战，国力已经消耗殆尽，在元鼎五年（前112）征南越时，甚至需要卜式与列侯的经济支持。由此可知，元鼎年间，汉朝中央政府的财政已陷入困境。汉武帝时期，个人直接捐钱资助朝廷之用，卜式就是一个最好的案例，因为他多次捐钱、捐物，汉武帝大力表彰他，"天子于是以式终长者，故尊显以风百姓"（《史记·平准书》），意思就是以此来带动官吏、商贾、百姓向朝廷捐献的社会风气。

虽不清楚杨仆是否有效仿卜式的嫌疑，但毫无疑问的是，他迎合了汉武帝的政治需求。这也有助于杨仆的仕途发展，事实也确实如此。杨仆在献家财后恰巧南越兵起，"天子以为能"，就让杨仆成为征伐南越的主帅，而后杨仆果然如愿"封侯"。

但是从人生巅峰跌入谷底，也是转念之间。

三年后，元封二年（前109）的秋天，楼船将军杨仆出渤海，跨海登陆朝鲜作战，这是中国历史上首次跨海登陆作战。

此时，站在高高楼船上看着空前庞大的舰队而志得意满的杨仆，大概想不到这是他厄运的开始。

司马迁在《史记·朝鲜列传》中记述："其秋，遣楼船将军杨仆从齐浮渤海；兵五万人，左将军荀彘出辽东；讨右渠。右渠发兵距险……楼船将军将齐兵七千人先至王险。右渠城守，窥知楼船军少，即出城击楼船，楼船军败散走。将军杨仆失其众，遁山中十余日。稍求收散卒，复聚。"

汉武帝征朝鲜时，派了两路大军，一路是左将军荀彘出辽东，跨过鸭绿江；另一路是杨仆从山东跨越渤海登陆作战，其先锋部队七千人率先登陆。按照《后汉书·马援传》记载"楼船大小二千余艘，战士二万余人"的比例，此次登陆应有"楼船大小七百余艘"。毫无疑问，这是一支规模庞大的舰队。

杨仆大败的原因，显然是太过轻敌。从海路直接登陆的他，足足早了荀彘"十余日"抵达，他等不及陆路部队会合，一心只想抢头功。

先锋部队七千人，甚至都没集结完毕，便开始攻击朝鲜都城王险城。结果对方发现杨仆兵少，随即发动反攻，杨仆大败，部队直接被打散了，杨仆则躲到山中十九天，才把队伍重新集结起来。

等到两路大军终于会合，将王险城团团围住后，两位主帅又发生内讧，荀彘决定猛攻，杨仆却要招降，拖拖拉拉好几个月破不了城。汉武帝急了，又派济南太守公孙遂去前线督战。结果公孙遂到了前线，被荀彘一顿忽悠，拉了偏架，说杨仆和朝鲜眉来眼去想要造反，将其扣押。

围城近一年，元封三年（前108），朝鲜王才被叛变的臣子击杀，王险城终于陷落，卫氏朝鲜灭亡。

这场征朝鲜之战虽然汉军最终惨胜，但汉武帝出奇暴怒，得胜还都的诸将命运很是凄惨，皆被处以极刑。荀彘被认定罪大恶极，先是违背作战计划、指挥失当，后又绑架杨仆挑起内讧，直接被腰斩、弃市。公孙遂盲从荀彘，没有尽到督战之职，也被斩首示众。

相比之下，杨仆还算幸运，他贪图军功，盲目出战、私自招降是重罪，同样被判死刑。只不过，他再次靠捐献家产得以赎罪。《汉书·景武昭宣元成功臣表》中对杨仆的结局如此叙述："元封四年，坐为将军击朝鲜畏懦，入竹二万个，赎完为城旦。"在汉代，地位高的人可以用实物来赎罪，比如用马或者竹子，而杨仆最后捡回一条命，代价是给了朝廷两万筒竹子，之后被贬为庶人，回家后不久一命呜呼。

纵观杨仆一生，从捐钱买官开始，捐钱移关备受汉武帝恩宠，委以重任领兵封侯，结果捅了篓子，还是靠花钱消灾抵罪。

所谓功名利禄，不过是过眼云烟，来得快消逝得快。倒是那座汉函谷关，历经两千多年的风雨，经历无数次毁修轮回，至今仍屹立在新安县东。

只是今天的人们面对这座巍巍雄关时，多半不会理会当初杨仆修建此关的动机：博名也好，拍马也罢……

如此想来，杨仆耗尽家产去做这样一件事，也算值了。

## 盐铁大辩论,汉武帝背后的男人桑弘羊真的输了吗

汉昭帝始元六年(前81),长安城里发生了一场铭记史册的思想交锋。

交锋的对象,一方是以御史大夫桑弘羊为核心,包括御史丞、丞相史等人在内的官僚集团;另一方是来自三辅和太常的"贤良"和来自郡国的"文学",代表汉帝国底层知识分子。

按正常的轨迹,这两群人——公卿与布衣,绝无可能会聚到一起,更不用说针对国家的政治、经济路线,从核心理念到具体政策,面对面地展开唇枪舌剑了。

因此,可以说这场论战是空前绝后的,其契机却是始于汉武帝后元二年(前87)。

这一年,汉武帝去世。受遗诏辅政的四位大臣中,大将军霍光对桑弘羊所主导的各项经济政策早有看法,他曾向桑弘羊提出,对一些政策措施进行调整,但遭到桑弘羊的反对。于是权臣霍光遂施展手段,决定在庙堂之上,让底层知识分子(亦即"贤良"与"文学")来抨击桑弘羊,从而为废除他的经济路线制造舆论基础。

很快,十三岁的汉昭帝下诏让丞相田千秋负责召集一个会议,《汉书·昭帝纪》记载:"二月,诏有司问郡国所举贤良文学民所疾苦,议罢盐铁榷酤。"意思就是,召集民间的饱学之士,让他们说说对新帝继位后的建议,讨论一下民间疾苦,以及要不要停止盐、铁、酒的官营。

于是，六十余名"贤良""文学"，终于有机会站到大汉帝国经济政策的制定者桑弘羊面前，对其提出尖锐的批评。在激辩中，桑弘羊可以说是"舌战群儒"。尽管他非常熟悉经济工作，又长于辩论，但最终的舆论认为他已落下风。

当然，这个所谓的"舆论认为"主要来自两方面：一方面，这场辩论结束后，霍光就开始废止桑弘羊所主导的部分经济政策，而桑弘羊第二年便因卷进燕王刘旦的谋反事件而被灭族，自古"成者王侯败者寇"，桑弘羊晚节不保，自然必须在那场"思想辩论"中落败。

另一方面，辩论结束的十年后，汉宣帝时的庐江太守丞——桓宽，根据会议资料及曾参加此次会议的同乡好友朱子伯的记述，经过加工概括，整理出有六十篇、洋洋数万言的《盐铁论》，成为后世人了解这场会议的最重要的著作。

在《盐铁论》中，最终胜利的是"贤良""文学"，失败的自然是桑弘羊。但《盐铁论》行文有着明显的价值倾向，作者桓宽作为儒家的信奉者，明显是支持"群儒"这一边的。因此在《盐铁论》中，往往只有争论的结果，对于过程却是一笔带过。

这样的话，《盐铁论》的客观性、真实性以及完整性就很成问题了，特别是将其作为"盐铁会议"的纪实性文献显得并不那么可靠。

真实的"盐铁会议"现场情况变得更加扑朔迷离，桑弘羊真的是面对众人百口莫辩吗？而那场被载入史册的大辩论导致西汉此后的诸多政策变更，桑弘羊真的输了吗？

## 汉武帝背后的数学天才少年

桑弘羊可以说是汉武帝时期最重要的理财专家和经济政策制定者。奇怪的是，《史记》和《汉书》都没有为他专门立传。司马迁不专门写他还好理解，毕竟除了《孝武本纪》，绝大多数单独立传的属于"盖棺定论"，而桑弘羊因为在世，所以有关他的内容多出现在《史记·平准书》中。而班固的《汉书》就说不过去了。以汉武帝临终托孤的四位顾命大臣为例，霍光和金日䃅都单独列传，而上官桀在《汉书·外戚传》中也有介绍，唯独桑弘羊被彻底"隐身"。但是班固却在《史记·平津侯主父列传》中，又给予其"运筹则桑弘羊"的评价，证明班固知道桑弘羊对于汉武帝一朝是有巨大作用的。不给桑弘羊列传，一方面是因为桑弘羊的最后结局是谋反被灭族；另一方面更重要的原因是班固的私心，桑弘羊是中国历史上第一个提出不依靠农业富国的思想家，主张由政府经营工商业来增加经济类收入，因此很容易被正统儒家出身的班固视为异端另类，不愿意为他著书立传。

桑弘羊的生年因为没有确切的记录，学界对此争论颇多。但《汉纪·孝武皇帝纪》记载："桑弘羊，洛阳贾人子，以能心计，年十三，为侍中。"《汉书·食货志》也有类似记载。也就是说，桑弘羊出身于洛阳一个富有的商人家庭，他精通算学，能凭借心算进行复杂运算，十三岁就当上了汉武帝的侍中。

当然，"以心计"和成为侍中这两者并不一定有因果关系。西汉的侍中最早只是一种加官，在原有官位上加官为侍中。因为当了侍中，可以出入禁中接近皇帝，所以后来侍中慢慢成为仕途发达的一个捷径。因此，成为侍中的，要么是贵胄子弟，要么是绝对的名士。而十三岁的桑弘羊，两者皆不是，所以他的侍中，多半是豪富之家花钱买的，也就是"入粟补官"。只是在成为侍中后，汉武帝很快就发现这个小"秘书"不一般，脑子确实管用。

算账就不用说了，大小财政开支用度，桑弘羊转转脑子就算得清清楚楚，他的记忆力太好，凡是跟数字有关的事物，说一遍就过耳不忘。作为汉武帝的"秘书"，桑弘羊能清楚地推断出国家每天各项活动的开支，甚至指出哪些开支可以避免，哪些开支不可避免。比如，闽越国侵扰东瓯国，在汉武帝发兵后，远在千里之外的长安城，桑弘羊就能推算出前线军队每天的财物用度，以及最终的财政预算，事后与实际支出核对，竟然相差无几。要知道，此时桑弘羊才十五岁，绝对是数学天才。

桑弘羊不仅能算，还能说，特别是在说到财政问题时，像打了鸡血一样兴奋，滔滔不绝几天几夜都没完。元朔三年（前126），汉武帝要在河套筑朔方城，丞相公孙弘以花费巨大为由坚决反对，汉武帝便让桑弘羊等人去和老丞相辩论，桑弘羊一顿旁征博引，一笔笔给公孙弘算账，最终把公孙弘说得哑口无言，转变为修筑朔方城的坚定支持者。

桑弘羊从十三岁入宫，一直到三十七岁出任大农丞，整整当了二十四年的侍中。可以说，他是朝堂中最了解汉武帝心思和抱负的人，没有之一。在此期间，汉武帝推行了很多政策，桑弘羊虽没有直接出面推行，却是最重要的出谋划策之人。

一直躲在汉武帝背后出主意的人，终于因为"盐铁官营"而走上前台。

## 经济改革中，最有力的敛财者

汉武帝的经济改革，起始于元狩三年（前120）。改革的直接目的就是筹钱。多年大规模对匈奴用兵后，文景之治为国家所积累的府库余财几乎用尽，中央财政十分困难。而一年之后（前119）就发生了那场给匈奴致命打击的漠北之战。所以，当时的筹款看起来属于救急，为了军费自然先拿利益最丰厚的部门开刀：盐铁。因此，这场改革就有了一个名字：盐铁官营。

实际上，这项经济改革是有深层次动因的。在当时，盐铁是掌握国民经济命脉的暴利行业。冶铁行业自不必说，不仅民用还有军用需求。食盐更是一本万利的高利润行业，煮盐的成本极低，食盐又是老百姓必需的日用品，属于完全的卖方市场，甚至每年都可更改食盐的"定价"，而这完全是那些豪强商贾说了算。因此，巨额利润被商人们占为己有，朝廷反而缺钱，遇到哪里发生叛乱，朝廷甚至要向商人们借钱打仗。《史记·货殖列传》记载："吴楚七国兵起时，长安中列侯封君行从军旅，赍贷子钱，子钱家以为侯邑国在关东，关东成败未决，莫肯与。"这个案例就很有反讽意味，平定吴楚七国之乱时，官员跟长安商人借钱充当军费居然借不到。

唯我独尊的汉武帝，自然无法容忍这种难堪的情况，他决定先向利益巨大的盐铁业开刀。但决心好下，怎么开刀却是难题。盐铁业关系国计民生，又牵扯一个个利益集团，必须找几个"懂行"的才能打开缺口。

在这一年，负责财政的大农令郑当时，向汉武帝推荐了山东的大盐商东郭咸阳和河南南阳的大冶铁商孔仅，汉武帝随即任命这两个"懂行"的人为大农丞（大农令的主要助手），利用他们多年经商的经验，负责盐铁收归官营。桑弘羊此时三十四岁，汉武帝让他帮助东郭咸阳和孔仅研究制定"盐铁官营"的规划。

显然，在这个"三人改革小组"中，桑弘羊只是个"理论派"，汉武帝批准了三人制订的计划后，东郭咸阳和孔仅就到全国产盐铁的各地区设立盐铁官营机构，并任命原来经营盐铁生产的商人为各地官营盐铁的主管官员。

三年后，孔仅升任大农令，而当了二十四年侍中的桑弘羊，也终于被任命为大农丞，"理论派"得到了实践的机会。原来，汉武帝这次提拔桑弘羊，是因为"盐铁官营"进入了"深水区"。东郭咸阳和孔仅当初在各地设立盐铁官时，多选用商人担任，这些人本来就有各种利益关系牵扯，因此往往执行得不彻底，还产生了一系列诸如质量低劣、价格太高等问题。

桑弘羊上任后，立即选派得力部属数十人，分头到各个郡国，整顿和新增了一批盐铁官。据《汉书·地理志》记载，全国二十七郡有盐官共三十六处，而铁官在四十郡中有四十八处，其分布远至东北辽宁的盖县，西南云南的安宁，西北达河套西北，东南一直到广州。其分布之广，规模之大，都是空前的。

桑弘羊当上大农丞后，又重申了"告缗令"。说起来，"算缗"和"告缗"的政策早在几年前就颁布了。但由于当时的大农令颜异不赞成，一直没得到认真执行，直到桑弘羊上任，这些政策才在全国雷厉风行推行开来。

所谓"算缗"，主要是针对工商业者，要求他们将财产上报，然后政府通过核算其财产，向其征收个人所得税。而收税的主要对象，就是自文景之治以来西汉王朝的"新富阶层"——商人阶层。要求主动上报，指望这些富豪不偷税漏税是不可能的，于是就有了附加政策——"告缗"，就是鼓励检举揭发，凡是隐瞒财产的，只要有人检举揭发，一经查实，犯法者要被没收财产，处以重罪，告密者可以得到被告发者一半的财产。

桑弘羊重申了"告缗令"后，一时间全国上下告状成风，政府派出的官吏到各地处理"告缗"的事，基本态度就是——宁可信其有，不可信其无。有人告你，就说明你肯定有问题，有问题就要拿钱，不拿钱，把你榨干了也要搞到钱。结果许多富可敌国的商人，就这样被"榨干"了，但国库却日渐充实起来。

在桑弘羊主持的一系列经济改革中，最成功的无疑是"整顿货币"。元鼎四年（前113），汉武帝采纳了桑弘羊的意见，取消了郡国铸钱的权力，各郡国把所铸的旧钱销毁，把铜送到中央，废除过去铸的所有钱币，五铢钱成为全国唯一通行的货币。这次币制改革的结果是中国历史上第一次将铸币权完全收归国家，稳定了市场和流通。汉朝的五铢钱甚至一直流通到了七百余年后的隋朝，可见改革成效的稳定。

事实上，桑弘羊在执掌财政大权后，始终坚持国家干预经济的政策方针，所推行的重要改革举措还有移民垦耕、均输平准、酒类专卖等，每项措施都产生了重大反响。通过这些改革，汉朝中央政府控制经济的能力一步步增强，国家的财政收入不断增加。一些诸侯豪强和富商大贾逐渐失去了经济控制权，"损有余，补不足，以齐黎民"（《盐铁论校注》），这对于抑制兼并、缓和贫富差距起到积极作用；同时，削弱了地方势力，符合汉武帝中央集权的整体思路。更重要的是，通过这种敛财聚财，成功达到了增加国家财政收入"以佐边费"的目的。

## 年逾古稀却遭"灭族"之祸

可以说，桑弘羊举一人之力，撑起了汉武帝的勃勃野心。

说桑弘羊是汉武帝成就霸业背后的那个男人，一点儿也不为过。他十三岁成为侍中，在汉武帝身边尽心尽力辅佐超过五十年，绝对了解汉武帝的心思和境界。

汉武帝对桑弘羊也是充分信任，信任到什么地步呢？桑弘羊有个侄子，犯了重罪。按汉律，子弟犯法，父兄要连坐。所以桑弘羊由大司农被降职为搜粟都尉。但是桑弘羊被贬职后，直到汉昭帝始元六年（前81），整整十六年，大司农的职务一直空缺着。按律罢了他的官，但这个权也是绝无可能放给别人的，这足以看出桑弘羊在汉武帝心中的地位。

但是到了征和四年（前89），一直自认为是汉武帝肚子里蛔虫的桑弘羊却碰了一鼻子灰。他联合另外两名大臣上了一份奏疏，奏请在轮台屯田，以备与匈奴长期作战。

《汉书·西域传》中详细记载了汉武帝处理此事的态度，他看完奏疏后颁下了著名的《轮台诏》，这道诏书也被称为"罪己诏"或者"轮台罪己诏"，意思是说，汉武帝在这道诏书中承认自己过去在政策路线上犯了错。

当然，汉武帝虽然说出"朕之不明"，算不算"罪己"学术界还有争论，但他在诏书中，明确批评了桑弘羊的建议是"今请远田轮台，欲起亭隧，是扰劳天下，非所以优民也"（《汉书·西域传》）。意思是，你出这个主意，就是扰乱天下和给百姓增加负担，对百姓毫无好处。

很显然，《轮台诏》代表了汉武帝最后的施政纲领，他此时的心态已经发生了巨大改变，但桑弘羊却没能揣摩出圣意，终于招来一顿劈头盖脸的驳斥。

汉武帝为什么有如此巨大的转变呢？在这位老人的晚年，发生了一系列足以摧毁他身体和意志的事情。第一，太子刘据之死，汉武帝清醒之后发现，其实是自己亲手逼死了最好的帝国接班人。第二，由于赵破奴、李广利先后败降匈奴，汉武帝多年争胜的雄心壮志被彻底消耗殆尽。第三，国内矛盾开始激化，农民起义不断发生。

让人敬佩的是，汉武帝在接二连三的打击下，居然没有糊涂，最后一刻还是认清了形势，决定改变自己的内外政策，对外暂时变攻为守，对内重新休养生息。此时，桑弘羊显然与汉武帝在思想上有了差距。汉武帝已经急速转弯，但桑弘羊没有相同的大局观，继续在老路上高歌猛进，自然要被历史的车轮抛弃和碾压。

后元二年（前87），一代雄主汉武帝走到人生的尽头。弥留之际，汉武帝立自己的幼子、年仅八岁的刘弗陵为太子。同时，他任命霍光为大司马大将军、金日䃅为车骑将军、上官桀为左将军、桑弘羊为御史大夫，由四人共同辅佐幼帝处理朝政。在这四人中，汉武帝对霍光最为看重，他甚至命人画了一幅《周公辅佐成王图》送给霍光，暗示将其比为周公，可见期望之重。从资历和功劳来说，显然桑弘羊更有资格，但从另一个角度来解释，汉武帝其实是在物色一个能执行自己最后政策的大臣。

八岁的汉昭帝即位后，金日䃅第二年就去世了，顾命大臣只剩下霍光、桑弘羊、上官桀。起初，上官桀和霍光关系不错，他们本就是儿女亲家，上官桀的儿子上官安娶了霍光的女儿为妻。上官安生有一个女儿，通过汉昭帝姐姐鄂邑公主的关系，嫁入皇宫被立为皇后。鄂邑公主有个情夫丁外人，上官桀父子为了感谢公主，就要求霍光按列侯尚公主的成例，封丁外人为列侯。但因丁外人不是公主真正的丈夫，所以霍光没有答应。

于是上官桀和霍光就结下了梁子，而桑弘羊早就因为"盐铁座谈会"等一系列事情和霍光撕破了脸，而且他也曾为子弟谋官，同样遭到霍光的拒绝。于是，三个顾命大臣渐渐形成对立的两派，桑弘羊与上官桀，再加上一心想篡位的燕王和给自己情夫求列侯而不得的鄂邑公主，形成了一个反对霍光的小集团。

汉昭帝元凤元年（前80）九月，长安城内又是一轮腥风血雨。

"反霍"小集团决定让鄂邑公主出面宴请霍光，想乘其不备将他杀死，然后废汉昭帝，迎立燕王旦为帝。但该计让鄂邑公主手下一个舍人发觉，走漏风声后，霍光先下手为强，强力粉碎了阴谋。燕王旦、鄂邑公主被迫自杀，上官桀和桑弘羊被灭族。年已七十四岁的桑弘羊，究竟有没有参与燕王旦的谋反，其实并没有确切的证据，但他被牵连在"燕王之变"中，也是几个辅佐大臣政治经济主张出现巨大分歧的必然结果。霍光要想独揽朝政，就必须搬掉桑弘羊这块拦路石。

只是已年逾古稀，却要承受血流成河的灭族灾难，确实是一生精于计算的桑弘羊最大的悲剧，而且没了任何反转的机会，满盘皆输。

## 两千年帝制下，桑弘羊的理论其实没输过

有人说，霍光杀桑弘羊纯粹是因为政见不同，因为霍光要继承汉武帝《轮台诏》的思想，但桑弘羊还在坚持《轮台诏》之前那种积极进取的方针，所以霍光不除掉桑弘羊就无法与民休息。

倘若如此，四年后的元凤四年（前77），距离汉武帝过世也就十年，霍光就违背了汉武帝的遗愿，使用了桑弘羊的策略，正式任命校尉在轮台屯田。到宣帝、元帝的时候，这一策略被证明收到了较好效果。当然，你也可以说轮台屯田恰巧不适合汉武帝晚年的形势，政策要随着时势的变化而变通。那么，那场为批斗桑弘羊而举办的"盐铁会议"之后，霍光费尽心机幕后操盘，促成这次会议，到底改了多少桑弘羊制定的经济政策呢？

毫无疑问，桑弘羊所推行的经济改革确实是存在问题的，有的问题还十分严重。比如"盐铁官营"后，弱化了市场竞争，产品往往质量较差，"县官鼓铸铁器，大抵多为大器，务应员程，不给民用。民用钝弊，割草不痛……百姓苦之矣"（《盐铁论校注》）。由于缺乏竞争，这些质量差的产品往往价格很高，为了完成生产和销售任务，官员们强迫百姓购买的事情经常发生。

桑弘羊着力推行的均输平准，是由国家在各地统一征购和运输货物，目的是抑制商人对货物的垄断，保证市场价格稳定。但在实际操作中，负责均输平准的官员常常出于私心而滥用权力和市场垄断地位，胡乱收购产品，致使物价产生波动，"万物并收，则物腾跃"，违背了贱买贵卖的基本原则，根本起不到平抑物价的作用。

看起来，桑弘羊的制度设计存在众多问题，但是在那场声势浩大的"盐铁会议"后，所谓的"议罢酒榷、盐、铁"，最终的政策调整不过是"雷声大，雨点小"。"盐铁"政策基本不动，只是放松了关内的"铁官"经营，最重要的改变是把郡国的酒"榷"废除了，但京师禁卖私酒的政策依旧严格执行。

很显然，"盐铁会议"上那些"贤良""文学"大声疾呼"盐铁官营"的罪

恶，敢于站在朝堂之上，公开与位高权重的桑弘羊进行辩论，离不开霍光给他们撑腰。但是，在把"与民争利"这顶大帽子扣在桑弘羊头上后，摆明要支持儒生们的霍光，却又用实际行动反对了他们自己的主张。

其实这并不矛盾，霍光只不过是引导"民心可用"来批评和打击自己的政治对手而已，以此博得社会舆论和底层民众的支持。至于事后，这些儒生没有政治背景，完全不用理会，政策一如既往地执行下去，所不同的是，从前执行者是桑弘羊，现在换成了霍光而已。

所以从这一点来说，"盐铁会议"以及背后的政治角逐，桑弘羊确实输了，而且是一败涂地。但是作为西汉历史上著名的理财家、改革家，他所设计的一系列经济政策和理财思想，却一直执行下去，而且不光是西汉，在接下来两千年的帝制当中，桑弘羊的理论从来就没有输过。

桑弘羊的理财思想和经济政策，在帝制时代，是从维护最高统治集团自身利益出发的，并且主张抑制豪强兼并。因为，此后的两千余年，中国历史陷入了一个怪圈：历朝历代的"桑弘羊"无一例外地会战胜"儒生"——几乎每一个皇朝，都要极力垄断财政、做大中央政权。比如"盐铁会议"一千年后，王安石的变法新政实际上也是采取了一系列桑弘羊式的国家干预政策。

历史学家黄仁宇曾感叹："中国历代的皇帝，从来就没有藏富于民，而是以各种冠冕堂皇的理由竭力削弱民间、做大中央政权。民间经济的凋敝，让中国始终无法摆脱农业国的身份。但反过来，这种人身控制，也让中央集权越发稳固。"

但是在那个时代，桑弘羊能第一个提出不依靠农业富国，主张由政府经营工商业以增加经济性收入，而不必增加农民的赋税负担，还可防止豪商垄断生产经营，操纵物价，阻塞他们的"利途"，从而缩小贫富差别，以齐黎民来试图缓和阶级矛盾，是具有很强的历史进步意义的。

## 谁曾想到他竟超越了汉武帝

甘露三年（前51）正月，长安终于迎来大汉自开国以来的荣耀之巅。

这一次，交恶征伐长达百年的老对手匈奴，低下了他们高傲的头颅。南匈奴首领呼韩邪单于来朝，整个长安都沸腾了，百姓们争相一睹盛况。大汉子民们都明白这意味着什么——打了一百多年的仗，无数汉家子弟长眠塞外，汉武帝在位五十年，劳师费财，没有做成的事情，如今他的曾孙终于做到了，匈奴人终于臣服了。

《汉书·宣帝纪》如此描述当时的场景："上登长平阪，诏单于毋谒。其左右当户之群皆列观，蛮夷君长王侯迎者数万人，夹道陈。上登渭桥，咸称万岁。"大致意思是，汉宣帝驾登长平，呼韩邪单于率众接驾。汉宣帝下诏单于免于拜见，各个蛮夷属国的君臣加上普通老百姓有数万人，夹道欢迎。皇帝登上渭桥，欢迎人群齐呼"万岁"。

关于这次呼韩邪单于的朝见，汉朝中央政府极其重视，之前为怎么安排单于的座次，朝堂上就争论了半天。最终，汉宣帝采纳了萧望之的意见——"宜待以不臣之礼，位在诸侯王上"。（《汉书·萧望之传》）也就是说，将待以客礼，单于的座次在诸侯王之上，朝见时称臣而不名，并给了非常丰厚的赏赐。

呼韩邪单于在长安住了整整一个多月，颇受厚待，心悦诚服，从此一心归汉。后来，汉军也确曾帮助呼韩邪单于诛灭其他单于。自此大汉声威远播，而西域诸国，由畏匈奴而轻汉，转为尊汉而疏匈奴。汉匈关系完成了历史性转折，双方边境通好，多年无战事。《汉书·匈奴传》中班固的记录是："是时边城晏闭，牛马布野，三世无犬吠之警，黎庶亡干戈之役。"

兴奋之下，汉宣帝为铭记如此不世之功，又做了一件前无古人的事。

这年二月，几乎是送走呼韩邪单于的同时，汉宣帝迫不及待地命画工将辅佐功臣之相，图画于未央宫麒麟阁上，题明官职、姓名，供后人瞻仰。汉宣帝这一创新之举，耸动朝野，影响深远。后世的云台二十八将、凌烟阁二十四功臣皆仿效之，成为朝廷褒奖大臣的最高象征。

既然汉宣帝如此重视，麒麟阁选人标准自然是非常严格，总共只有十一人上榜。《汉书·李广苏建传》记其事后特别给予评价："自丞相黄霸、廷尉于定国、大司农朱邑、京兆尹张敞、右扶风尹翁归及儒者夏侯胜等，皆以善终，著名宣帝之世，然不得列于名臣之图，以此知其选矣。"意思很明显，还有很多名臣都是善始善终，扬名于汉宣帝之时，却不能列于麒麟阁中，可见标准之高。

功上麒麟阁，成为人臣奋斗的最高目标。

不过，历朝历代的人，对麒麟阁功臣的选择标准、排列座次都有异议，比如名列麒麟阁榜末尾的苏武，生前不过官至典属国，为何能位列其中？丞相魏相位于文臣之首，却在卫将军张安世、车骑将军韩增、后将军赵充国之下，当真汉宣帝的遴选标准是武重于文？最有争议的自然是麒麟阁功勋之首——霍光，虽然霍光是汉武帝遗命的顾命大臣之首，更是拥立汉宣帝的第一功臣，但他生前权势熏天，废立帝王，令汉宣帝"芒刺在背"，以至于霍光死后，霍家遭灭族之祸。为何他还能被封为榜首，甚至以"不名"的方式以示宠超群勋呢？

一份麒麟阁功臣名单，恰恰可以看出汉宣帝的格局、胸怀和手段，正是因为拥有这些性格特点，才让他虽执政不到三十年，但最终在内政、外交上，实实在在超越了他的曾祖父汉武帝，为大汉王朝立下不世之功。

那么，我们就仔细分析一下麒麟阁功臣们到底和汉宣帝刘询是什么关系，各自反映了他怎样的性格特点吧！

## 知恩图报的处世原则

地节三年（前67），汉宣帝宫中发生了一件看上去很小的事，但正是这件事的曝光，最终让丙吉"功成麒麟阁"。

掖庭宫里一个名叫则的婢女，让丈夫上书说，她曾经护养过皇帝刘询。一个婢女让其夫上书邀功，汉宣帝自然不会随便听信，他令人去查问真假，婢女便说：你们若不信我，那请带我一起去见御史大夫丙吉，当时的情况，他比谁都要清楚。

于是他们找到御史大夫丙吉，丙吉果然记得这个婢女，但是他却言明：这个叫则的婢女虽然照顾过当今皇帝的幼年生活，但不怎么用心，当年还因此挨过板子。要说有功，另外两个婢女才是真正悉心照料汉宣帝的。于是丙吉便把他认为有功的两位婢女当初如何辛苦照料汉宣帝的事迹，写成材料汇报上去。

汉宣帝看完材料后十分动容，当即诏令丙吉寻找两名婢女，只可惜两人已不在人世，于是汉宣帝厚赏了她们的子孙。而对于在丙吉看来并无功劳的婢女则，汉宣帝也给了厚赏，除下诏免除其奴婢身份外，更是赏钱十万。报答完这几位"保姆"，汉宣帝当然不会忘记丙吉。其实从婢女则要见丙吉开始，汉宣帝大概就开始犯嘀咕了，丙吉怎么会对这些情况了解得这么清楚呢？他亲自询问丙吉，丙吉先是不肯说，再三追问下汉宣帝才了解到前因后果。

此时，汉宣帝已当了八年皇帝，而丙吉和他之间的过往，他一点儿也不知道。《汉书·魏相丙吉传》如此叙述："吉为人深厚，不伐善。自曾孙遭遇，吉绝口不道前恩，故朝廷莫能明其功也。"那么，丙吉到底对一个怎样的"秘密"守口如瓶呢？

这个秘密要从汉武帝征和二年（前91）说起，丙吉所扮演的角色实在太重要了。因为没有他，汉宣帝刘询根本活不下来，更遑论说荣登大统了。

汉武帝晚年那场著名的"巫蛊之祸"，前后数万人被杀。皇后卫子夫自杀，逃亡的太子刘据自缢而亡，太子的家人、宾客全部被诛，满门的尸体"莫有收葬者"。其中包括皇孙刘进（刘据长子）和妻子王翁须，但二人当时已有一子，出生方数月，尚在襁褓中。汉武帝对这个曾孙动了恻隐之心，太子一门仅留下这唯一的种子，侥幸逃生，但也被关进郡邸狱。

几个月大的孩子被送进监狱，没人照顾，没奶吃，多半活不下来。好在这个孩子遇到了一个好狱吏。而这个狱吏，便是丙吉。当时丙吉以廷尉监的身份，在郡邸监狱负责追查"巫蛊之案"。《汉书·魏相丙吉传》记录了丙吉"心知太子无事实，重哀曾孙无辜"，便挑选了几个谨慎厚道的女犯人，让她们好生养护皇曾孙，并将他们转到宽敞干燥的监房。即使这样，孩子也曾得过重病，差点儿没救回来，因为盼望他早点儿痊愈，因此起名叫"病已"。于是在登上皇位之前，刘询当了十几年的刘病已。

在监狱中长到五岁时，刘病已遭遇到更凶险的一关。后元二年（前87），汉武帝得病后越发疑神疑鬼，有望气者言长安狱中有天子气，向来杀伐果断的汉武帝，下旨将狱中关押的因犯，无论罪行轻重，统统杀掉。他认为只有这样，才能防止监狱中"诞生"皇帝。其他监狱都严格执行了皇帝的命令，但使者到了郡邸狱，丙吉却以"皇曾孙在。他人亡辜死者犹不可，况亲曾孙乎"（《汉书·魏相丙吉传》）拒不开门，双方一直僵持到天亮。使者气急败坏回去上报，汉武帝此时清醒了，感叹地说："天使之也。"意思是，上天派丙吉来救我的曾孙啊！

于是，汉武帝宣布大赦天下，被关在郡邸狱中的囚犯，"独赖丙吉而生"。事实上，违抗皇帝的命令是死罪，丙吉真是拿自己的人头在赌，好在赌赢了。

大赦天下，五岁的刘病已也可以出狱了。丙吉将其送到卫太子的岳家史氏收养。不久，汉武帝将刘病已的名字重新录入宗室族谱，又让掖庭令张贺负责教养，张贺此前是太子刘据的家臣，显然，汉武帝对这个曾孙做了妥当的安排。至此，刘病已的生活步入正轨，而丙吉则深藏功与名，不再提及此事。

此后，丙吉的仕途倒是一帆风顺，十几年后，他已官至光禄大夫、给事中，深受霍光器重。公元前74年，汉昭帝驾崩后，迎接昌邑王刘贺继位这么重要的事情，霍光都是派丙吉办的，可见对他的信任。

谁知，刘贺实在太沉不住气，继位没几天就扶植私党，排挤霍光。于是霍光一气之下把他给废了，可接下来谁当皇上呢？

霍光和大臣们商议了很久也定不下来。这时候，刘病已的命中贵人丙吉再次出现。他向霍光推荐刘病已，说这孩子现在十八岁了，精通经术，办事稳重，为人有礼节。当然，他也没有吹得天花乱坠，只是建议霍光，让这个年轻人入宫侍奉太后，顺便考察一下。

霍光再次表现出对丙吉的信任，派宗正刘德和他一起，将刘病已先接入未央宫，拜见完太后，丙吉被封为阳武侯，随后群臣奉上玺绶，刘病已即皇帝位。

可以说，丙吉这一"试试"，就让"谋反集团"的遗孤，等同庶民的皇子刘病已，一跃成为九五之尊。

丙吉数立大功，却毫不居功，这一点让汉宣帝非常感动，他在诏书中直接说明："朕微眇时，御史大夫吉与朕有旧恩，厥德茂焉。"（《汉书·魏相丙吉传》）他还直接引用《诗经》中的话："亡德不报。"丙吉曾上书推辞，汉宣帝回书说："你要是不接受，就是彰显我无德无义，知恩不报。"

从汉宣帝对丙吉的态度来看，盘点一下麒麟阁十一人的功臣榜，有八人是他还叫刘病已时，拥立他为皇帝的"定策"之臣。这里特别说明一下苏武，一般人看到苏武，肯定以为表彰他是因为他在匈奴的持节坚守。事实上，苏武在汉昭帝时已回到长安，因为和上官桀、桑弘羊交好，在这两人谋反案事发后被罢官。只不过汉昭帝死后，苏武因参与拥立汉宣帝，再次被封侯。所以他能功上麒麟阁，和北海牧羊的关系不大，主要是因为拥立之功。

说到底，儿时坐过五年牢，成长于市井之中的汉宣帝，在民间获得了一条最朴素的处世原则，就是知恩图报。因此，麒麟阁功臣榜选人最重要的一个标准，就是对汉宣帝的个人帮助有多大！

## 隐忍私怨的大局观

其实，功封麒麟阁是汉宣帝对已故权臣霍光的一次"平反昭雪"。在霍家被灭族之后，对霍光的历史定论已然不妙。而汉宣帝将霍光封为麒麟榜魁，并且以"不名"方式以示宠超群勋，也算是重新确认了霍光成为"昭宣中兴"的第一功臣。

毕竟，此时距离霍家灭族已经十六年，距离霍光过世十八年，当年霍家的权势熏天已成为过眼云烟，就连被废昭台宫的霍皇后也自杀四年了。汉宣帝终于可以放下与霍家的恩怨情仇，平静地看待那段过往了。

一开始，汉宣帝和霍光是典型"少主和权臣"的关系。《汉书·霍光金日磾传》中记载："及上即位，乃归政。上谦让不受。"意思是，刘询即位后，霍光要归还朝政，汉宣帝不接受。刘询怎敢接受呢？前车之鉴就是那个在位二十七天的昌邑王刘贺，霍光废他时说他淫戏无度，二十七天干了一千一百二十七件荒唐事。说到底，还是因为刘贺过早暴露了夺权的野心，大力提拔从昌邑国带来的旧臣。结果霍光在废黜他之后，将他带来的两百多手下全都处死。

和好歹有两百多亲信的刘贺相比，刘询真正算得上是孤家寡人。他心里也清楚，霍光看中他也正是因为他出身民间，朝中没根基，也没有亲眷外戚能够帮助他。因此，刘询当了皇帝以后，对于朝中各种政事，官员都是先请示霍光，然后再上奏给他。霍光每次上朝参见，刘询对他都十分恭敬礼让，就连刘询祭拜皇室宗庙，霍光也在身后，于是就有了那个著名的成语"芒刺在背"。

可以说，霍光在世时，汉宣帝就是认真把"傀儡"皇帝演好，别说朝政，就算霍家干涉到皇帝家事，毒杀他的结发妻子，他也只能把苦果咽下，默默承受。

《汉书·外戚传》中详细讲述了这件让霍家最终埋下灭族祸根的疑案。原来，刘询即位前娶的妻子名叫许平君，即位后被封为婕妤。

当时，霍光有个小女儿霍成君还没出嫁，大臣们提议册立皇后，其实是倾向汉宣帝娶霍成君，然后立其为皇后。然而，汉宣帝突然下诏说要寻求自己贫贱时的一口旧宝剑，这便是著名的"故剑情深"的典故。连一把剑都这么重视怀念，更何况人乎？于是大臣们明白了皇帝的心思，纷纷奏请册立许平君为皇后。

平时唯唯诺诺的汉宣帝，在此事上如此坚持，霍家自然恼火。本来册立皇后之后，皇后家族要得到封赏，但霍光坚持认为皇后的父亲是受过宫刑的人，拖了一年多才给爵位，自然也是因为多有愤懑。

接下来发生的事就令人背脊发凉了。霍光的妻子霍显，为了让自己的女儿当上皇后，竟让人在许皇后生产时下毒，令其毒发身亡。虽然霍光事前并不知晓，但最终还是帮妻子把事情抹平了，让汉宣帝不再追究。汉宣帝的心情可想而知，他或许会痛责自己，为了一个皇后之名，反而送了爱妻的性命。

许皇后死后，霍显即忙着给小女儿做嫁衣，准备进宫的用具，迫不及待地让霍光把女儿送进宫。很快，霍成君就被册立为皇后。霍皇后和勤俭持家、温良贤淑的许皇后，形成鲜明对比，她飞扬跋扈，铺张奢侈，动不动就大闹一场，那么汉宣帝是怎么对待这个高调的皇后呢？

《汉书·外戚传》的形容只有七个字："上亦宠之，颛房燕。"意思是说，汉宣帝十分宠爱她，独擅房宠。

后面的事实证明，汉宣帝对于霍成君的宠爱，是慑于霍氏权势不得已而为之。霍家毒杀许皇后已经点醒了汉宣帝，倘若不能清除霍家，他甚至连自己最亲近的人也保护不了。

地节二年（前68），霍光去世，汉宣帝以皇帝的规格礼节祭奠下葬，但霍家的命运，却无法挽回地走上了穷途末路。

从表面看，是霍家铤而走险谋反被告发，但在《资治通鉴》中，司马光认为："岂徒霍氏之自祸哉？亦孝宣酝酿以成之也。"意思是说，难道真的是霍家自寻死路吗？其实是汉宣帝一步步将霍家逼反的。

汉宣帝先是越发封赏霍光子孙，让其继续专横跋扈、奢靡越制。霍光的寡妻霍显及其儿子霍禹不经许可私自越制修整霍光陵墓。霍显和几个女儿置宫禁制度于不顾，时常进皇宫密谋。

汉宣帝立许皇后的儿子为太子，再次激怒霍显，她又教唆女儿霍皇后想毒死太子，只不过霍皇后实在找不到机会下手。这些阴谋早已被汉宣帝所洞悉，他不动声色地去除霍家羽翼，或遣出京师，或明升暗降。霍光之子霍禹被擢升为大司马，便是以虚尊加之，实则夺其兵权。

地节四年（前66），权势尽失的霍家人在恐慌中密谋政变，结果计划泄露，霍家被灭族，霍皇后被废，打入昭台冷宫。

至此，隐忍多年的汉宣帝，终于把霍家这根"芒刺"给拔了。

不可否认，汉宣帝在处理霍家时，攻其一点，不计其余。毫不顾惜霍去病和霍光对汉室的贡献，斩尽杀绝，使霍家绝祀，可见对霍家之恨无以复加。

令人万万没想到的是，十六年后，汉宣帝居然让霍光成为麒麟阁第一功臣，让你不得不佩服他的大局观。的确，霍光忠实执行了汉武帝晚年《轮台诏》的改革方向，让"国家少事，百姓稍益充实"；同时，他也没有完全抛弃桑弘羊的经济政策，甚至最终也实行了轮台屯垦。所以，他确实是"昭宣中兴"的最大功臣。

很显然，汉宣帝看清楚了这一点，才让霍光名列第一。而他在诛灭霍氏集团的同时，却继承和发展了霍光的治国路线。

当然，汉宣帝这种不计私怨的大局观，还体现在最终上榜的其他大臣身上，张安世和杜延年曾是霍光的左右手，甚至和汉宣帝有私怨。当年汉宣帝还是刘病已时，张安世曾劝阻其兄张贺将孙女嫁给他。汉宣帝继位后，几次三番对张安世颇不客气，赏赐也言明是为其兄，甚至还动过杀他的念头。杜延年，作为霍氏旧人被罢黜，后重新起用为地方官，多年不得升迁，直到丙吉死前力荐才被召回中央。这两人从私人角度来说，都不为汉宣帝所喜，但麒麟阁表功毕竟是国家公器，汉宣帝最终没有被私人感情所左右。

## 多疑猜忌的内心

元康元年（前65）的一个冬日，长安城的东市刑场挤满了人。这天处决的一个犯人名叫赵广汉，被处以腰斩之刑。

被捕前担任京兆尹的赵广汉，执政廉洁清明、抑制豪强，口碑非常好。在他被判决时还爆发了一场声势浩大的请愿活动，几万人哭着为他求情，甚至有人甘愿代他受刑。当然，这些于事无补，那么赵广汉究竟是为何而死呢？

说起来起因真是一件无足轻重的小事。《汉书·赵尹韩张两王传》里记载，赵广汉的一个门客在长安市场上私自卖酒被告发，这个门客怀疑是一个叫苏贤的男子从中作祟，便向赵广汉告状。赵广汉确实有点儿"护犊子"，遂让人整治苏贤。结果指控苏贤擅离驻地，触犯了"乏军兴"的律条，按律当被腰斩。苏家急了，上书称赵广汉公报私仇。这后面的波折颇多，不再详细赘述，只需知道最后赵广汉确实杀了人，汉宣帝便将此案交由丞相魏相主办。

于是，一桩贩卖私酒的小事最终演变为京兆尹和丞相的对决。赵广汉杀了人，担心魏相惩治，就想法子找丞相的纰漏。恰逢此时，丞相府中有个婢女死了。赵广汉得到线报是魏相夫人杀死了该婢女，于是想借此事来威胁魏相，谁知魏相根本就不买账。

赵广汉一不做、二不休，干脆向汉宣帝告发魏相夫人滥杀婢女之罪。汉宣帝当即批示由他查办。他得了圣旨，毫无顾忌地率人闯入丞相府，喝令魏相夫人跪下接受质询，并且带走十几个家奴婢女审讯，要他们指证婢女被杀之事。

事情终于闹到了不可收拾的地步，双方各执一词，汉宣帝只能让廷尉介入，最终查清魏相家的婢女确实是自杀，赵广汉诬告侮辱大臣，挟持丞相，被判处腰斩。

这件事情叙述起来确实复杂，但是多读几遍赵广汉的传记，就会发现有一个关键节点——汉宣帝貌似出了一个大昏着儿。

既然魏相已经在查赵广汉，那么此时赵广汉反告魏相，无论从哪个角度来说，汉宣帝也该另外派人查魏相啊，怎么能让两个嫌疑人互相查办对方呢？这种互查的结果只能让事情越查越乱（事实也确实如此，最终第三方介入才厘清）。

事实上，赵广汉杀人一案，交由丞相来查本就违背常理。毕竟御史大夫负责监察百官，廷尉主管司法，怎么也轮不到丞相出手吧！

那么，汉宣帝当真是糊涂了吗？显然不是，只要稍微往深里想一想，就会发现汉宣帝正巧妙地操控这场争斗，或者说，他在其中推波助澜，刻意利用双方的矛盾，抑制和打压双方。

汉宣帝为什么要这样做？赵广汉不消多说，从此案的前因后果，都可以看出他性格强势，身居京兆要职，汉宣帝自然需要对他时时敲打。而魏相作为中兴明相，是帮助汉宣帝铲除霍家势力的头号功臣。只可惜，他此时身居丞相高位，汉宣帝在经历了霍光专权之后，对任何一个有可能威胁皇权的人，都不会放松警惕，因此"婢女案"也给他提供了一个敲打魏相的机会。

让两人互相查办，实际上是扩大两股政治势力的冲突和矛盾。这也是最常见的帝王统驭之术，利用臣子之间的矛盾，使其相互挟制，争相效忠来寻求君主支持。只不过，赵广汉最终擅闯丞相府，让丞相夫人跪着受审所引发的舆论危机，最终让这个互查的游戏"死机"了，无奈之下，汉宣帝只能让赵广汉"下线"。

很显然，魏相在这个阶段，已成为汉宣帝重点打压和平衡的对象。但从魏相能入选麒麟阁功臣榜以及他所居的座次来看，最初他能进入权力核心，恰恰是他作为汉宣帝的一枚重要棋子，去平衡位高权重的"拥立派"势力的。

让我们回顾一下魏相的为官生涯。刘询登基前，魏相的仕途忽起忽落，主要在地方上为官，在整顿吏治、打击豪强时，因为过于刚正严厉而被人告发下狱，遇到大赦后重新被朝廷起用。照此发展，他有可能会成为新一代的酷吏。但魏相也有致命威胁，权臣霍光对他颇为不喜，曾让他遭受牢狱之灾。

此时一个朋友的提醒，起到了关键作用。《汉书·魏相丙吉传》中记载，魏相和当时任光禄大夫的丙吉素来交好，丙吉给魏相写了封信说："朝廷已深知弱翁治行，方且大用矣。愿少慎事自重，藏器于身。"意思是说，朝廷很了解你的成绩与行为，将要起用你。愿你慎重行事，修炼才能。这封信显然是劝魏相收敛锋芒，魏相听了进去，从此韬光养晦，等待机会。

果然，数年之后汉宣帝即位，便征召魏相进入朝廷做大司农，后升迁为御史大夫。从此，魏相便从一个地方官一跃进入了西汉的权力中心。毫无疑问，从孤家寡人成为九五之尊的汉宣帝，此时正在培养自己的亲信势力，而魏相和霍光之间的怨隙，他已是了如指掌。

公元前68年，霍光去世，魏相这枚闲棋终于发挥作用。他先是给汉宣帝上书，建议提拔拉拢张安世，分化霍氏集团。接着，魏相又通过汉宣帝的岳父许广汉，取消奏章副本秘密上书，建议削弱霍氏集团的权力。

魏相的建议招招致命，使霍家惶惶不可终日。而汉宣帝又在此时任命魏相为丞相。这下子，彻底逼得霍家铤而走险，密谋发动宫廷政变，目标就是斩杀魏相和废掉汉宣帝。最终阴谋败露，霍家惨遭灭族。

在此之后，汉宣帝终于真正亲政。魏相作为丞相，总管朝廷事务，很得皇帝的欢心。

现在回答前文提出那个的疑问：丞相魏相位于文臣之首，麒麟阁表功却在卫将军张安世、车骑将军韩增、后将军赵充国之下，如此排名的遴选标准是武重于文？

很显然，汉宣帝并不是按照文武来排名的，了解完魏相的从政经历后，我们便很清楚了，魏相能排名第五，非但没有被低估，还是汉宣帝的破格"提拔"。

麒麟阁十一人的功臣榜，以霍光为首，八个人都是奉刘病已为皇帝的"拥立派"功臣集团，而魏相当时不过是一个地方官员，连权力中心的门都摸不着。对他火箭式的提拔和最终的盖棺定论，其实都是汉宣帝为了打压"拥立派"功臣集团的必然结果。

即便如此，哪怕是自己一手提拔的魏相，只因身居丞相之位，多疑的汉宣帝依然不会放松警惕，所以才有了借赵广汉来敲打魏相一事。

汉宣帝曾有一句知名度非常高的话："汉家自有制度，本以霸王道杂之，奈何纯任德教，用周政乎！"这句话是他批评太子——未来的汉元帝时说的。

《汉书·元帝纪》里详细记录了这句话的前因后果。太子劝说宣帝："陛下持刑太深，宜用儒生。"汉宣帝因此蹦出一句内心的大实话：光靠仁德礼教是不行的，然后叹息："乱我家者，太子也！"

事实上，任何一个人倘若有过汉宣帝这样的经历——襁褓中遭遇惨绝人寰的近乎灭门的灾难，幼年在牢狱中长大，少年遭人嫌弃无人问津，他对人性的理解都会是深刻且灰色的。即使后来知道有丙吉这样的好人，汉宣帝也改变不了多疑猜忌的底色。

所以，汉宣帝一方面表现出一个明君的素质，善纳谏言，择善而从；另一方面又善用权谋，睚眦必报，特别是在维护自己的统治时，非常忌惮权臣。这种两面性，体现得最充分的，是他与麒麟阁功臣赵充国之间的关系。

赵充国智勇双全，在抗击匈奴、镇抚西羌的战争中功勋卓著，可以说是国之柱石。

世人称道的是，汉宣帝曾三次在朝堂上讨论赵充国对西羌罢兵停战的"屯田之策"。一开始，汉宣帝根本不同意"屯田之策"，便拿出来让大家讨论。三次讨论后，连最初反对的丞相魏相也同意了，汉宣帝也心悦诚服，批准了赵充国的"屯田之策"。史家关于这件事，对汉宣帝的评价相当高。但令更多的人不知道的是，赵充国之子赵卬，只因一句酒后之言，暴露了汉宣帝曾对张安世的报复"杀心"，汉宣帝便直接找了理由关押赵卬，逼其自杀。汉宣帝在此事上，丝毫不顾赵充国的卓越功勋和晚年丧子的悲痛，足见汉宣帝的刻薄寡恩。

越到"晚年"，汉宣帝越来越像他的曾祖父汉武帝。对臣下，他越来越苛刻，曾经的"循吏重臣"，一个接一个撞在"刑法绳下"的法网上。

不得不说的是，刘询死时才四十三岁，在位二十五年。

历史并没有让他拥有一个真正的晚年，在功封麒麟阁后，不到三年汉宣帝就驾崩了。也许正因为他死得早，他的成就和历史评价，才超过了他的曾祖父汉武帝。

倘若他像汉武帝一般长寿，在位时间加个倍，他能否被称为圣明之君、"汉武帝第二"，还真是一个未知数。

这何尝不是一个历史的反讽呢？

## 苏武牧羊中的路人甲，为何班固反复念叨他八次

《苏武传》可以说是《汉书》中最为人所熟悉的名篇了，因为它是入选高中语文教材的一篇课文。

很多年以后，读班固的原文才发现，其实并没有单独的《苏武传》，苏武的事迹是被记录在《汉书·李广苏建传》里，虽然传名中没有苏武，但全文却用小一半的篇幅讲述他。他的父亲苏建，虽然和李广并列成传，但关于苏建的事，只是一笔带过而已。

当年高中上语文课时，苏武作为主角，老师自然重视，而其他几个配角，比如张胜的自私贪功、胆小怯弱，卫律的阴险狡诈、阴谋迭出，李陵的矛盾痛苦、游移不定，都曾被老师一一论述。但文中有一位有名有姓、多次出场的人物，却往往被人忽视。

这个在《苏武传》中"打酱油"的"群演"叫常惠，他似乎是一个矛盾的存在。一方面，他出场次数非常多，你如果是个有心人，数一数，他的名字居然出现了八次，这一点甚至超过了让人印象深刻的李陵；另一方面，他的存在感确实不强，除了在最后一场"密报汉使"中起到关键作用外，其余几次都只是作为背景出现。

那么素来以文字精练著称的班固，为什么会反复提及这样一个"群众演员"？有一种可能，班固不断提及常惠，是在提醒读者，当年百人左右的使团随苏武出使，除了苏武在匈奴苦熬十九年不失汉节之外，还有不少拒不投降的汉家男儿。

正是出于这个目的，班固在记述中不动声色却又颇有深意地写下这句话："单于召会武官属，前以降及物故，凡随武还者九人。"意思是，单于决定放苏武回汉时，召集苏武先前的属吏，除去投降的和死去的，随苏武返回的总共有九人。一方面，从侧面反映了这十九年塞外生活的艰辛，百人的使节团或许死亡大半。苏武在北海受的是饥寒困顿、罕见人烟之苦，以常惠为代表的使团低阶人士经历的是牢狱囚笞、奴役折辱之苦，他们中大多数人死在北境，终生未得归乡；另一方面，真正坚持到归汉这一天的人，他们和苏武一样是坚贞忠诚、意志坚强的英雄。

这九个人有名可考的分别为常惠、徐圣、赵终根三人，其他六人没有留下名字。假如将《苏武传》看成一篇单独的文章，常惠的作用似乎止步于此。但如果我们将其看成《汉书》的有机部分，就会发现正是经过这番酷寒摧折磨炼，常惠的后半生迎来了绽放。

翻开《汉书·傅常郑甘陈段传》后发现，《苏武传》中常惠的身份仅仅是苏武的"假吏"（临时助理）。但在属于他自己的传记中，却最终继承了苏武的衣钵，出任"典属国"，成为当时汉帝国对外事务的负责人，从而开启了他精彩的外交生涯，在经营西域上立下了不世之功。

只有了解了这一点，我们就会明白，班固之所以一次次强调常惠在场，是在点明常惠不仅是苏武事业的继承人，更是其精神的发扬光大者。正是汉朝一代代开拓进取、不辱使命的英雄们前赴后继传承不绝，才能建奇功于绝域，扬大汉之国威。

## "苏武牧羊"流传得靠"鸿雁传书"

常惠是太原人，年轻时因为家中贫穷，自告奋勇报名参军，作为苏武的临时助理，跟随他一起出使匈奴。他们此行目的是交换汉匈双方相互扣留的使者。没承想，别人没救成，他们自己也成了被扣留的使者。原因不再详述，大概就是副使张胜牵扯进匈奴一场叛乱，连累了整个使团。不过，有一点可以肯定，那个阶段，汉匈双方经常扣留对方的使者，所以自愿出使的人，心里都做好了回不来的准备。

在《汉书·李广苏建传》中，常惠的前几次出场，都是作为"背景演员"出现的。他甚至见证了苏武的两次自杀，特别是第二次苏武在卫律面前引佩刀自刺，虽自杀不成，但也是昏死很久才苏醒。班固在此处特别记录了常惠当时的状态："惠等哭，舆归营。"

班固在《汉书》中没有记录常惠的出生年龄，但他死在初元三年（前46），载苏武出使匈奴时是汉武帝天汉元年（前100），由此可以推断，常惠此时年纪尚轻。

常惠的哭当然不是因为恐惧，而是被苏武的刚烈之气所感染，更是同仇敌忾。可以说，苏武自杀这一幕是惊心动魄、壮怀激烈的。他这种刚烈的气概给包括常惠在内的使团成员做出了一个非常正面的榜样，正因如此，使团中很多人誓不投降。

劝降无果后，匈奴人将苏武流放北海，却"别其官属常惠等，各置他所"。这也是一种策略，要将苏武置于"孤独之境"，使其受饥寒交迫、孤独困顿之苦。此时，常惠等人则沦为匈奴权贵的奴隶，遭受繁重劳役和人格侮辱。

一般人沦落到此间，恐怕早已崩溃，近二十年被敌酋趾高气扬的气焰所压迫，过着日复一日的辛劳生活，这也是使节团大部分人客死他乡的原因，剩下的人则不得不向命运低头。但常惠确实不是一般人，他一边学习当地的语言和风土人情，一边无时无刻不在寻找良机重归大汉。

机会终于让常惠给等到了。随着汉匈关系缓和，汉朝派使者出使匈奴，打听和寻求苏武等人，匈奴人诈说苏武已死。常惠听此消息后，失望之余也留了个心眼儿。下次汉使再来匈奴时，"常惠请其守者与俱，得夜见汉使"。请注意这个细节，常惠是请看守他的人和他一起晚上见汉使的，说明常惠早就做好了看守的工作，能获得看守者的追随，这需要多强的人格感召力！

常惠向汉使详细叙述了事情的经过，甚至想好了逃脱方法，他让汉使对单于言"天子射上林中，得雁，足有系帛书，言武等在某泽中"。意思是，汉朝皇帝在上林苑打猎，射下一只雁，脚上系着一封帛书，说苏武没死，就在某个大泽中。单于左顾右盼暗暗吃惊，只好向汉使者道歉说苏武确实活着。

常惠足智多谋的外交才能，在这一次营救苏武的行动中崭露头角。当时，苏武人在北海，和外界完全断绝消息。如果没有常惠居中运作，万一苏武持节殉国，甚至连这个千古流传的故事也将湮没在贝尔加湖的风雪之中。所以从这个角度来说，常惠的重要性不言而喻。

苏武一行人回到长安已是汉昭帝时期，他们都得到了重重封赏。常惠更是被封为光禄大夫，可谓平步青云，但他的灿烂人生才刚刚开始。

## 以一人之力降服一国

在回家过了七八年普通公务员的太平日子后，常惠再次被派遣出使西域，这一次，他的目的地是西域的乌孙国。

此次常惠出使的原因，是汉朝收到了解忧公主送来的求救信。解忧公主是西汉楚王刘戊的孙女，远嫁乌孙国。她向朝廷求救，称匈奴发兵准备攻打乌孙。本来朝廷已经决定出兵了，然而在公元前74年汉昭帝突然驾崩，计划暂时搁浅。

汉宣帝继位后的第二年，终于想起此事，于是派遣常惠出使乌孙，去了解一下真实情况。此次出使乌孙，常惠带回一个重要信息，匈奴已经对乌孙周边发动军事进攻，"取车延、恶师地"，甚至要"胁求公主，欲隔绝汉"（《汉书·傅常郑甘陈段传》），乌孙昆莫（国王）愿意发兵五万，与汉朝联手进攻匈奴。这一建议让汉朝君臣大为惊喜。因为自汉武帝以来，制定的国策就是希望西域能有一个帮手共击匈奴。朝廷一开始寄希望于大月氏，落空之后则结好乌孙，为此先后遣两位公主远嫁乌孙。但乌孙国长期奉行势力均衡、两边都不得罪的政策，比如娶了汉朝公主也要再娶个匈奴公主，此次乌孙主动提出共击匈奴。汉朝君臣上下敏锐意识到这是一个削弱匈奴实力，并加强对西域控制的好机会。

汉宣帝随即派出五路大军，共计十五万人出击。结果汉军声势浩大，匈奴主动采取撤退战略,加上五路大军状况频出,汉军劳师远征却寸功未立。由于匈奴主力的注意力完全被汉军吸引,结果乌孙的五万人马反而大获全胜。这一仗"获单于父行及嫂、居次、名王、犁汙都尉、千长、将以下三万九千余级,虏马牛羊驴骡橐驼七十余万"(《汉书·匈奴传》)。

作战之前,朝廷任命常惠为校尉,让他带符节统辖乌孙军队,这只是名义上的说法,实际上,常惠只是起到联络官的职责。乌孙大胜之后,常惠和乌孙昆弥一起返回,还没到达乌孙,就有乌孙人盗走了常惠的官印和符节。

可以想象常惠有多沮丧,作为一个外交官,丢失印绶等于丢失了职责所在,他以为回到长安一定"当诛"。倘若是汉武帝,大概常惠有十个脑袋也掉光了,还好汉宣帝认为此战几个将军寸功未立,倒是常惠的出使取得一定功劳,因此封常惠为长罗侯。

本始四年(前70),常惠第三次出使乌孙,这次出使的任务本来只是为此前那场战役论功封赏,属于普通的外事活动。但常惠上奏汉宣帝说,龟兹国之前曾杀了汉朝的屯田校尉赖丹,朝廷还没治他们的罪,因此请皇上批准顺便攻打龟兹,汉宣帝没同意,但大将军霍光却暗示常惠可以自行决断。

关于赖丹被杀,此事颇为复杂。《汉书·西域传下》中记载,贰师将军李广利西征大宛。得胜归来途中,得知西域小国扜弥的王子赖丹在龟兹为质。李广利便责备龟兹:"外国皆臣属于汉,龟兹何以得受扜弥质?"于是把赖丹带回长安。到了汉昭帝时期,赖丹被任命为校尉,屯田轮台,西汉军队第一次有了在西域屯田的记录。不久,龟兹在匈奴人的授意下,进攻屯田军杀了赖丹。此时常惠提起此事,自然是要"杀鸡儆猴",在西域树立起大汉的权威。

常惠带五百随从在乌孙完成封赏使命后,回程途中发动了对龟兹的进攻,此次进攻没得到朝廷允许,他擅作主张利用自己在西域多年的影响力,征发龟兹以西诸国兵马两万人,龟兹以东诸国两万人,乌孙出兵七千,从三面发动对龟兹的进攻。在强大的军事威慑下,龟兹王不得不低头道歉:"这是先王被奸人姑翼挑拨离间而成。"这套说辞常惠本可置之不理,以优势兵力攻陷龟兹。但常惠的策略是攻心为上，他义正词严地说："即如此，缚姑翼来，吾置王。"(《汉书·傅常郑甘陈段传》)意思是，"既然这样，那就把姑翼捆来，我可以放了大王"。果然，姑翼被处死后，常惠就罢兵回朝了，而这次擅作主张的军事行动也取得了圆满的成功。

从此以后，龟兹臣服于汉。龟兹王绛宾还迎娶了解忧公主的长女弟史为妻。数年之后，夫妻俩专门到长安朝贺，汉宣帝大为嘉奖。《汉书·西域传下》如此描述两人归国后仰慕汉风的龟兹："乐汉衣服制度，归其国，治宫室，作檄道周卫，出入传呼，撞钟鼓，如汉家仪。"龟兹日后更是成为西域都护的驻地，而正是常惠的恩威并重成就了这段佳话。

## 明习外国事，勤劳数有功

常惠一生六次出使西域，目的地大多是乌孙国。特别是最后几次出使，直接卷入乌孙国的内部纷争中。

元康二年（前64），亲汉的乌孙国王翁归靡上书："愿以汉外孙元贵靡为嗣，得令复尚汉公主，结婚重亲，畔绝匈奴，愿聘马骡各千匹。"(《汉书·西域传》)这次上书，乌孙国王表达了希望进一步加强与汉王朝的关系，并计划让王子迎娶汉朝公主，与汉朝亲上加亲，与匈奴彻底决裂。

汉宣帝听闻非常高兴，就以解忧公主的侄女相夫为少公主，并派遣熟悉乌孙情况的常惠护送公主西行。神爵二年（前60），当一行人到达敦煌时，却听到一个噩耗，翁归靡逝世了，而乌孙的王公贵族并没有立他的儿子，也就是汉朝外孙元贵靡当王，而是立翁归靡的弟弟泥靡为昆弥，绰号"狂王"。

面对这个突发情况，常惠立即上书："愿留少主敦煌，惠驰至乌孙责让不立元贵靡为昆弥，还迎少主。"(《汉书·西域传》)常惠的主张很明确：让少公主留在敦煌，他自己拍马赶去乌孙，责备他们为什么不立元贵靡为王；等平定乌孙事后，再接少公主去完婚。

可以说，常惠此时采取的方略，和他力争"责龟兹"是同一思路，要用雷霆手段维护权威。但汉宣帝再次选择了否定，这一点也和他持重谨慎的性格相符，他采纳了朝中大臣提出的"乌孙持两端，难约结"的意见，决定"征还少主"，就是说，不干涉乌孙国内发生的变故，罢黜和亲之议，让少公主回国。

此后，乌孙国内动荡不安，先是"狂王"与解忧公主之间矛盾尖锐，最终发生了解忧公主行刺"狂王"的行动，"狂王"负伤逃走。至此，以解忧公主为首的"亲汉派"与以泥靡为首的"亲匈派"呈分裂内乱之势。

宣帝甘露元年（前53），翁归靡的另一个儿子乌就屠作为第三方势力，起兵杀了"狂王"夺取王位。但乌就屠依旧是"亲匈派"，汉朝便派遣破羌将军辛武贤率兵一万五千人在敦煌集结，准备讨伐他。

在巨大的军事压力下，乌就屠不得不接受乌孙右大将的夫人，也就是解忧公主的侍女冯嫽的劝降。乌就屠表示自己"愿得小号"，让元贵靡担任大昆弥。常惠作为汉朝使臣，诏乌就屠至赤谷城，接受汉朝册封。

但这次册封乌孙的大小昆弥，并没有对疆域地界做出明确的划分，两方之间矛盾重重，纷争不断。因此，一年后，甘露二年（前52），常惠最后一次出使西域。这一次，常惠到乌孙后，首先率领一部分汉军在赤谷城屯田，并且划分了大小昆弥的统治区，大昆弥为六万余户，小昆弥为四万余户。划分清楚地界和属民，一定程度上解决了大小昆弥之间的纷争。随后，汉宣帝在赵充国去世后，召常惠归朝中，代替赵充国任右将军，并继续担任典属国之职。又过了一年，解忧公主归汉，表明汉王朝经营乌孙的目标已基本实现。

史载常惠一生共六次出使西域，《汉书·傅常郑甘陈段传》中说他"明习外国事，勤劳数有功"。在他的苦心经营下，西域各国渐渐唯大汉马首是瞻，汉朝在西域的影响力与日俱增，甚至在龟兹东边的边防重镇乌垒（今新疆轮台东）设立了西域都护府，使大汉版图前所未有地扩大。

后世的汉家男儿们步入西域都护府的那一刻，不知能否想起他们的前辈为之付出的艰辛和血泪，所谓大漠孤烟处，万顷黄沙中，壮士傲然独立、衣襟当风。

# 倘若赵飞燕生了孩子，她的命运又会怎样

> 宫中只数赵家妆，
> 
> 败雨残云误汉王。
> 
> 惟有知情一片月，
> 
> 曾窥飞燕入昭阳。

这首《怀古》是中国历史上的一个皇后为另一个皇后写的诗。写诗的人叫萧观音，是辽道宗（耶律洪基）的皇后，而被写的人，就是那个著名的或者干脆说是淫乱后宫的赵飞燕。赵飞燕的名气之大，远超她所侍奉的汉成帝刘骜。

萧观音写这首诗有点儿为赵飞燕翻案的意思，当然是非常含蓄的。前两句清楚写了人们对赵飞燕的指责，但后两句有点儿讽刺那些八卦的人，说得活灵活现的，好像自己亲眼所见似的，倘若赵飞燕真要是在门禁森严的皇宫大内私通偷汉子，恐怕只有天上的一片月能知情吧！

这是一个皇后的感慨，毫无疑问，萧观音对赵飞燕的千夫所指是有些同情的。正因为她是皇后，她才非常清楚，作为一个皇后，赵飞燕的生活是一个什么样的状态。而那些一辈子也没进过皇宫的人，编排出来的后宫淫乱生活，在她眼中是多么的可笑。

倘若写完这首诗，没有后面发生的故事，萧观音恐怕对赵飞燕的理解，终究

还是一个旁观者。

但接下来的"诗祸",却将她推进了与赵飞燕同样命运的旋涡中。

本来,萧观音此前因谏阻辽道宗时常驰猎,而久被辽道宗疏远,因此这首诗其实隐含了萧皇后的自我伤感和苦闷。但是备不住别有用心的人对此诗加以利用。朝中任枢密使的耶律乙辛一心想扳倒萧皇后和太子,因此得到这首诗后如获至宝。因为此前宫廷乐官赵惟一因为演奏《回心院词》与萧观音有过接触,而此诗中恰好有"赵""惟""一"三个字;耶律乙辛还通过宫女制造了一些其他证据,遂诬萧皇后与赵惟一淫通。辽道宗在暴怒之下,逼萧观音自尽,将赵惟一族诛。随后,"反对派"得寸进尺,接着又将太子诬陷至死。

萧观音在自尽的一瞬间,不知道会不会想到赵飞燕。政治斗争多么残酷,那种百口莫辩,纵死也不能自证清白的感觉,萧观音体会到了。如果再有机会,她还会成为一个提笔写诗发牢骚的皇后吗?

当然,萧观音要比赵飞燕幸运得多,因为她有儿子,儿子死了还有孙子。等到耶律洪基七十岁死后,其孙耶律延禧继位,也就是天祚帝。他上台第一件事就是把耶律乙辛剖棺戮尸,为自己的奶奶萧观音平反昭雪。

那么问题来了,倘若赵飞燕有子嗣,或者干脆说她的后裔中但凡有能继承大统的,她的声名恐怕也不至于如此狼藉。

有人会调侃说:对啊,所以当年赵飞燕为了保住自身的地位和权力,不惜私通也要生个孩子啊!

这其实是个悖论,倘若赵飞燕当年真的生出了孩子,恐怕非但不能得到专宠,甚至还会被汉成帝刘骜打入冷宫或者直接赐死,这又是什么原因呢?

只要理解了这一点,就可以非常清楚地知道,所有针对赵飞燕"淫乱后宫"的野史笔记,都是后人的编排和杜撰罢了。

赵飞燕无非是皇权社会中一个冤魂和替罪羔羊而已……

## 汉成帝到底死在谁的床上

绥和二年（前7）春天，汉成帝刘骜突然驾崩。

刘骜壮年暴毙，这确实是宗室群臣意想不到的。《汉书·外戚传》记载："帝素强，无疾病。"意思就是说，汉成帝平时身体很好，没有什么病。对于他的突然暴亡，舆论很快全都集中到赵昭仪身上，批评她媚惑国君，致使刘骜好色短命。赵昭仪便是赵飞燕的亲妹妹赵合德。于是汉成帝的母亲太后王政君便命令以大司马王莽为首，率领御史、丞相、廷尉等共同质问汉成帝的起居和发病原因，调查甫一开始，赵昭仪便自杀了。

赵合德的自戕，千百年来一直被认为是畏罪自杀。一个普遍的看法是，汉成帝最后死在她的床上，因此无论如何，她都难辞其咎。而《赵飞燕别传》更是如此香艳地描述了汉成帝之死："帝日服一粒（春药），颇能幸昭仪。帝一夕在太庆殿，昭仪醉进十粒。初夜，绛帐中拥昭仪，帝笑声吃吃不止。及中夜，帝昏昏，知不可起，或仆或卧。昭仪急起，秉烛视帝，精出如涌泉，有顷帝崩。"当然，野史不足为据，但是一般人会认同野史的一个基本事实：刘骜暴毙的前夜，宿在赵昭仪宫中，天亮后倒毙在赵合德的床上。事实真的是如此吗？

《汉书·外戚传》中关于刘骜去世的细节是有清晰记载的："上宿供张白虎殿。又欲拜左将军孔光为丞相，已刻侯印书赞。昏夜平善……"这个记录非常清楚，刘骜这一晚是在白虎殿摆设帷帐的，因为要办政事，看起来是加了个班，然后就在办公室睡下了。一夜平静，可第二天早上起来时却不行了，穿不了裤袜，想坐起来，衣服一下子就掉下去了，也说不出话来，很快就去世了。

当然，汉成帝刘骜或许真的是因为过度好色淫戏，导致身体发生病变而暴毙，但细读历史来看，死前这一夜，他是独自休息的，原因是第二天有不少公务要忙，而且仅看这一个晚上，虽然刘骜谈不上勤政，至少也不算怠工吧。

随便剖开一个历史细节的横断面，再去对照那些我们早已根深蒂固的印象，都会发现很大的不同。

比如赵飞燕，看《汉书·外戚传》，就会发现这个以艳名和媚惑皇帝著名的皇后，根本没得宠几年。

赵飞燕本名赵宜主，她有三个父亲，生父名叫冯万金，是名义上的父亲赵曼府上的舍人。赵飞燕的母亲出身于没落的王侯之家，嫁给丈夫赵曼之后，又暗地里和冯万金私通，并且生下了赵飞燕。大概是私生女的缘故，赵飞燕出生后就被扔到了野外。没想到三天后，她依然顽强地活着。于是母亲内心不忍，又将她抱回来抚养。不久，名义上的父亲赵曼病逝，失去依靠的母亲最终带着女儿流落到长安，寄住在同宗赵临的家中。赵临见赵飞燕、赵合德两姐妹容貌秀美，便收她们为义女。

赵临收留两姐妹自然是希望有所回报，不久便将她们送进阳阿公主府学习歌舞。生父冯万金精通音律，赵飞燕显然是遗传了他的艺术细胞，对歌舞有特殊的感知能力，不论多复杂的歌舞，都是一学就会。由于她体轻如燕，舞姿似飞，故号曰"飞燕"。这个艳名很快在京师达官贵人中流传开来。

汉成帝刘骜，早在当太子的时候，便以好色闻名，听到这个传言，便微服出宫，拜访阳阿公主。阳阿公主自然要竭诚招待，不用说，赵飞燕的歌舞是非看不可的。汉成帝见到赵飞燕，非常喜欢，就召她进宫，对她极为宠爱。很快，妹妹赵合德也被召进宫，姐妹二人都被封为婕妤，宠冠后宫。

许皇后被废后，汉成帝一心一意想立赵飞燕为皇后。但皇太后王政君嫌她出身低贱，坚决不准。后来多亏皇太后的侄子淳于长在中间做工作，来回传话，汉成帝终于理解了皇太后的心思，先封赵飞燕的养父赵临为成阳侯。一个多月后，便册立赵飞燕为皇后。为了奖励淳于长，汉成帝封他为定陵侯。请记住淳于长这个名字，后面赵飞燕的倒台和他颇有关系，可以说成也是他，败也是他。

自从做了皇后，汉成帝对赵飞燕的关注渐渐大不如前，而她的妹妹赵合德则最为得宠。赵合德住在昭阳宫，该宫殿是用铜做成，外表再涂上一层黄金，台阶都是汉白玉做成的，宫内装饰到处都是蓝田玉、明珠、翠羽……后宫还从来没有这样奢华过。汉武帝当年的玩笑话"金屋藏娇"，在这里总算实现了。从史料上来看，姐姐赵飞燕对妹妹得宠并无嫉妒。《汉书·外戚传》中也没有提赵飞燕失宠的原因，倒是野史外传上说得煞有介事，说因为赵飞燕没有生子，为了巩固皇后地位，她转而和宫中侍卫私通，被皇帝有所耳闻，从此被冷落中宫。至此，赵飞燕破罐子破摔，开始淫乱后宫。

野史当然不足采信，但这点却是入宫专宠十几年的赵氏姐妹的一块心病，她们始终没有生育。

在赵合德自杀后，很快就有人给刚刚即位的汉哀帝交了一封举报信，曝出了惊天内幕：汉成帝之所以没有子嗣，是因为赵飞燕姐妹害怕其他嫔妃诞下皇子，威胁到她们的地位，因此对有身孕的嫔妃进行摧残，更可怕的是，甚至有两个孩子已经出生，也被赵合德给害死了。

谋害皇子是诛九族的大罪，赵家姐妹当真如此狠毒？

## 赵飞燕为什么不替妹妹辩解

其实有关赵氏姐妹的污言秽语，最早都是从这封举报信开始的。

本来汉哀帝是要感谢赵飞燕的提携之恩的。

当年，汉哀帝还是定陶王刘欣时，作为刘骜的侄子来长安朝见。刘欣的祖母傅太后暗地里贿赂了赵皇后和赵昭仪，希望这两个人，一个是皇后，一个是宠妃，能给刘骜多吹点儿"枕边风"，将刘欣册立为太子。此计果然见效，傅太后找对了人，送对了礼。

运气好的是，就在册立刘欣当太子后的第二年，刘骜突然暴毙。于是，刘欣即位后投桃报李，尊奉赵飞燕为皇太后，封其弟赵钦为新成侯。这样，赵氏家族中有两个人封了侯。

就在赵家势力刚刚有所抬头时，司隶解光突然呈上了那封著名的举报信，这里先说一下这封举报信的结果，这封举报信虽然人证、物证都有，但汉哀帝刘欣并没有查，原因是有大臣劝告："信里的内容有辱先皇形象。而且赵合德虽死，但她姐姐还是皇太后,她对您是有拥立之功的,还是别查了吧。"就这样,举报信被压下了,成了一个悬案,因此其内容并没有得到官方认证。但是汉哀帝还是免去了赵氏兄弟的官职。

显然,班固在《汉书·外戚传》里耍了一个滑头,他选择把举报信的内容全文照登,表明这只是一家之言,但态度还是明显的。事实上,他在《汉书·成帝纪》中也有这样一句记载:元延元年(前12),"昭仪赵氏害后宫皇子"。

由此可见,至少班固本人对赵合德杀皇子一事是持采信态度的。既然《汉书·外戚传》中对赵合德杀皇子的记载详细清楚,那么我们就来看看她是如何害人的。

举报信中第一个被杀皇子的母亲名叫曹宫,她本是负责教授皇后"史、诗"的女官。曹宫生下孩子后,过程曲折,似乎一开始刘骜就不太高兴,他将这个孩子和侍奉的六个婢女全部收监。随后在下属苦苦哀求下,刘骜有些回心转意,给孩子找了奶妈并增加待遇。但没过几天,他突然心意大变,命人毒杀了曹宫,而侍奉的婢女也全部勒令自杀,那个孩子最后也不知所终。

第一个案子中,虽说举报的是赵合德,但她基本藏在刘骜身后,其中曲折变化都是刘骜的旨意所致,只有六名婢女自杀明确为赵合德所为,但这里的记载让人费解,都决定让六名婢女死了,还特地放她们回去告诉别人:昭仪言"女无过。宁自杀邪,若外家也"。意思是,赵昭仪说:你们没错。但你们是在宫内自杀,还是到外面去死呢?

第二个案子中,赵合德的形象生动多了。听说许美人生了儿子后,疯狂吃醋的她大声质问汉成帝:"你不是总说从中宫(赵飞燕处)来吗?现在许美人为什么有了孩子?"边说边抓头发,用头撞柱子,哭哭啼啼不肯吃饭。结果皇帝也跟着不吃饭,最终刘骜诅咒发誓不会让别人比赵家的地位更高,让赵合德不用担心。于是,汉成帝命人从许美人处将孩子装到筐子里送来。然后把服侍的众人打发出去,将孩子害死了。

说句老实话,赵合德到底有没有杀害皇子的动机?当然有,一旦别的妃嫔生了儿子，必然会被立为太子，是潜在的巨大威胁。但汉成帝刘骜的行为就让人费解了，由于此前所生的儿女先后夭折，他不可能在面临绝后的情况下，为迎合宠妃的心意，变态到伤害自己的亲生骨肉。要知道，这牵扯到皇位归属，哪怕是所谓的因爱生畏，只要汉成帝心智正常，就不会妥协。

退一万步讲，假设汉成帝当真被美色迷失心智，他真的就可以独断专行来擅杀皇孙吗？要知道，当时皇太后王政君及王氏外戚已基本上控制了朝廷大权。别的不说，从册封赵飞燕为皇后一事，就可以看出王政君的影响力。此时，王政君与王氏外戚盼望汉成帝生儿子的心情，绝对不亚于汉成帝自己，这关系着王氏家族能否继续执掌朝政。以皇太后王政君在宫中多年培植的势力，赵合德与汉成帝如此草率和不加掩饰地处置两个孩子，怎么可能不走漏风声？王政君只要坐镇后宫一天，又怎会让他们如此戕害自己的皇孙？只需了解这一点，便可判断这封举报信上的内容极大可能为诬告。而此时，诬告的对象——赵合德已然自杀，贵为太后的姐姐赵飞燕面对诬陷为什么不出来澄清事实，奋力抗争？

原因很简单，汉成帝一死，赵飞燕便陷入孤立无援的困境。当年赵氏姐妹专宠后宫，树敌太多。如今，后宫和朝中的敌人乘机落井下石，让她们百口莫辩。对太后赵飞燕来说，她甚至连自我辩解的权力恐怕都被剥夺了。

因为此时，掌握朝政大权的人是王莽，逼死赵合德的是他，而这封举报信的幕后真正策划者大概率也是他。

那么，王莽和赵家姐妹到底有什么深仇大恨，一定要置她们于死地呢？

## 汉成帝到底有没有生育能力

元寿二年（前1）六月二十七日，二十五岁的汉哀帝刘欣病逝，在位七年。

与汉哀帝不睦的王氏外戚集团，得以东山再起。对于太后赵飞燕来说，这无疑是晴天霹雳，保护伞的轰然倒地让她的命运急转直下。

很快，王莽在禀告王政君后，下诏贬赵飞燕为孝成皇后，意思是不承认她是汉哀帝的母后，不配当"天下之母"。理由除了专房擅宠外，就是残杀皇子，危害宗庙社稷。和七年前的举报信不同，这次直接把赵飞燕也列为"杀皇子"的凶手。

这还不解气，一个多月后，王莽干脆下诏将皇后废为庶人，发配到陵园居住。这一次连废后的理由都懒得找了，直接称赵飞燕知道自己罪大恶极，很少朝拜太后，有失妇道。要知道，此时赵飞燕想见王政君，她见得着吗？这已经是欲加之罪何患无辞了。

赵飞燕大概也明白对方不给她活路了，于是当晚自杀。

就这样，赵氏姐妹最终都死在王莽手里。她们到底是什么时候跟王莽结下梁子的呢？

前文中曾提过，淳于长这个人在赵飞燕当上皇后的过程中，起到了非常关键的作用。因此，赵家姐妹可以说和淳于长在某种角度上结成了政治联盟。淳于长当时的政治前途一片光明，他是王政君姐姐的儿子，又和汉成帝关系非同一般，官居九卿之首，但是一个意外状况葬送了他的一切优势。

绥和元年（前8），即成帝驾崩前一年，担任大司马大将军的王根病重，淳于长和王莽成了接任王根职位的直接竞争对手。本来淳于长胜券在握，但是王莽却抓住了淳于长的小辫子。原来淳于长耽于美色，与被废的许皇后寡居的姐姐私通，并公然将其娶进门当小妾。最初，许皇后写信希望通过姐姐来贿赂淳于长，让他在汉成帝处使力，恢复她一些地位。没想到，淳于长这人实在是色胆包天，竟然给许废后传递情书，极尽调戏之能事。此时，王莽得到证据随即向汉成帝告发。另外，王莽又在王根面前下眼药，加油添醋说淳于长在其病后种种得意之情，自以为可以取而代之。就这样，王根和汉成帝都愤怒至极，淳于长最终死在了狱中。

扫除了淳于长之后，王莽顺利地当上了大司马，掌握了西汉外朝的最高权力。当然，他必定要彻底清除对手的政治势力，而赵飞燕姐妹作为淳于长的政治盟友，必然会成为他打击的对象。此外，这里面还牵扯到一个新老外戚之争，王莽属于太后王政君的外戚集团。赵飞燕由于出身低贱，赵氏家族在汉成帝时期也没有太多的显赫，可以说对王家没有太大威胁。然而汉哀帝一上台，王氏家族立刻感到了威胁，汉哀帝刘欣必然会重用祖母傅氏和丁氏家族，任何的人事调整都会使王氏家族变得很敏感。因此，赵飞燕的弟弟被汉哀帝封侯一个多月后，王莽便策划导演了一封"举报信"，在朝堂之上发难，将势单力孤的赵家打回了原形。

最后，让我们回到本文最初的问题：倘若赵飞燕生了孩子，她的命运会有怎样的改变？

要谈这个问题，首先要回答另外一个问题，汉成帝到底有没有生育能力？

虽然王莽所策划的"举报信"里，指出刘骜是生了两个皇子的，但是细读历史，我们就会对这一点产生很大的疑问。

据《汉书·成帝纪》，朝野一直在为汉成帝无子而焦虑，甚至老早就有大臣劝汉成帝"广求于微贱之间"来解决继嗣问题，可见汉成帝无子之事，广受朝野关注。在史书中，至少有三次汉成帝的嫔妃怀孕流产的记录。其中最早可以追溯到汉成帝还是太子的时候，当时还是太子妃的许皇后先有一子失之，后一女失之。而一度受宠的班婕妤也曾"有男，数月失之"。从医学的角度说，不同女性如此相同情况的流产，只能归罪于汉成帝本人的精子质量不太好，这恐怕是正史不愿也不敢承认的事实。

基于这样一个前提，倘若再把那封"举报信"翻出来看，有些觉得荒唐的举动就变得可以理解了。比如，曹宫自称生了汉成帝的儿子，汉成帝最初的表现是直接要求处死，甚至"不要问是男是女，是谁的儿子"，为什么汉成帝对婴儿连看都不看，就直接命人杀掉？会不会他心里有数，自己生理上有问题，这个曹宫生的孩子肯定不是自己的？而后面曹宫在服药自杀前的辩白也非常可笑，她说自己的儿子像汉元帝（汉成帝的爹），你生了个儿子不说像爹，反而说像爷爷，是不是看着有点儿心虚？

当然，最重要的证据还是立太子。汉成帝最终是猝死。而在一年多前，他正当壮年非常健康的情况下，就早早立了刘欣为太子。为了这个位置，刘欣可是和其他诸侯王暗地里争夺了一两年才搞到手的。也就是说，至少在四十岁出头时，汉成帝已经对自己能有嫡亲儿子继承皇位死心，如果他不是自知有生理缺陷，怎么可能如此之早就将太子之位旁落？

现在可以很确定地回答，倘若赵飞燕真的以皇后的名分生了孩子，等待她的很有可能是冷宫深禁或者死无葬身之地。因为，汉成帝在这件事上，对待赵飞燕不可能比对待曹宫等人好多少。

当然，这只是一个假设，中国历史有一个怪现象，一个王朝刚刚勃兴时，皇室的生育能力往往旺盛得很，皇子、皇孙轻而易举就能列上数十人；而到了王朝末期，皇室的生育能力却下滑得惊人。比如西汉末年，自汉成帝之后，汉哀帝、汉平帝以及孺子婴，延续了四十多年，皇宫大内居然再没生过儿子，最后导致了王莽窃位篡政。

而赵家姐妹"杀皇子"的传闻，自然就成了王朝衰败的替罪羊，去为那些无力或者无心扭转王朝颓势的君王开脱。

# 王莽的头颅：一个理想主义者"黑化"的下场

地皇四年（23）春天，长安城的南郊有一场声势浩大的"哭天"仪式正在举行。确切来说，不是一场，而是哭了整整一季。

每天早晚，都有五千多儒生和老百姓聚集到这里"哭天"。这么多人来的原因首先是"管饭"——朝廷准备了稀饭。其次还有个好事，哭得特别悲哀而且能背诵策文的，还能当官。这"哭天"的主意是大司空崔发建议的，此时乱兵四起，王莽的政府军一败再败，武关失守，长安门户洞开，该如何挽救这一危局呢？

《汉书·王莽传》中详细记载了崔发的建议："国有大灾，则哭以厌之。故《易》称'先号咷而后笑'。宜呼嗟告天以求救。"意思是，按《周礼》所说，国家有了大灾难，就用哭声消灭它。《易经》也说"首先放声大哭，后来才得笑"，那就用这个办法祈求上天救助。

于是，王莽率领大批臣子到南郊，陈述他承受符命的经过，称一切罪过在自己，不要加害百姓，然后捶胸大哭，直到泣不成声，便伏地叩头。另外，他还写了一篇告天的策书，让臣子和百姓边哭边背，所以背得好加上哭得好，真能封为郎官。

最终的结果证明，上天不相信眼泪，因为王莽的反攻依旧一败涂地。

这一年十月初一的傍晚，起义军自长安城的宣平门涌入。事实上，攻进长安的并不是绿林军主力，而是长安周围刚刚起兵的地方豪强，甚至还有长安城内趁火打劫的流氓无赖。

城破时，王莽随身佩戴玉玺，手里握紧一把虞帝匕首。他已经几日茶饭未进，困乏至极，但还是强打精神，安慰左右更是安慰自己道："天生德于予，汉兵其如予何！"意思是，上天赋予仁德给我，乱贼们能把我怎么样！艰难地挺过一天一夜后，十月初三的凌晨，近臣们搀扶王莽往未央宫渐台方向奔去。此时，公卿大夫、侍中、黄门侍郎等官吏还有一千多人跟随他。渐台是修筑在水中的高台，他们指望依靠池水做最后的防御。

皇宫里已到处是乱兵，他们贪图活捉或杀死王莽的封赏，在一个宫女口中知道王莽的去向后，各路人马转眼间将渐台围了好几重。乱战之后，渐台陷落。

王莽最终死在谁手里？《汉书·王莽传》中是有明确记录的，杀死王莽的是商人杜吴。

历史差点儿和这个小人物擦肩而过。杜吴上了渐台后，一门心思只想捞点儿好处。虽然在内室中他杀了虚弱的王莽，但他并不知道王莽是谁，他只是看中王莽身上华贵的绶带。等杜吴拿着绶带满心欢喜走出门时，撞上一个识货的人。这是一个名叫公宾的起义军校尉，曾在朝中担任过大行主治礼郎，见到这条绶带，便问绶带主人在哪儿，在得到答案后，公宾冲进内室割下了王莽的头颅。闻风而来的乱兵，几十个人砍骨割肉，将王莽身体近乎凌迟，各持一块，留待日后请赏。

王莽的头颅，被献给远在宛城的更始帝刘玄，他下令将人头挂在宛城的街市上。对王莽恨之入骨的百姓们，疯狂向人头砸石块发泄怒火，更有走极端的人，一刀割下王莽的舌头，囫囵生吞进肚。

这个有点儿恶心的故事讲到这里，本该结束了，然而并没有。悬市之后，刘玄让人把王莽的头颅涂上黑漆做成了标本。后来刘玄被杀，这个头颅标本辗转落入汉光武帝刘秀手中，被藏入东汉皇宫的武库。"王莽首"和"汉高祖断白蛇剑""孔子履"一起，成为镇宫之宝。直到公元295年晋惠帝时期，洛阳武库失火，王莽头颅才重新出现在史书中。《晋书·五行志》和《晋书·张华列传》都有记载："惠帝元康五年……武库火。张华疑有乱，先命固守，然后救火。是以累代异宝，王莽头，孔子屐，汉高祖断白蛇剑及二百万人器械，一时荡尽。"

由此可见，王莽的头颅被历代帝王珍藏了272年。很多人感到疑惑，王莽对于汉室来说是乱臣贼子，收藏他的头颅，难道是训诫后人勿要篡位作乱吗？这个说法有一定的道理，但"王莽首"能作为镇宫之宝，更多是作为"辟邪圣物"。《汉书·王莽传》如此形容王莽："穷凶极恶，流毒诸夏。"古人迷信"以邪驱邪"，"王莽首"属于极邪之物，竟成了避邪的最强"法宝"。

从普通老百姓对他恨不能食其肉，天下的世家豪族尽反，到历代君王将其人头镇恶辟邪，王莽这个人，当真是穷凶极恶、人神共愤的妖孽吗？现在更多人津津乐道于王莽的虚伪狡诈，篡权前谦恭有礼，得天下后的倒行逆施，一个人真的可以做出前后截然相反的两副面孔吗？

在细读《汉书·王莽传》前需要提醒的是，这是后人认识王莽的第一手史料，但是作者班固的家族其实和王莽交谊匪浅，所以班固撰写王莽，显然走向了另一个极端。比如，王莽的相貌居然和秦始皇一模一样凶相毕露？这个明显的丑化，其实点醒我们，一篇永无翻身之日的《王莽传》，倘若换一种视角细读，或许能从种种言辞中，看到一个几十年如一日"作秀和演戏"的王莽有一颗理想主义的初心。

## 力捧"古文经学"，王莽不是一个人在战斗

阳朔三年（前22），二十四岁的王莽被任命为黄门侍郎，从此踏上仕途。

他出身外戚世家，姑姑王政君是汉元帝的皇后。所谓"一人得道，鸡犬升天"，但王莽的运气不算好，因为他出生不久，父亲便过世了。所以王氏宗族子弟被大肆封官拜爵时，单单他们这一房因为没有成年男子而落空。因此，后来王家满门显贵，唯独他家过得寒酸。

这也让王莽和他那些奢靡享乐的堂兄弟有了明显区别，他从小养成生活俭朴、刻苦读书的好习惯，为人谦恭孝顺。

汉元帝时期，担任大将军的王凤是王莽的伯父。王凤晚年生病，其他子弟都继续声色犬马，只有这个侄子侍候身边，十天十夜不解衣带悉心照料，王凤感叹："连我儿子也不如你啊！"王凤在最后的岁月中，看着这个侄子仿佛看到家族的希望，于是临终前嘱托妹妹王政君"此子可用"。很快，王莽被任命为黄门侍郎。

这对王莽的人生很关键，因为此时他认识了一个影响他一生的人。这个人是他的同事，同为黄门郎的刘歆。刘歆是汉高祖刘邦四弟楚王刘交的后裔、文学家刘向的儿子。刘歆自小随刘向整理校勘皇家藏书，编订过《山海经》，接触了大量秦朝以前用古文字书写、没有立于官学的经本，也就是古文经。

在这里，必须要解释一下西汉末年著名的古文经学和今文经学之争。所谓"经学之争"，背景其实是西汉后期的统治危机，土地兼并的社会问题愈演愈烈，今文经学是官学，解决不了现实问题。于是，忧国忧民的士大夫们，开始从古文经典中，寻找解决社会危机的方法。王莽和刘歆就是他们中间最突出的两个，也是古文经学最坚定的支持者。也就是说，比政坛得势早得多的是，王莽很早就是学界领袖，只不过刘歆始终着力于理论探索，而王莽则着手实践，因此能不断攫取更大的权力。

王莽三十岁时，另一个叔父王商请求汉成帝将自己的户邑分封给王莽。汉成帝便封王莽为新都侯，食邑一千五百户。三十岁出头，已是重臣的王莽没有任何骄横之气，他广交名士，经常将家财分发救济贫寒的宾客。

王莽第一次接触西汉帝国的最高权力，是在他三十八岁时。这一年，担任大司马大将军的王根病重，本来最有希望的接班人是皇太后王政君的外甥（王政君姐姐的儿子）淳于长，因为他有姨妈的支持，还和汉成帝关系密切。

关键时刻，王莽将淳于长的一桩丑闻曝光，扭转了局势。其实，淳于长一直与被废的许皇后的姐姐私通，自从被确认为接班人后，他越来越嚣张，王根还没离职，他便迫不及待地以"大司马大将军"身份自居，还肆无忌惮地把情妇接进门。王莽揭开盖子后，王根自然添油加醋，引得汉成帝大怒，淳于长被打死。值得一提的是，事发后王莽又主动说情，让淳于长全家免除了被流放的命运。

好人做尽的王莽，自然也是好事连连。公元前8年，汉成帝任命王莽为大司马，真正成为实权人物。于是，他迫不及待地和刘歆一起，力促古文经学成为官学。

王莽只做了一年大司马。因为汉成帝去世了，即位的是以外地诸侯王身份入京的汉哀帝。皇帝换了，掌权的外戚变成了丁、傅两家，王氏家族遭受沉重打击，王莽主动辞职避居新都（今河南新野）封地。隐居新都时，一件事让王莽再次成为焦点。

他的次子王获杀了一个奴婢，这在当时算不了什么，毕竟西汉时期奴婢本就属于私人财产。然而，王莽却认为众生平等，奴婢的命也是命，杀人就得偿命，王获最终被逼自杀。

这件事为王莽赢得非常高的声誉，毕竟一位理想主义者，让所有人看到他道德上的高标准，不是夸夸其谈，而是真真正正的自我践行。于是，官员们纷纷上书让他回归朝堂。

公元前2年，这一年发生了日食，王莽的支持者大做文章，宣传这是老天爷的旨意。在巨大的压力下，汉哀帝只得将王莽召回。不到一年，汉哀帝又去世了。王莽再次出任大司马，在他的建议下，九岁的汉平帝即位。

到了公元3年，王莽的女儿成为皇后，他的执政地位异常牢固。此时，他将刘歆任命为羲和，这个新造的官名，是传说中掌管天文历法的官。主张复古的王莽，实际上让刘歆成了国师，接下来在全国掀起轰轰烈烈的古文经学运动。

## 当皇帝都要研究出理论依据

刘歆的理论指导在王莽的政治生活中，究竟起到怎样的作用呢？

一般的回答是"建明堂，立辟雍，恢复周礼"，这些内容对于现代人来说，理解起来有点儿空洞，不如举一个实实在在的案例，来说明刘歆所发挥的关键作用。

居摄三年（8）九月，王莽的母亲功显君去世了。这是件大事，但王莽的处理却有点儿古怪，他神色哀伤，但还是正常上朝，而母亲停尸在家，既不下葬也不发丧。这就让人纳闷儿了，要知道王莽的德行为世人称道，最早是以"孝"著称的。

一帮官员打起了小算盘，都想政治投机一把，有的上书说，功显君是太后王政君的嫂子，应以长公主之礼大葬；有的更直接，王莽此时摄政为"假皇帝"，各地也在不断上报各种祥瑞，"假皇帝当为真"，干脆用"太后"的典仪安葬吧……最终，还是羲和刘歆提出了一个让王莽深以为然的方案。

《汉书·王莽传》详细记录了刘歆的方案：既然王莽受太后之诏居摄政之位，奉汉大宗之后，就不能再顾其私亲了。所以，要另封王莽的孙子王宗为新都侯，主持丧礼。而王莽本人，则作为天子吊诸侯（王莽为天子，其母为诸侯）就可以了。于是，王莽母亲的葬礼，会祭的主场设在王宗的府上，由曾孙作为主丧人，服丧三年，王莽则身穿天子吊唁诸侯的丧服，参加葬礼。

很多人读到这里，都会觉得王莽的悖逆乱伦，怎么看也是对母亲的大不孝，哪有要曾孙为曾祖母主丧的道理？倘若你仔细看一下时间，大概又会生出一些感叹。

王莽的母亲过世在九月份，而这一年的十一月，王莽改"居摄三年"为"始建国元年"，以十二月初一为始建国元年正月初一，王莽正式成为新帝。中间只有不到两个月的时间。可以肯定，九月份，王莽已经开始策划"禅让"的事了，而母亲过世是突发事件，在这个节骨眼儿上，如何处理确实让他伤脑筋。在刘歆的理论设计中，王莽为什么不能以儿子的身份吊丧，此时还看不出端倪，要等到五年后，另一个女人过世，整个逻辑链才水落石出。

始建国五年（13）二月，姑姑王政君过世，王莽当即郑重其事地宣布，要为姑姑守三年孝。在此之前，他已经尊称姑姑为"新室文母太后"，在元帝庙的旧址上为她修了生祠"长寿宫"，死后则改为祭庙，而汉元帝只能配享，甚至汉元帝的神主牌被安放在文母太后的神主牌下面。

至此，刘歆研究出的《功显君丧服议》效果完全显现了。一方面，他让王莽不必按制服丧三年，避免了可能出现的因服丧而使权力旁落；另一方面，王莽为姑姑守丧三年也就更加顺理成章，大张旗鼓地为"新室文母太后"尽孝，恰恰完成了"汉禅让天下于新"的法统价值。

仅从这件事就可以看出王莽为什么器重刘歆。当然，刘歆所做的远不只这些，他甚至为王莽代汉建立了理论基础，提供了经学依据。

为什么这么说？因为刘歆在"五德终始"说上找到了依据。"五德终始"指金、木、水、火、土从始到终、终而复始的循环运动，是古代王朝更替的理论根据。刘歆整理出来的《世经》，指出汉为尧后为火德的经学依据，而王莽自称是舜之后裔，理应受汉禅让而得土德。刘歆从理论上解决了王莽代汉的法统性问题，这个理论的出台远比那些所谓的图谶、祥瑞、符命要硬气得多。

当然，从另一个角度来说，本身是儒学大师的王莽，行事太过注重名分，做任何事、任何行为都要师出有名，连当皇帝都需要研究出理论依据，确实有一点儿令平常人所讥笑的迂。

这种迂腐，在做学问时或许能穷经极理，但在管理一个国家时，却极有可能成为巨大失败的初始动因。

## 敢"均田"的只有王莽一人

王莽的新朝是在一片平静祥和中建立的，朝野上下一面倒地支持。当时，长安城内喜气洋洋，百姓都穿上新衣庆祝新朝诞生，理想之光打在每一个人的脸上，几乎所有人都认为当世圣贤的王莽成为君王后，必将引领他们走向一个人人平等而富足的大同世界。

王莽自己更是这样认为的，当皇帝只是他实现抱负的手段而已，如今大权在握，终于可以一展宏图了。于是政令便像雪花一样，迅速弥散在新朝的天空中。

之前已经说过王莽是如何重视"名分"的。因此，在政治方面，他根据《周礼》，将政府机构、官职还有地理名全部改换名称。而有了名分之后，便可以大刀阔斧地恢复他心中的"周制"了。他动真格的改革措施概括起来主要有四条：

一是在全国范围内推行"王田制"，就是恢复类似于周代的"井田制"。王莽于始建国元年（9）下诏，把全国的土地收归国有，不得买卖。限定男丁八口以下之家，占土地不得超过一井约九百亩，超过的土地分给宗族乡邻。原来没有田地的人，家中按男人数每人给田一百亩。也就是说，基本上人均土地一百亩，多占土地的人家，不管你是富豪巨室还是普通百姓，要无条件交出土地，还不许抵押买卖。

二是奴婢实行"私属"制。奴婢私人所有后但禁止买卖，即改变奴婢与牛马同栏的地位，从而抑制大量农民沦为奴婢。此外，强迫人们劳动，无业游民每人每年罚布帛一匹。无力缴纳的，由政府强迫他们服劳役，在服劳役期间，由政府供给衣食。

三是实行"五均""赊贷"和"六管"。"五均"是在一些大城市设立五均官，专门管理市场的物价和收取工商业税。由政府控制物价，防止商人操纵市场。粮食布帛之类的日用品，在供过于求时，由政府按照成本价收购；求过于供时，政府立刻卖出，阻止物价上涨。"赊贷"则是由政府办理贷款。老百姓没钱搞丧葬、祭祀，政府提供无息贷款。如果想搞农业、商业生产可以向政府贷款，政府收取一定的利息，以杜绝高利贷对百姓的盘剥。"六管"就是由国家直接接管六项重要的经济事业，包括酒、盐、铁器由国家专营，由中央政府统一铸币，经营山河湖泊的资源国家都要收税。由此来说，"五均""赊贷"和政府垄断经营的盐、铁、酒、铸钱外加收山泽税一起便是"六管"（山泽税：向从山河湖泊获益的百姓征收的税）。

四是从皇帝到百官，实行"浮动工资制"。如果天下丰收，皇帝和官员享有全额的生活费；如果出现天灾，或者治理不当，就按比例扣减生活费。百官工资也根据百姓生活水平浮动。要是百姓饿肚子，官员也得跟着挨饿。

这些政令无论哪一条，拿出来掰开了、揉碎了仔细瞧，笔者都觉得王莽真不是为了自己，也不是为了所谓王家天下"万世一系"考虑，是真真正正为了天下苍生着想。特别是"王田制"，实话说，周朝是否真的出现过"井田制"很难考证，但战国以来，土地兼并越来越严重，贫富差距日益扩大。因此，自孟子之后，均田就成了历代儒家改革的终极理想，实现所谓的"耕者有其田"，但真正把这一理想付诸实施的只有王莽一人。

"王田制"本意是好的，针对的也是西汉末年的时弊，土地日益集中在少数大官僚、大地主和大商人手里，大量平民因无立锥之地而被迫流离失所，最终变成流民，导致社会极不稳定，国家危机四伏。但"王田制"的核心是变土地私有制为封建国有制，必然要遭到豪强大地主的激烈抵抗。可以说，除了王莽，所有具体执行改革的人都是反对者，失败在所难免，因此后世毫不客气地评价这场改革是"书生之论，所以不可行也"。

除了制度制定本身太过理想化、太过超前外，还有一些好政策毁在了执行层面上。正如前文所说，王莽作为儒家大师和理论爱好者，他喜欢"师出有名"，更愿意在讨论制度的条文和名词上下功夫，但对于最重要的执行政策的策略、步骤和可操作性，却不太重视。很多政策在执行时完全偏离了本意，比如，官员工资根据百姓的生活水平浮动，制度听起来很好，但没考虑到，官吏领不到俸禄，自然要利用职权去捞油水盘剥百姓，靠收受贿赂填补工资缺口。就这样，改革在动机与效果之间出现了巨大的落差，导致各项政策大都半途而废。

最后要说的是，王莽几乎是一登基就一股脑儿地推出酝酿已久的改革计划，不得不说，他太急了，短时间内同时推出这么多新政，政策和政策之间就会有互相抵触的地方，而被触及利益的群体涵盖了整个统治阶级，阻力空前强大，难以执行的政策只能造成更大的社会混乱。

王莽一登基便全盘托出改革措施，践行儒家极力推崇却始终无法实施的周礼，那种破釜沉舟的决心、一往无前的气概，恰恰证明了他的梦想确实不是只做一个皇帝，而是站在权力之巅，才能放手实现自己的政治抱负。

遗憾的是，无论身份是当世大儒还是九五之尊，王莽在政治手腕上只是一介书生，空有政治理想，改制非但没有缓解反而进一步激化了社会矛盾，直接导致新朝彻底崩盘。

## 理想主义者众叛亲离

在王莽代汉前，发生这样一件事。

王莽的侄子王光，跟执金吾（官名，负责京城保卫）窦况勾结，请他去杀王光的仇家，窦况抓了人之后，不经审讯立即判处斩首。有人将此事报告给王莽，王莽大怒，严厉责备王光。但还没来得及正式责罚，王光便和他的母亲一同自杀了，窦况也被处决。

《资治通鉴》记录了王光母亲自杀前和儿子的交流："汝自视孰与长孙、中孙！"意思是说，你看自己能和王莽的长子王宇、次子王获比吗？潜台词是，王莽连自己亲生儿子犯了事都毫不留情，更何况是你呢？王光母亲的这个判断，充分证明了时人对王莽的一个认知：他的公正严明，真的做到了"王子犯法，与庶民同罪"，哪怕这个"王子"是正儿八经的嫡子！

说起来，王光和王莽的关系算是亲密的。王莽年轻时，以侍奉母亲、奉养寡嫂、抚育孤侄而获得好名声，其中寡嫂孤侄指的就是王光母子，王光自小也是由王莽抚养管教。但再亲的侄子也亲不过儿子吧。在世人眼中，王莽严峻苛刻到令三个亲生儿子殒命，因此逼死个侄子根本不值一提。

前文对次子王获自杀已有交代，而嫡长子王宇的死，则要回述到九岁的汉平帝即位后，王莽吸取汉哀帝时王家失势的教训，不让汉平帝与生母卫氏相见。儿子王宇害怕汉平帝长大后会报复，因而强烈反对，并与卫家通信，又和亲信商量去吓唬王莽，他让内兄吕宽半夜把狗血洒在王莽府邸门口，不料被发现。王莽一怒之下，用毒酒赐死了王宇。其夫人吕焉因为怀孕，被投入监狱，生下孩子后随即被杀，而吕宽潜逃后被捕遭诛杀，并灭三族。

这事儿并没有完，十五年后的天凤五年（18），王宇和吕焉的儿子王宗，也就是那个王莽母亲过世，作为主丧人守孝三年的曾孙，因为画自己的天子画像和擅自与舅舅吕宽的余党联系，事发后也被迫自杀。

地皇元年（20）七月，大风吹毁了王路堂（即未央宫前殿）。在王莽眼里，这是上天在警告他所立的太子名不正言不顺（当时，前两个嫡子已死，三子王安身体不好，行事荒唐，王莽便立四子王临为太子，与儒家的"立嫡以长"原则不符），于是把太子王临废了。这实在是太过牵强的借口，王临自己也这么认为，他很恐慌，因为他确实干了坏事，他和母亲的侍女原碧私通，而原碧又是王莽的姬妾，两人害怕事情败露，便商量要除掉王莽。

王临的太子妃会观星，便告诉他最近宫中会有白事，王临很高兴，以为诛杀王莽有望，结果等来的却是自己被废。他以为自己的罪过败露，当然害怕，便写了封信给母亲，在信中一五一十地说了，希望母亲搭救自己。没想到其母病重，信落在王莽手里，结果可想而知，王临被逼自杀。王临死后没几天，病重的三子王安也死了，大概是被吓死的。至此，王莽的四个儿子全都死了。

《汉书·王莽传》中记载了王莽嘱咐完"所赐王临的谥号"等等，临了对国师刘歆补了一句话："临本不知星，事从愔起。"意思是，王临本来不懂天象，这事是从太子妃刘愔开始的，可怜太子妃并没有犯错，只是夜观天象多嘴说了宫中要有白事（没说错，果然有王莽老婆的葬礼），最后黯然"背锅"自杀。

为什么王莽要和亲密战友刘歆说此事呢？因为太子妃刘愔正是刘歆的女儿，她的占星术自然是老爸传授的。所以，这次虽明面上刘歆未被殃及池鱼，但显然已遭王莽的猜忌。

此事最终成了逼迫刘歆密谋造反的最后一根稻草，在此之前，刘歆的两个儿子早已因政治斗争的牵连而被杀。《汉书·王莽传》记载，"歆怨莽杀其三子，又畏大祸至，遂与涉、忠谋，欲发"。哪知保密工作做得太差，政变未发动便被告发，王莽最终念刘歆是"骨肉旧臣"，让他自杀。

这次政变震惊朝野，也给了王莽最致命的打击，他死了四个儿子都没那么伤心，但《汉书·王莽传》却描述了刘歆死后王莽伤心潦倒："莽忧懑不能食，亶饮酒，啖鳆鱼。读军书倦，因冯几寐，不复就枕矣。"意思是说，王莽忧愁得吃不下饭，只喝酒，吃鲍鱼。疲倦了就靠着几案打个盹儿，不再上床睡觉。毕竟刘歆是他年轻时就志同道合的知己，两个人曾激情澎湃地一起倡导"克己复礼"，构建理想蓝图。最终连刘歆也成为反对者,这时候王莽真的感觉到了彻底的孤独。

至于朝野上下和民心所向,前文已经详述了,王莽的改革损害了既得利益者,王公贵族、地主豪强自然而然站到了他的对立面;下层百姓未蒙其利,先受其害,便会把怨恨和不满发泄到改革者身上。就这样,昔日的"当世圣贤"就变成了"全民公敌"。

王莽的彻底失败,除了内忧还有外患。还是遵从周礼惹的祸,因为王莽要仿效周代,废除所有王号改封诸侯,因此包括曾受汉封为王的四夷君长,一律降低为侯,改王玺为章。降级不算还要改名,他把"匈奴单于"改为"降奴服于",把"高句丽"改为"下句丽",由此引发匈奴、高句丽等反叛。结果战事持续了十来年,大大消耗了新朝的国力。

子侄、同志、朝臣、民众、外藩……从班固的《王莽传》来看,王莽的结局当真是众叛亲离。但细读文本也不能这么说,回到本文的开头,即使城破以后,围攻渐台,依旧有一千多人追随其左右,死战到底。这和煤山自缢时,只有一个太监王承恩跟随的崇祯帝相比,王莽的个人魅力显然高得多。

"周公恐惧流言日,王莽谦恭未篡时。向使当初身便死,一生真伪复谁知。"白居易这首诗,最终成为千百年来对王莽评价的主流意见,说他伪装了大半辈子,几乎蒙蔽了所有人。这其实也是班固的《王莽传》希望达到的效果,毕竟班固的祖父辈都与王莽交好,而班固的父亲班彪曾对王莽有过相当积极的评价。书写王莽靠几十年如一日地装,蒙蔽了所有人,自然也就达到洗刷家族污点的目的。

正如钱穆先生评价所说:"王莽能装数十年,亦极伟大。"更不用说一个人的行为方式,如果保持几十年,那就是习惯了,外人如何判断是真还是伪?

客观来说,王莽对子女、对同志、对朝臣、对民众、对外藩的言行和态度,其实是一以贯之的,他就是一个活在自己理想主义中的迂腐儒生,而且比一般儒生更加不近人情,却绝对不是一个伪君子。

下篇·东汉

## "以柔道治天下"的刘秀，偏偏在这件事上铁血无情

东汉建武十五年（39）的冬天，朔风凛冽，一派肃杀景象。

洛阳南宫的司马门外，上千名太学生跪伏在冰冷的地上，恳求朝廷对大司徒欧阳歙从轻发落，不少人甚至剃掉了须发。这样的举动在当时可不是小事，意味着大决心，所谓"身体发肤，受之父母，不敢毁伤"。显然，这场群体性事件，已有向朝廷和汉光武帝刘秀示威的意思。

然而一向对儒学之士优容有加的刘秀，这次却是疾言厉色，不惜得罪天下儒生，拒绝赦免欧阳歙。

### 陷入这场旋涡中心的欧阳歙到底是什么人

《后汉书·儒林列传·欧阳歙传》如此记录："自从欧阳生传《伏生尚书》，到欧阳歙八代，都为博士。"原来他是《伏生尚书》的嫡系传人。"伏生尚书"是今文尚书学派的一支。当年秦始皇焚书坑儒时，有一个名叫伏生的博士将《尚书》藏起来，避过祸乱，至西汉时将《尚书》传出，形成"伏生尚书"学派，该学派基本算是研习《尚书》的正统，弟子欧阳生得其真传，家学代代相传，成就了著名的"欧阳八博士"，这里的"博士"是秦汉的官职名称，只有当世最杰出的学者才有资格担任，往往也充当皇帝的学术顾问。

而刘秀本人和欧阳歙也算交情不浅。首先，刘秀在太学研学的也是《尚书》；其次，欧阳歙是刘秀一手提拔起来的。刘秀平定河北时，欧阳歙在原武县当县令，刘秀见他把原武县治理得非常好，很是欣赏，此后一力提拔。刘秀登基后，欧阳歙被封为鄱阳侯。

退功臣而进文吏，是刘秀得天下后最核心的人事政策，大量儒生被吸收到官僚队伍中，得到重用。在这样一个历史机遇中，儒学大师欧阳歙因为在汝南太守任上九年教授了大量人才，获得了"推用贤俊，政称异迹"的好评，建武十五年（39）被拜为大司徒，位列三公之首，其名望和拔擢速度举世罕有。

可以说，就在天下儒生为欧阳歙被重用而庆祝时，不到一年，他却锒铛入狱。罪名是其担任汝南太守期间，"度田不实"，收受巨额贿赂，贪污千余万。

所谓的"度田"，就是东汉的全国土地和人口普查。而欧阳歙被查出来的契机，正是建武十五年（39）六月刘秀亲自下诏主持的"度田"，并且"考实二千石长吏阿枉不平者"（《后汉书·光武帝纪》）。就是在这次对"二千石长吏"执行"度田"及相关命令的突击检查中，欧阳歙落马，同时被查的还有"河南尹张伋及诸郡守十余人"，皆因"度田不实"而下狱。

朝廷很快公布了要处死这些"罪吏"的消息，立刻引起轩然大波。尤其是欧阳歙，一代儒学宗主，门生满朝野，引起强烈反弹，除了上千太学生"集体示威"外，还有十七岁门生礼震，千里迢迢赶到京师，然后将自己捆绑，上书请求代欧阳歙死。理由是，欧阳歙之子年幼，老师一死，"伏生尚书"学派就断了，还会让光武帝背上"杀贤"的恶名。

可惜的是，礼震的奏书呈上时，欧阳歙偏巧不巧在此时死于狱中。史书上没有记录他的死因。

欧阳歙死后，刘秀倒是又复有"怀柔之心"了，赐了棺木，赠了印绶，拨钱厚葬，儿子直接继承爵位。显然，这只是做给天下儒生看的，所谓"打一巴掌揉揉疼"。欧阳歙既然犯了"度田不实"这条"重罪"，他必须死。

这点儿决心，体现在刘秀接下来的雷霆手段上，和欧阳歙一起下狱的"河南尹张伋及诸郡守十余人"，皆在建武十六年（40）九月被杀，随即爆发了一场波及全国的地方豪族叛乱。

建武十七年（41）十月，刘秀衣锦还乡，大摆酒宴招待亲戚族人。刘氏宗族的姑母婶娘们，大概是喝高兴了，在席间八卦起来："文叔（刘秀字文叔）小时候谨慎老实，挺柔弱的样子，没想到今天变成这样。"《后汉书·本纪·光武帝本纪下》中非常生动地记录了刘秀的反应："帝闻之，大笑曰：'吾理天下，亦欲以柔道行之。'"

这就是出身农家、历经坎坷、终定大局的刘秀评价自己行事风格的出处，也成为后世对他的基本评价。的确，刘秀"未及下车，先访儒雅""敬功臣而远之""知兵而不愿谈兵""怀柔以养民"……可以说，他将"柔道"发挥得淋漓尽致，成为中国历史上少有的一位"以柔开国，以柔治国"的开国贤主。

那么，为什么在"度田"这件事上，哪怕得罪天下儒生，引发全国范围的叛乱，刘秀也要铁腕严惩，坚决执行到底呢？

## 一块小木板所引发的血案

从欧阳歙被查就可以判断，东汉的"度田"并非始于建武十五年（39），而是在此之前早已实行。

很简单，欧阳歙这一年已在朝中任大司徒，而最终判定的渎职贪污罪，却是在汝南太守任上所犯，属于追责。

那么，既然"度田"早已有之，为什么偏偏在建武十五年（39），刘秀要亲自下诏，并且主持其事？另外，他对"二千石长吏"突击检查，显然是对基层官僚"度田不实"的情况胸有成竹，就是要拿一批官员开刀，哪怕官至大司徒，哪怕是一代儒家宗师也毫不留情，颇有杀鸡儆猴的味道。

一个历史大事件的启幕，起因总是看似非常小的偶然事件。这个偶然事件，被详细记载于《后汉书·刘隆传》中。

这一年，陈留郡（今河南开封陈留，光武帝的出生地）的太守派遣文书吏，到朝廷汇报本郡"度田"的执行情况。太守反复叮嘱，汇报前要去了解一下邻郡的汇报情况，但是不要问河南、南阳的情况。大概是为了提醒自己，这个文书吏就在上报的文书册中夹了一枚木牍，上面写着"颍川、弘农可问，河南、南阳不可问"。但他实在粗心大意，到了御前汇报、呈奏书简时，竟然忘了把这枚木牍抽出。刘秀发现后很是奇怪，便询问木牍的由来，陈留文书吏当然不敢供出是太守的叮嘱，便谎称是在洛阳长寿街上捡到的，不知此言是什么意思。

刘秀大怒。其实皇帝本人和参加会议的群臣，都是揣着明白装糊涂，对这句话的意思心知肚明，只是没人站出来明说而已。

皇帝的新装，最终被孩童戳破——一个十二岁的少年一语道破了木牍上文字的奥妙。

当时躲在帷幄后面的皇子刘阳，刚刚被封为东海公，是刘秀最喜欢的阴贵人的儿子。他忍不住说，这个小吏只是接受郡守的命令而已。刘秀自然要追问，为什么要强调河南、南阳不可问？少年刘阳从容对答："河南帝城，多近臣，南阳帝乡，多近亲，田宅逾制，不可为准。"（《东观汉记校注》）意思很清楚，"度田"的政令在河南、南阳等这些高门贵胄之地，根本无法执行，所以太守嘱咐文书不能以他们的汇报为标准，这也是人所共知的事实。刘秀派人严刑审问文书吏，小吏的供词果然与刘阳的推测完全相同。

此事之后，刘秀非常欣赏刘阳的聪慧（据说改立刘阳为太子的想法，此时已经萌生）。陈留吏事件虽然水落石出，但此事也昭示着"度田"政令在河南、南阳等地执行大打折扣，已经成为人所共知的事实。

一个文书吏，一不小心揭开了盖子，汉光武帝也不再藏着掖着了，他果断采取措施，一大批高官因为"度田不实"落马被杀。明确可考的有河南尹张伋和东平相王元。河南尹掌管京师重地，是最重要的地方官；东平国是汉光武帝之子刘苍的封地，王元是东平国相，地位也很高。处死张伋和王元，再次表明汉光武帝"度田"的决心。

在一大批官员被处死后，紧接着，一场波及全国的叛乱爆发了。造成这么大的风波和兵灾，一向强调"柔道治国"的汉光武帝，对自己在"度田案"中的杀伐果断有过后悔吗？

似乎有过那么一点儿。《资治通鉴·卷四三》中记载："后上从容谓虎贲中郎将马援曰：……'吾甚恨前杀守、相多也！'……对曰：'死得其罪，何多之有！但死者既往，不可复生也！'……上大笑。"意思是，刘秀有一回曾对马援感叹，自己对"度田案"中杀了那么多高官，确实有点儿后悔，而马援的回答很是宽慰，他认为那些人所犯之罪就该杀，完全不值得怜惜。请注意刘秀的表情，"从容""大笑"，大概也明了所谓"不忍"和"追悔"的成分到底有几分。

说到底，刘秀本人在"度田案"之前，其实已经下定决心要整治吏制，以便顺利推行"度田"，而陈留吏事件只不过是一根导火索而已。

选择建武十五年（39）这个时间节点，刘秀可谓是经过了深思熟虑，此时距离公孙述最后一个割据政权被平定已过去三年，陇蜀已定，边患稍安，功臣宗室封赏已毕，确实是刘秀腾出手来，严格执行"度田"的最好时机。

这就涉及刘秀推行"度田"的深层次意义：借"度田"来"抑强"。

## "蛇打七寸"，三招瓦解叛兵

一般认为，刘秀严格"度田"是为了扩大税源和役源，来增加财政收入。这当然是一方面原因，但绝不是刘秀疾风骤雨般铁血执行的根本原因。

显然，"度田"除了经济目的以外，有更为重要的政治目的，就是通过"度田"，强化国家对土地、人口的控制，进而剥夺地方大姓、豪族军阀所控制的土地人口，打击其势力，消除因长期割据而潜在的动乱因素。

众所周知，早在西汉末期，郡国大姓、地主豪强就已经开始豢养私兵，筑坞自保了。到了新莽大乱时，豪强大姓拥兵自据者不计其数，他们或者和军阀结盟欲争夺天下，或者想自保一方，基础都是控制了大量土地和人口。

刘秀建立东汉政权后，所谓三年得天下，其实后面经过了十多年的打打停停，削平和兼并了大大小小数十支割据武装，才算真正统一全国。但是，这种统一并不稳固，其中一个重要原因，就是中央的统治对人口的控制力远远不如地方上豪强大姓。

这是因为，不少割据势力事实上是迫于军事压力归顺刘秀的，只是为了保住既得利益，一有风吹草动，就有可能揭竿再起。

对于这一点，刘秀深有体会。建武八年（32），刘秀认为东方已经安定，于是亲提大军，西征隗嚣。皇帝离开京师，车驾刚到上邽，后方鼓角即鸣，原来颍川的盗贼攻陷了颍川及其所属各县，河东太守及守兵也反叛，京都震惊骚动。与此同时，更东边的安丘侯张步反叛后返回琅琊，准备召集旧部，东山再起。

《后汉书·光武帝纪》如此记录了刘秀的狼狈不堪："帝自上邽晨夜东驰。"意思是，刘秀率兵昼夜不停地往东疾驰。最终叛乱皆平，但是也给刘秀敲响了警钟，他不过是御驾亲征一次，便闹出这么多事来，可见后方并不稳固。但此时刘秀的战略目标还是用兵陇蜀，对已经归顺的地方豪强势力以安抚为主，力求稳定。

直到建武十五年（39），国家统一，上层秩序基本确立，刘秀这才黑下脸来，梳理和解决新生的东汉王朝基层的统治方略。首先被他拿来开刀的，就是地方上两千石的官员，因为盘根错节的利益纠结，这批官员对地方上的豪强优待有加，执行中央政策时，也是睁一只眼、闭一只眼，草草了事。

等到大司徒欧阳歙被追责，十几个郡守被诛后，其余的郡县地方长官自然不敢像以前一样接受贿赂，继续充当保护伞。地主豪强不能继续隐瞒户口和田地，逃避国家的赋税徭役，利益受损，自然要起兵作乱，于是《后汉书·本纪·光武帝纪下》中记录："郡国大姓及兵长、群盗处处并起……青、徐、幽、冀四州尤甚。"

一开始，地方长官剿匪不力，以致"郡县追讨，到则解散，去复屯结"，这也恰恰说明了郡县官吏与这些叛乱势力之间的关系，官兵刚出门，消息就传出去了，所以才会出现官兵一到，乱军已经解散，官兵走了就立马集结起来的现象。

就这样，叛乱规模越来越大。而叛乱最为激烈的青、徐、幽、冀四州明显不是一般的盗贼，而是蓄积在民间的反叛力量乘此乱局东山再起。要知道，青州就是张步的老巢，徐州是董宪的地盘，冀州是王郎的根据地，幽州则被彭宠经营多年，张步、董宪、王郎、彭宠等人虽然被刘秀所灭，但其旧部依然伺机而动。

到了建武十六年（40）的冬天，刘秀为彻底平乱颁布了几条政策，一下子"蛇打七寸"，立刻瓦解了叛乱势力，一个月不到就海内升平了。

刘秀到底用了哪几条策略平乱呢？第一条政策是让"群盗自相纠摘，五人共斩一人者，除其罪"（《后汉书·光武帝纪》），这其实是让匪徒们互相检举揭发，五人合伙杀掉一人的，可免去杀人罪。仅此一条就足以让叛乱阵营为了自保而互相残杀了。当然，这条政策很可能让叛军面对剿捕，为了隐蔽主力而牺牲一些爪牙，刘秀显然是考虑到了这一点，即使投降，也要"徙其魁帅于它郡，赋田受廪，使安生业"。就是把那些叛乱首领迁徙到其他郡县去，剥夺他们对原有土地田产和族人属下的控制，失去了兴风作浪的基础。

第二条政策则是针对剿匪地方官们的，明白无误地告诉他们——以前在"度田"中有所失职、回避的，叛乱开始剿匪不力的，一概不追究责任，只看他们最后剿捕和消灭盗贼的结果。

很显然，确实有一些对中央心存狐疑的郡守县令，毕竟刘秀的追责连欧阳歙都杀了，很可能迫使他们倒向叛乱一方。此令一出，他们便没了后顾之忧，自然会全力剿匪平叛。

不过，后世史学界恰恰因为这一点，认为刘秀完全否定了此前的政令政策，向地方官员和豪强大姓低头让步，因而得出一个结论："在解决土地问题上，汉光武帝是完全的失败了"。（范文澜语）

由于史书上没有建武十五年（39）"度田事件"的后续记载，一直到20世纪80年代末，史学界的主流意见都是东汉的"度田"政策在叛乱之后逐渐被取消，是一次失败的尝试。直到1989年，甘肃武威旱滩坡东汉墓出土的"度田"简，彻底颠覆了史学界的"失败论"。这两片木简署明的时间为建武十九年（43），记录了"度田"制度,要求基层乡吏在每年的五月核对土地数量。为避免"度田"不实,隐匿土地三亩以上就要受到惩处,这简单而冷酷的法令表述背后,让人感受到法令制定者的决心。

2010年,在长沙五一广场地下的一个井窖内,考古工作者再次发现东汉简牍,这枚简牍署明的时间是汉和帝元兴元年(105),是在建武十五年(39)的六十多年之后,一个乡吏向上级报告自己"度田"所遇到的特殊情况(测量者和被测量者发生冲突,测量者被打伤,正全力缉捕肇事者)。从这个文书中,我们能体会到东汉"度田"制度在基层执行的难度,但能够明确,"度田"政令在全国范围内得到了普遍推行,并且有相当长的延续。

由此可以推断,汉光武帝当初赦免地方官员在"度田"工作中的失职和回避,只是在叛乱这一特殊时期的权宜之计,而平叛过后依旧是严格执法。在其之后,明、章、和诸帝延续"度田"政策,并将其作为每年五六月份的常规工作,跨越东汉帝国的所有行政层级严格执行。

## A面柔道治国,B面铁腕治吏

说起董宣这个名字,大多数人反应不过来,但要是提起初中历史学过的"强项令"的故事,很多人就会有点印象了。

《后汉书·酷吏列传》中详细记载了这个故事。刘秀的姐姐湖阳公主家有个奴仆,行凶杀人后躲在湖阳公主家里不出门。躲了一阵子大概以为没事了,他便随公主的马车出行。结果被洛阳令董宣拦住了,他大声数落湖阳公主的过错,呵斥奴仆下车,当场将其诛杀。湖阳公主颜面扫地,跑到宫中向刘秀哭诉。刘秀大怒,当即表示要召董宣入宫乱棍打死。结果,等董宣来了,刘秀却被他的一番话打动。刘秀想给董宣找个台阶下,只要他向公主叩头谢罪,这件事就过去了。没想到董宣宁可往柱子上撞,血流满面也不磕头。刘秀就让人强按他的脖子,他两手撑地誓死不从。最终刘秀没办法了,只好说:"强项令出去吧!"并赏赐他三十万钱，董宣将钱全部分给手下官吏。此后"强项令"的威名，令京师的豪强权贵心惊胆战，人送外号"卧虎"。

湖阳公主明知刘秀偏袒董宣，却也无可奈何。毕竟世人皆知，董宣这条命本就是刘秀救下的，让他当洛阳令，正是让他干这些得罪权贵的活。在姐姐告状时，刘秀表面大怒，心里没准儿正偷着乐呢。

董宣的成名作是在北海国任国相时对公孙家族的严苛打击。北海大族公孙丹既是地方豪强又是州郡属官，绝对的"黑白通吃"。要拿公孙丹"开刀"的董宣甚至把他调到自己手下。公孙丹有一座宅邸建成，入住前请人占卜，得到结论说，这房子盖好了，会有人死。于是公孙丹便命儿子杀掉一个过路行人，将尸体停在宅子里，应验这个凶兆度劫。当然，他这一劫是过不去了，董宣毫不手软，立刻派人捉拿公孙丹父子，将其斩首示众。公孙丹族人愤恨，聚集三十多人，手持兵刃堵在董宣府第门前，大声号哭喊冤。没想到董宣更狠，他查明公孙丹一族曾依附过王莽，还可能勾结海盗，以此为由，将闹事的三十多人都抓起来，毫不留情全部诛杀。

这事儿闹得太大，以至于青州地方官认为董宣杀人太多，上报朝廷后，将他关入牢房判了死刑。但是刘秀在看了奏章之后，却派人星夜驰往，赦免了董宣的死罪。随后，他一路擢升，最终当上洛阳令。其实董宣心知肚明：刘秀无非是看中他不畏权贵和豪强，不计生死敢于行事。

所以，董宣的脖子硬，除了他的性格刚毅，更重要的是，皇帝这个后台足够硬，才能成就他这个"强项令"。

董宣并不是一个人在战斗。刘秀少年时的好友樊晔任河东都尉时，也曾大肆诛杀当地豪强大族。后来他调任天水太守，颇有治绩，但凡是违法之人"率不生出狱"。恐怕没有人比发小更了解皇帝的内心需求吧。还有一个叫李章的人杀人更猛，他当阳平县令时，设宴请当地豪强赵纲吃饭。赵纲佩带兵器穿着铠甲，带了上百人的保镖队伍来赴宴。李章不动声色地和他喝酒。酒过三巡，李章突然拿剑将赵纲斩杀，官府伏兵尽出将那一百多保镖全部斩首。

董宣、樊晔、李章三人作为汉光武帝时期最有名的酷吏被记录在《后汉书·酷吏列传》中。开国之初就任用酷吏，这样的现象在历代少见。刘秀用短短一年多的时间，从刘玄帐下一个招抚使摇身一变成为一个拥有几十万军队的大军阀，然后再用不到两年的时间建立东汉王朝。因此，这个王朝先天就带有豪强大族联盟的性质，刘秀要想稳固皇权，必须抑制豪强大族，削弱他们的势力。在这样一个特殊的社会环境中，"度田"目的为此，任用酷吏也是为此。可以说，那些性情刚烈、不计生死、擅权行事的酷吏，在东汉的扫黑除恶斗争中写下了浓墨重彩的一笔。

而且，这些酷吏和其他朝代的酷吏不同，他们多数能善始善终，确实罕见，这也从侧面证明了刘秀始终坚持"抑强"，替这些酷吏顶住了各方面的压力。

与酷吏们相反的是，在汉光武帝一朝为官，胆战心惊、如履薄冰。

后世往往称颂光武帝的"退功臣而进文吏"，对功臣敬而远之，不让他们掌握实权，但能够高官厚禄颐养天年。殊不知所进的"文吏"，日子也很不好过。刘秀虽然虚设三公，但事归台阁。担丞相之名的大司徒之职就是个火山口，大司徒韩歆、欧阳歙、戴涉先后下狱死。后来，刘秀当朝任命张湛为大司徒，张湛听到惊吓过度，差点儿当场尿裤子，连忙称自己年老多病无法胜任，刘秀只好作罢。

事实上，三公此时已是虚衔，尚书台才是权力中枢，而刘秀对尚书台的官员管理更严，一旦尚书台这些品级不高但权力不小的官员出了事，他就会把犯错的官员直接拖到朝堂上当众鞭策。中央官员如此，对地方官员的管束自然更是严格。显然，铁腕治吏是他希望达成柔道治国的一个手段。

正是刘秀及其后继者整饬吏治、打击豪强，才让东汉初年出现了政治清明、户口增长的良好局面。刘秀的眼光的确很毒，他敏锐地看到决定天下的主导力量此消彼长，豪强势力如不剪除，后患无穷；吏治如果不严厉，政策只会走过场。不抓住这两点，中央政府就无法真正建立统治基础。因此，虽然刘秀一再标榜自己"柔道治国"，但是在"抑强"这件事上从来没有心慈手软过，始终铁血无情地强力推行，最终取得了很好的社会效果。

## 汉明帝的"夜梦金人",当真只是一个梦而已

汉明帝的"夜梦金人",大概是中国历史上最著名的一个梦了。

传说汉明帝梦见一个金人,身材高大,头顶放光,之后就让大臣解梦。有人说西方有神,名叫佛,高一丈六尺(大约三点七米),浑身金色。汉明帝便派使者到天竺了解佛教教义,此后中原便有了佛的形象。楚王刘英率先信奉佛教,自此中原有不少人开始信奉佛教。

这是《后汉书·西域传》对于此事的记载,非常简略。而这段文字藏在介绍天竺国的内容中,起头就用了"传说"字眼,清楚地表明了《后汉书》的作者范晔对这一内容的可靠性深表怀疑。

关于这件奇事,在魏晋南北朝时期的著作中多有提及,这么多文献记载同一件事,究竟哪个是最原始的记录呢?

学术界普遍的答案是《四十二章经》。《四十二章经》全名为《佛说四十二章经》,就是把佛说的话记录下来,一共选了四十二段话,是佛教传入中国的第一部经典著作。

世人皆知,"夜梦金人"后便是"白马驮经"。据说,汉明帝派出的使者在大月氏国遇到了天竺僧人迦叶摩腾和竺法兰,于是就将佛像经卷用白马驮至洛阳。汉明帝专门为两位高僧修建了"白马寺",以纪念"白马驮经"之功,迦叶摩腾、竺法兰便是在白马寺中将《四十二章经》译成汉文。

在这本佛经的序中，汉明帝的奇梦以及梦的解析就非常具体了："昔汉孝明皇帝夜梦见神人，身体有金色，顶有日光，飞在殿前，意中欣然，甚悦之。明日问群臣，此为何神也？有通人傅毅曰：'臣闻天竺有得道者，号曰佛，轻举能飞，殆将其神也。'于是上悟，即遣使者张骞、羽林中郎将秦景、博士弟子王遵等十二人至大月支国，写取佛经四十二章……"

一般人读到这一段，看到"张骞"的名字肯定疑惑，怎么汉武帝时期的张骞，又穿越到两百年后的汉明帝手下了，会不会是同名同姓？但遍翻典籍，汉明帝时期并无官员名为张骞。更何况，这段话中的常识性错误不止一个，给汉明帝答疑解惑的通人傅毅，史书上是有其传的，汉明帝时期，年少的他还在老家"习章句"，直到汉明帝的儿子汉章帝刘炟即位，他才入朝为官。可以判定，此时他绝无可能站在朝堂之上。

至此，我们就明白了范晔将这个故事录入《后汉书》时，为何要将众多人名全部隐掉，特地加上"世传"二字，原来是常识性错误太多了。需要注意的是，相比《四十二章经》的记录，范晔大量做减法的同时，加了一句话："楚王英始信其术，中国因此颇有奉其道者。"意思是，楚王刘英是最初信奉佛教的人，正因为他的名人号召力，中原地区有不少人开始信奉佛教。

为什么非要加上这样一句话？是不是范晔认为，这才是可以确认的史实？

闹了半天，又是做梦又是求经的汉明帝刘庄根本就是"叶公好龙"。真正爱学习，最早"问佛求法"的人，是他的弟弟刘英！

实际上，在正史中提及汉明帝和佛教的，一共就两处，除了"夜梦金人"以外，《后汉书·光武十王列传》中还有一处，便是一封著名的"退赎诏"，汉明帝下诏的对象，是"尚浮屠之仁祠"的人，也包括信奉佛教的楚王刘英。

联系到楚王刘英的最终结局：他因"谋反案"而自杀。而"楚王英案"更是东汉前期涉及面最广、打击最为严酷的大案要案。刘英落到如此下场，和他好黄老，信佛教，有无必然联系呢？

汉明帝真的笃信佛教吗？佛教是他引入中原的吗？在民间传说中，他为什么一下子变成了崇信和引入佛教的第一人呢？

## 佛教到底什么时候传入中国

永平八年（65），汉明帝下诏，犯了死罪的人，可以用缣（一种细绢）来赎罪。没过多久，楚王刘英便派人送了三十匹缣给封国宰相，并表示自从当了这个藩王，做了很多错事，犯下不少恶行，这次见到皇上的诏书，心里很欢喜，赶紧奉上缣来救赎他的罪行。封国宰相立即向朝廷汇报此事，并送上缣。

汉明帝刘庄接到弟弟的赎罪缣后，写了一封非常著名的"退赎诏"："楚王诵黄老之微言，尚浮屠之仁祠，洁斋三月，与神为誓，何嫌何疑，当有悔吝？其还赎，以助伊蒲塞、桑门之盛馔。"（《东汉会要·论浮屠》）

这封诏书是什么意思呢？其实是汉明帝在夸刘英，说他既崇尚黄老学说，又膜拜佛教的法门，斋戒很虔诚，一戒就是三个月，他能有什么嫌疑，他会干什么坏事，他需要赎什么罪？于是把他"赎罪"的缣全部退还，连用处都想好了，用来款待佛门弟子。

这封"退赎诏"之所以著名，是因为此前的皇帝诏书中，从未出现过"浮屠""伊蒲塞""桑门"之类的词汇，甚至还出现了"洁斋三月"这样的佛教仪式。

所谓"浮屠"，指的就是天竺国的佛，"佛"对应的意思是"觉悟"，即觉悟的人或者是让众生有所觉悟。"伊蒲塞"，指在家受戒的男性佛教徒。"桑门"是沙门的音译，其在汉语中大约是"息"的意思，表示能去除欲望，所以指的是佛教中修为较高的僧侣。

从这封诏书便可以判定，至少在汉明帝永平年间，佛教已传入中国，而且有了一定的规模和传播，否则不可能有"伊蒲塞"和"桑门"的区别。还可以看出汉明帝对佛教也颇有了解，所以"夜梦金人"后，他才在别人的口中知道佛的说法，本身就不靠谱。

既然此时佛教在中国已经滥觞，那么佛教到底是什么时候传入中国的呢？

西晋时，有道士写了一本《老子化胡经》，说老子在周幽王时西渡流沙河入天竺，点化了释迦牟尼。这本是道教的臆造，但后来佛教部分徒众以此为前提，指出既然老子于周代西渡，足见佛教产生于周代，同时又传入中国。

《朱士行汉录》中记载，秦王政执政初年，西域室利房（一作"释利防"）等十八人，曾带着佛经来到中国，但秦王政见这些人长得奇形怪状，便将他们抓起来扔进大牢，然后全部驱逐出境。朱士行是有记录的第一位汉族僧人，也是第一位西行取经求法的中国人。他出家后的法号为八戒（也不知道吴承恩是不是故意为之）。但这本《朱士行汉录》已被考证为后人伪托之作，大概是在南北朝佛道相争最为激烈时，伪造该书来证明佛法东传的时间更早，因此这些说法都不足信。

另一种说法认为佛教是霍去病北击匈奴时带回来的战利品。在公元前121年春的河西之战中，霍去病"破得休屠王祭天金人"；同年秋天，匈奴浑邪王杀休屠王并率领部众投降汉朝，最终将佛教信仰和烧香礼拜带入中原。《魏书·释老志》则言"此则佛教流通之渐也"。

但是，匈奴的"祭天金人"到底是不是佛像，学术界一直争论不休。目前基本一致的观点是，公元前2世纪的汉武帝时期，印度佛教还处于部落佛教时期，根本没有成文的佛经，也没有制造佛像……因此，说匈奴的"祭天金人"就是佛像比较牵强，目前学术界主流意见认为"祭天金人"很可能是"西王母神"。

最靠谱的一种说法是汉哀帝时传入的。《通典·卷一百九十三》中记载："昔汉哀帝元寿元年（前2），博士弟子景卢受大月氏王使伊存口授浮图经……"《魏书·释老志》也引述此事，但补了一句"中土闻之，未之信了也"。意思是，大月氏的使者伊存确有授经，但汉朝人并没有信奉。这也从侧面证明了授经本身确有其事，而汉朝博士的职责就是采集各方奇闻逸事。所以这个博士弟子景卢只是记录者，不一定是因为信奉佛教。

从汉哀帝到汉明帝时代，整整过去六十年，中间又经历了王莽篡汉，赤眉绿林军起义，战乱频发，人民生活艰难，佛教很有可能在这段时间慢慢传播开来。

到了永平年间，楚王刘英成为第一个信奉佛教的皇室成员，他还在封地供养了不少僧侣，其中很可能有来自天竺或西域的"伊蒲塞"和"桑门"。

照此趋势，佛教本可以借这一东风兴旺起来。但奇怪的是，汉明帝之后佛教却凭空消失了，一直到汉桓帝时期，八十多年的中国正史中，再无一句话提到佛教，这中间到底发生了什么？

## 一场疑窦丛生的谋反案

永平十三年（70），东汉朝廷爆发了一件惊天动地的大案，楚王刘英被人告发蓄谋造反。之后，汉明帝刘庄大兴刑狱，史称"楚狱"。

《后汉书·光武十王列传》中如此描述："楚狱遂至累年，其辞语相连，自京师亲戚诸侯州郡豪杰及考案吏，阿附相陷，坐死徙者以千数。"可以说，这场"楚狱"的涉及范围之广，层级之高，诛杀之多，都是东汉前期罕见的。

楚王刘英何许人也？他是汉明帝刘庄的异母弟弟。光武帝刘秀一共生了十一个儿子，郭皇后生五个，阴皇后生五个，还有一个许美人生下了楚王刘英。

说句老实话，不论从外在实力还是内心动力来说，刘英都是刘庄九个被封王的兄弟当中（刘秀十一个儿子，一个皇帝，一个早夭）最不应该造反的那个。

首先，刘英本身实力太弱，母亲许美人不受刘秀宠爱，因此刘英最初的封地在一众封国中最为贫瘠弱小，直到公元54年，刘秀才给楚国增了两个县。当时，朝中主要是两个外戚集团——郭氏集团和阴氏集团的对决，刘英在朝中毫无根基，根本没有放手一搏的实力。

其次，刘英和汉明帝刘庄早年私人关系很好，在刘庄还是太子时，刘英常常独自去太子府，而刘庄也喜欢这个弟弟，即位后多次给予其赏赐，甚至爱屋及乌，封刘英的舅舅许昌为龙舒侯。所以永平八年（65）时，刘英奉上赎罪缣，汉明帝直接退回，更下诏对刘英表示称许。

正是这封"退赎诏"，传递给刘英一个错误信号：皇帝哥哥对他"诵黄老、尚浮屠"的行为，并无他之前的担忧（刘英奉赎罪缣，自然是听到某种风声才有此行动），没有猜忌，还很鼓励，于是他便毫无顾忌地在错误的道路上一路狂奔。刘英大肆交结方士，制作金龟玉鹤，刻文字以为符瑞。这些所谓的图谶，被认为是将来能成为皇帝的天赐凭证。

"退赎诏"发布五年后，永平十三年（70），刘英被人告发招聚奸猾之徒，制作图谶，还被查出擅自制定各类官职编制等罪名。最终，派去彻查刘英的大臣得出结论：刘英谋逆证据确凿，理应处死。

汉明帝似乎颇念手足之情，只是废除了刘英的楚王封号，将他改封到丹阳，食邑五百户。而刘英的母亲楚太后（许美人）不必上交玺绶，继续留在楚宫居住。可以说，这个惩罚并不算重。但是，第二年的四月，刘英来到丹阳后就自杀了。

本以为此案到此应该画上句号了，没想到一场追查牵涉楚王案的暴风骤雨才刚刚开始。虽然汉明帝对刘英家族确实宽宏大量，但却极力追究牵涉刘英案的官员和党羽。这一查就是前后好几年，在拷问过程中，只要是供词中出现的，全都抓捕，对新抓来的严加拷问，提及人名再予以抓捕……以致被此案牵连而处死、流放的人数以千计，关在监狱里的还有几千人。

更可怕的是，《后汉书·独行列传》中记载："楚王英谋反，阴疏天下善士。"这句话的意思是，刘英当初曾暗中将天下的"善士"记录在册。

学术界对于"善士"的解释争议颇多，有一种解释为名士，意思是刘英打算谋反，这份名单中的名士是他已经或者准备要笼络的。这就有点儿奇怪了，既然称得上名士，天下数得着的无非就是那些人。楚王案爆发后，好像并没有所谓的名士获罪，正史中按这本册子抓走的重要官员，也就是吴郡太守尹兴一人而已，以尹兴的学识、身份、地位，还谈不上名士。

所以另一种解释比较合乎情理。后世常称信奉佛教者为"善男信女"，倘若这里的"善士"解释为信佛之人的话，理解起来就比较通顺了。《后汉书》中范晔特意加的那句"楚王英始信其术，中国因此颇有奉其道者"，在这里也就真相大白了。很可能刘英是贵族中第一个信奉佛教的，也是第一个建立所谓"佛教组织"的人，他把信奉佛教的人全部登记在册。这也就能解释为什么一本"善士"名录仅仅就揪出了一个尹兴。毕竟佛教传入中原时间并不长，大部分官员以及官员背后的士大夫阶层，信奉的人并不多。因此，"善士"名录上，恐怕绝大多数还是底层的老百姓。

因为有这样一本"善士"名录，等到楚王案事发后，受其牵连，当时刚刚有一定数量的佛教徒相当于遭到了"团灭"。至此，佛教在中国的传播进入寒冬期。而这一点后人早已发现。《集古今佛道论衡校注》中，孙权就曾问过手下一个问题：佛教进入汉朝这么久，为什么一直到现在才传入江东？得到的回答是"后遭汉政凌迟，兵戈不息，是以佛法一百七十年而不通"。

这里说的一百七十年，从孙权谈论此事赤乌四年（241）向前推算，正好是汉明帝的永平十三年（70）左右。也就是说，发生楚王谋反案以后，汉明帝应该是对佛教徒进行了较为严厉的打击，一直到汉桓帝时期，因为汉桓帝的推崇，佛教才得以重新抬头，后遂转盛。

那么问题来了，五年前汉明帝还一副对信佛之人颇为称许的模样，为何五年后却要铁腕打击毫不留情呢？

## "退赎诏"误导的不仅是刘英一人

看上去，同一个人对佛教态度前后转变如此之大，似乎有点儿不可思议。但如果了解了汉明帝精明而忌刻的性格特点，就不难理解他的这一转变了。

事实上，楚王谋反一案中，死得最冤枉的是司徒虞延，从这件事上也能看出汉明帝的心机深沉。

《后汉书·朱冯虞郑周列传》中记载，虞延为人正直不畏权贵，其在当洛阳令时因秉公执法得罪了外戚阴氏，也就是汉明帝的母舅这边，所以阴家一直想阴谋中伤他。终于，阴家等到了这样一个机会，他们暗中使人将楚王谋反的消息告诉虞延，虞延认为楚王刘英是汉明帝的手足至亲，素来和汉明帝交好，因此不相信他会谋反;此时,他正想起用一个人,这个人也和刘英有过来往。这两点,他都没有向汉明帝奏明情况。结果楚王案事发后,汉明帝立即严厉斥责虞延,逼得他只能自杀。

这件事透露出一个很重要的细节,刘英谋反这事看来一点儿也不机密,早就有人知道了,甚至汉明帝也是洞若观火,只是选择在什么时间收网而已,而且汉明帝还能拿这件事测试一下朝廷重臣对自己的忠诚度。结果,身为百官之首的司徒虞延竟然没能通过这次考验。表面上,这是阴氏家族给虞延使绊子,但往深里想,倘若虞延严查刘英,阴家岂不是又给他送上大功一件?很显然,测试一下虞延,绝对是汉明帝的"帝王术"。

事实上,汉明帝向来喜欢用一些特务手段,监听中央和地方臣工的言论和行事。《后汉书·第五钟离宋寒列传》中就有过非常直接的评价:汉明帝性情褊察,喜欢用耳目私下听取消息,所以公卿大夫多次被诋毁、打小报告。

因此可以肯定,楚王刘英祭祀"黄老""浮屠",制作图谶的事情,汉明帝早就得到密告了。只是在前期,因为和刘英的亲密关系,明帝相对宽容,甚至还想了解所谓"浮屠"到底有什么吸引力能让这个王弟痴迷其中。为此,汉明帝派出使者去西域取经问法,也是有可能的。

但佛教毕竟是初传,其深奥的教义显然无法在短时间内被汉朝人理解。事实上,包括刘英在内的中国早期奉佛教者,只是把它当成一种方术而已。而刘英向汉明帝赎罪,无非是自知结交方士犯了大忌。他肯定是听到了一些风声,所以自我认罪。但汉明帝偏偏要高姿态显示自己的宽容大度,而刘英显然是高估了自己也低估了皇兄,从此有恃无恐,继续与方士们瞎捣鼓,终于引来杀身之祸。

在汉明帝的九个兄弟中,有四个最终因谋反获罪,至少三个是和方士们搞在一起惹的祸。为什么汉明帝对诸侯王和方士结合有如此大的忌惮?因为开国皇帝刘秀就是因图谶而得天下,所以一旦有人用图谶妄称天命,就会对皇权造成威胁。一旦确认楚王和方士勾结,想以图谶谋反,汉明帝便出重手严厉打击。结果导致此案抓捕人数众多,牵连广泛,信奉佛教的人也因为刘英的一本"善士"名录而遭受灭顶之灾。

如此看来,汉明帝对佛教或许只是误伤。因为,在当时弥漫朝野的谶纬迷信中,汉明帝认为佛教就是一种方术,有威胁他统治的可能性,所以他毫不客气地对其进行了镇压,这直接导致了佛教传播此后陷入停滞状态。

那么,在民间传说中,为什么汉明帝反而变成了崇信和引入佛教的第一人呢?

其实只要再看一个好玩的故事,便能大致了解其中的逻辑。

在后世佛教的一些典籍中,"白马驮经"的两位主角迦叶摩腾、竺法兰来到洛阳后,本土的道士们看到汉明帝如此优待番僧,很是不服,于是在永平十四年(71)要和他们较量一番,汉明帝同意了。道士们在白马寺南门外设坛,放上黄老之书。结果双方施法后,道士们的东西被烧得灰飞烟灭,种种手段也施用无效,法力无法对敌,以致好几个道士纷纷愧愤而死……

这件事可信度基本为零,因为此时道教尚未产生,两家自然不可能斗法,这纯粹是佛道相争时,互相攻击、自我吹嘘的结果。同样,在佛道斗争最为激烈的南北朝时期,选择一个好皇帝认作护教、护法的帝王,的确可以为佛教增色不少,比如,东晋高僧释道安就曾发出过"不依国主则法事难立"的感慨。

为什么会选择汉明帝?很简单,还是那封著名的"退赎诏",这毕竟是中国历史上第一次出现"浮屠""伊蒲塞""桑门"之类词汇的皇帝诏书,而诏书中所透露的肯定之意,不但误导了楚王刘英,同样误导了后世的信徒,以致他们都做了一个汉明帝"夜梦金人,继而取经求法"的美梦,如今看来,当真就是个梦而已。

## 班超麾下汉军一千，当真可抵贵霜十万吗

永元二年（90），贵霜帝国的七万大军翻越了葱岭，气势汹汹直奔西域而来。

这个欧洲史学家笔下赫赫有名的"四大帝国"之一——贵霜帝国，究竟是何方神圣？

某种意义上讲，它就是当年张骞出使西域所寻找的大月氏国。大月氏人被崛起的匈奴杀得含泪西逃后，在中亚草原落地生根。当年张骞找到他们时，本想劝他们同仇敌忾对付匈奴，无奈大月氏人此时已"乐不思蜀"，只想互通贸易。从此双方互派商队，大月氏也算是汉朝的"老朋友"了。

公元1世纪，大月氏国内五个部落之一的贵霜部统一五部，向西征服了波斯地区，向南则不断吞食北印度。贵霜帝国自此成为中亚第一强国。称霸中亚以后，贵霜帝国的自我感觉空前良好，于是，贵霜国王便派遣使者，带着奇珍异宝，来到西域，面见西域最高长官西域都护——班超，提出和亲要求，希望迎娶汉朝公主。这一建议被班超毫不留情地拒绝了，直接遣返了贵霜国的使者。

史书里并没有记载班超拒绝的理由，但有一点可以肯定，贵霜帝国是希望借此向东伸展，寻求在西域扩张势力范围。

不管是面子还是里子，这次拒绝让贵霜国王无比愤怒，也就有了出兵的借口。于是，他派副王谢率七万大军不远千里去攻击班超。所谓副王，大概是王弟之类，由最高君主所任命、节制一方的人物。

而班超的手下除了著名的三十六人"特种部队"老班底，还有汉章帝后来派来的一千多名刑徒兵和义从兵。前者从军多为抵罪，后者则以自愿从军的边境汉人和河西各色胡人为主。此外，他还能调动的大概也只有战斗力较弱的疏勒国部队而已。

敌我双方的实力对比非常悬殊，这一点在《后汉书·班梁列传》中记载得非常清楚："超众少，皆大恐。"意思是，开战前班超的部下是非常惊恐的。但是，班超从容分析了敌情以安军心，做出了"月氏兵虽多，然数千里逾葱岭来，非有运输，何足忧邪"的判断；并断言只要藏好粮食，坚守不出，敌人将不战自退。这场仗几十天便能见分晓。

果然，战事的发展正如班超所料。班超下令所有部队收缩入城防御，严格执行坚壁清野的策略。在几十天的坚守中，贵霜国的骑兵几乎无用武之地，攻城显然不是这支部队的强项，毕竟他们要翻越苦寒的帕米尔高原，长途跋涉，不可能携带重型攻城装备。一旦陷入持久战，贵霜人会发现自己迅速陷入粮荒，他们也曾试图进行抢掠，却毫无所得。此时，以骑兵为主的七万大军，反而成了一个巨大的负担。

无奈之下，贵霜大军的统帅派出使者和一队骑兵去龟兹请求粮草支援，这点正落入班超的计划中。在这支贵霜小分队必经之路上，汉军伏击了他们，直接派人将使者的脑袋送进贵霜军营，暗示其最后的粮草救援已然破灭，也就将对手逼到了谈判桌上。

《后汉书·班梁列传》之后的记载是，副王谢大惊失色，即遣使请罪，只愿能活着回去就行，班超便放了他们。最后的结局，史书用笔显然有过度贬低贵霜统帅之嫌，以班超的兵力配置，想要彻底击溃围歼七万贵霜大军，恐怕远远不够，只不过因为对方粮草不济，又始终不了解汉军的虚实，只能无奈撤兵。这相当于赌桌上，双方没有揭开底牌之前，真正的高手往往在自己牌面不利时，将对方生生吓到提前离场，而班超显然做到了。

因此，后人经常吹嘘的"汉军一千，可抵贵霜十万"只是个伪命题。因为两军没有发生正面的大规模野战,并不能论证汉军的战斗力绝对强于贵霜骑兵。

虽然这场动静不算大的"班超败贵霜之战"知名度不算高,却是体现班超特种打击战术思想的集大成之作:充分认识到西域不适合大兵团作战的特点,对于重要交通线进行钳制和特种作战,利用大漠造成敌我信息不对等,给对手制造恐慌……

正是班超对西域的地理、民族、人文等方面充分了解,并制定了一系列的应对之策,才能以一己之力将西域重新归于东汉的版图之下。

## 不入虎穴,不得虎子

一般人了解班超,都是从"投笔从戎"这个成语开始的。其实,班超出身于绝对的儒学世家,父亲班彪是文学家,其兄班固、其妹班昭皆为著名的史学家,可班超偏偏胸怀武略,向往建功立业。早年,他跟随兄长班固来到京师,因为家中贫困,便接了份给官府抄书的工作。有一次,抄着抄着,他忍不住掷笔长叹:"大丈夫无它志略,犹当效傅介子、张骞立功异域,以取封侯,安能久事笔研间乎?"(《后汉书·班梁列传》)这便是著名的"投笔从戎"的由来。

不过,对于从军这件事,班超从发愿到实现足足等了十年。汉明帝永平十六年(73),窦固出击匈奴,起用班超做假司马(副职),四十一岁的班超才正式开始他"平生怀仗剑,慷慨即投笔"的战斗生涯。初入行伍,他大胆采用了迂回突袭伊吾(战略要地)的策略,斩首颇多,得到窦固的赏识。

可以说,从人生第一战开始,奇袭就成了班超军事生涯中最重要的底色。

很快,窦固便派班超跟从郭恂一道出使西域的鄯善国。很明显,班超不过是一个副使而已。鄯善国其实就是汉昭帝之前的楼兰国,位于西域东端的交通要道上,战略地位非常重要,向来是汉朝和匈奴在西域角逐的焦点。

起初,班超一行刚到时,鄯善国王对汉使团礼敬备至,但后来突然变得冷淡下来。

班超心知有变，叫来侍候的胡人突然发问："匈奴使者来了好几天了，现在住在哪儿？"侍者不知是诈，当即吐露全部情况。随后，班超把手下部属三十六人召集起来喝酒，故意用言语激怒他们，称鄯善国王要将他们抓起来送给匈奴使者。酒酣耳热的部属们果然一点就着，纷纷唯班超马首是瞻，听从他的差遣。

此时，班超终于说出了后来中国人在冒险前最常讲的一句话：不入虎穴，不得虎子。顿时群情激昂。当夜，班超便率这三十六人突袭了匈奴使团，用火攻将这匈奴使团的一百多人全部歼灭。

第二天，班超找到鄯善国王，将匈奴使者的首级呈给他看。鄯善王大惊失色，但匈奴使团死在鄯善，鄯善国王对匈奴自然是百口莫辩，在班超的巧言抚慰下，鄯善国王只得倒向东汉，并把自己的王子送去汉朝当人质。

班超回到洛阳后，把这件事禀报给窦固。窦固大喜，把事情的经过奏明皇帝，同时要求另外选派使者出使西域。汉明帝非常赞许班超的勇气和决断，当即表态说，干吗另选他人呢？就任命班超为军司马（把"假"字给拿掉了），让他再立新功吧。

第二次出使西域，窦固想让班超多带点儿兵去，但班超的回答让人意想不到："愿将本所从三十余人足矣。如有不虞，多益为累。"（《后汉书·班梁列传》）意思是，把原来跟我的三十多人给我就够了，真遇到什么事，人多了反而是累赘。

这便是后世所称颂的"三十六骑平西域"的开端。千万不要以为这只是班超一时豪气的冲动之语，其实，班超的抉择是根据西域的实际情况，并经过慎重考虑后做出的。

当时，西域三十六国都是位于沙海之中的绿洲小国。西域不能产生一个大国的核心原因就是被沙海隔断的交通和绿洲的承载能力有限，限制了各国的人口，也限制了该地区的资源，无法支撑大兵团的作战。因为，大规模的战争和驻军需要消耗大量的水草和木材，这对于绿洲来说，绝对是灭顶之灾。

班超此次入西域目标很明确，要重新恢复汉帝国在这一区域的声威，这不是一个一蹴而就的任务，恐怕要在西域耗时良久。带上大量部队，光后勤补给一条，就会给所到诸国带来沉重负担，引发反感和不服。另外，从班超入西域前期的多个案例来看，他似乎更喜欢特种作战，这一点恰恰和西域本身的地形相契合：小分队要比大军团的效率更高。

但是，仅仅靠三十六骑，真能摆平错综复杂的西域三十六国吗？

当然不可能，其实班超心里早就打好了小算盘：以夷狄攻夷狄。

## 以夷狄攻夷狄

以夷狄攻夷狄的思想并不是班超首创。早在西汉初期，著名的政论家晁错就说过"以蛮夷攻蛮夷，中国之形也"（《汉书·爰盎晁错列传》）。但班超是这一思想最为成功的实践者。

汉章帝建初三年（78），班超率领疏勒、康居等国的军队一万人，进攻姑墨石城，攻破城池，斩首七百颗。之后，班超想乘胜平定诸国，于是给汉章帝上书，陈述了自己的战略思想："以夷狄攻夷狄，计之善者也。"（《后汉书·班梁列传》）

这样一句看似稀松平常的话，其实是班超用数年时间，孤军困守汉境千里之外，用血与泪的教训换来的。

永平十八年（75），对于东汉王朝或班超个人来说，都是绝对的至暗时刻。

该年春天，窦固的西征军撤回中原。北匈奴乘机反攻西域，动用两万骑兵，向数千汉军猛攻，而西域各国里的"墙头草"也蠢蠢欲动。汉军虽然顽强，但毕竟寡不敌众，尤其是名将耿恭所部浴血奋战，经过悲壮突围，最终只有十三人返回汉朝。与此同时，焉耆、尉犁和龟兹突袭了汉军的西域都护府，都护陈睦被杀，可以说是奇耻大辱。而龟兹、姑墨等国多次发兵攻打疏勒。班超以极少的部队坚守了一年多。

就在这一年，锐意反击匈奴的汉明帝去世，汉章帝刘炟即位，面对在西域的惨败，年轻的皇帝感到沮丧。他没有派兵去援救，相反，在第二年下令放弃西域,撤销西域都护的职务,命令汉使全部返回中原。

班超起初并未想违抗皇命,在他决定离开时,疏勒国的子民笼罩在一片忧愁和恐惧中,一位将领为此拔刀自杀,遗言悲愤:"汉使遗弃我们而去,我们必再沦为龟兹的奴隶。"回国的队伍勉强走到于阗王国,国王竟痛哭失声,抱着班超的马的腿不放。

最终班超决定抗命留下,这意味着他们在西域只是一支孤军,得不到东汉政权的任何援助。事实上,此时的西域形势非常凶险,就在班超要回汉朝的消息传出去不过两天,疏勒边境已有两座城市投降龟兹。班超回军后迅速攻击,杀六百余人,才将两城收回。

接下来的数年,班超作为西域唯一一支汉朝武装力量,默默坚持,四处寻找盟友,不断地"与诸国联兵"。

首先,班超选择疏勒作为经营西域的根据地,确实棋高一着。疏勒,地处丝绸之路南道与北道会合后的西端,是塔里木盆地的西部制高点,控制了这里,便可以封堵塔里木盆地的西部出入口,同时距离匈奴较远,来自漠北的压力较小。

其次,班超成功了解和分化了西域诸国之间的关系。虽然西域诸国的人长相都是高鼻凹目,但实际上西域三十六国中,是由吐火罗人、塞人等不同族群建立的,绝不是铁板一块,各国之间时常互相攻讦。而班超选择联合地处塔里木盆地以南的丝绸之路南道诸国,同时以龟兹国为进攻重点,他在给汉章帝的上书中明确指出"若得龟兹,则西域未服者百分之一耳"(《后汉书·班梁列传》)。因为龟兹是丝绸之路北道入口,是兵力最多的国家,也是东汉最主要的"麻烦制造者",拿下它,正是整个"以夷狄攻夷狄"战略规划的胜负手。

最终,班超的苦苦坚持和超前的战略规划打动了汉章帝,毕竟按班超的计划,东汉政府不需要付出大量钱粮。于是五年内,朝廷先后给班超增兵两批合计一千八百余人。也就是说,平定西域的二十多年,班超拥有的汉兵数量从未超过两千人。但班超以此为基本力量,联合亲汉的诸国军队,开始了艰难的反击之旅。

章和元年(87),班超用两万人围攻莎车国,围而不打,诱引龟兹援军来救，最终大败龟兹，莎车投降。

汉和帝永元二年（90），班超坚壁清野，以少胜多，击退了企图染指西域的贵霜帝国七万大军。此战实际规模并不大，但对西域诸国产生了强烈的影响。第二年，龟兹、姑墨、温宿等国纷纷投降，班超被正式任命为西域都护，终于名正言顺地实行平定西域之策了。

永元六年（94），班超以西域都护之名，征调西域各国军队，以七万人的绝对优势，攻下焉耆国，生擒焉耆王和尉犁王，并将二人带到当年的西域都护府故地，斩首致祭前任都护陈睦。此时，距离陈睦被杀刚好二十年，大汉终于一雪前耻。

至此，西域五十余国全部归附东汉，丝绸之路重新开启，中西交流又通畅无阻了。永元七年（95），班超被封为定远侯，"班定远"的称呼，正是由此而来。

## 派甘英出使大秦，算看走眼了吗

永元十四年（102），七十一岁的班超终于要回洛阳了。

告老还乡之前，朝廷以戊己校尉任尚来接任班超的西域都护。交接工作时，任尚问班超："君侯在外国三十多年，而我惭愧地接替您的职务，责任重大，智虑浅短，您有什么能教教我吗？"

班超先和他客套了一下，接着便说了几句肺腑之言："塞外的官吏士卒，本来就不是什么孝子顺孙，都是因为有罪才被迁徙屯边的。而蛮夷又怀着禽兽心肠，很难被收服而容易坏事。现在您秉性严厉又有些急躁，水清了就没有大鱼，严于监察就不得下面的欢心。您应该宽容冷静，简易行事，小过失从宽处理，紧紧抓住重点环节就行了。"班超走后，任尚大概心里不太痛快，私下对亲信说："我还以为班君会有什么奇策，他说的不过是些平常言论罢了。"

很显然，继任者任尚并没有把班超的话当回事。数年后，正像班超所告诫的那样，由于任尚过于急躁严厉导致西域多国反叛作乱，而他自己也因有罪遭到免职。

从这件事可以清楚地发现，班超拥有异乎寻常的识人能力，他准确地指出任尚的性格特点，以及在西域这个特殊环境可能遭遇的问题，并提出了修正方案。

班超之所以能够纵横西域二十多年，他的识人和用人能力起到了非常关键的作用。就拿他第一次出使鄯善来说，前文已经说过，他只是个副使而已。但夜袭匈奴使团，他是擅自行动，完全没有将计划知会正使郭恂。

郭恂只是一个普通文官，从事后他大惊失色的表现来看，班超早已判断出其性格懦弱难以成事，因此对他没有走漏半点儿风声，避免被掣肘生变。而事成之后，他又给郭恂吃了一颗定心丸，表示有了功劳大家分享，决不独自贪功。果然，郭恂开心起来，这才方便班超继续行事。

还有一件事能证明班超之大度。建初八年（83），汉章帝派了卫侯李邑护送乌孙使者归国。而交好乌孙、打击龟兹之策，就是出自班超的建议。汉章帝显然对此策颇为重视，让李邑带了大量礼品回访乌孙。

可是到了于阗，正碰上龟兹进攻疏勒，李邑因为害怕不敢前行。他便上书给汉章帝，极力毁谤班超，说班超在疏勒已娶妻生子，只顾自己在西域享乐，根本是以私心谋划国家大事，所以"结乌孙而定龟兹"的计策绝不可行。李邑的这封上书，写得非常恶毒，但并不是完全的诬告，因为班超此时确实娶了疏勒国的公主，也生了儿子班勇（后来正是这个班勇，三十多年后重回西域，继承父亲的荣光，让西域重归大汉）。毫无疑问，娶公主为班超在疏勒国的政治天平上加了砝码；但是面对谗言，班超却无法自证清白。幸好汉章帝知道班超忠心，只用一个理由便戳破了李邑的谎言：即使班超在西域因为妻儿而有私心，可跟着他的士卒有一千多人，如果班超没有公心，大家怎么会跟着他同心同德呢？直接命令李邑到班超手下当差——意思很明显，要打要罚随班超吧。

没想到，班超竟然不计前嫌。他改派别人送乌孙使者回国，帮李邑卸下一个苦差。在乌孙国派王子去洛阳朝见汉帝时，班超又把这件美差转赠给了李邑。这样一来，李邑等于迅速在西域镀了个金，回京师享福了。身边的人看到班超这样的举动，纷纷为他打抱不平：李邑这么毁谤你，差点儿导致你平定西域的功业失败，现在既然皇帝下旨让李邑在你手下为官，你还不好好治治他？对此，班超的解释是："快意留之，非忠臣也。"（《后汉书·班梁列传》）意思是，因泄私愤而图后快，那不是忠臣所为。

班超有此举动主要是出于两个原因。第一个原因，李邑确实是个小人，对于这样的人只有两种处理方法，一是杀之，二是远之。而班超选择把他送回洛阳，实际上就是把这个祸害扔得远远的。第二个原因，进一步取得汉章帝的信任。班超十多年孤悬西域，甚至曾抗皇命不归，皇帝不可能不对他心存疑虑。

这次谗言危机，也代表了朝野上下对班超留在西域的某种看法和偏见，汉章帝一方面表达了对其人品的信任，另一方面却又把李邑送到班超手下，这何尝不是一次测试呢？汉章帝如果觉得李邑诬告大臣，欺君犯上，完全可以直接处罚，用不着多此一举。很显然，班超看到了这一点，而且从他解决这次谗言危机的全过程来看，他并没有居功自傲，也没有因泄私愤而忘公理，这样应该打消了汉章帝潜在的疑虑。

那么，班超有没有看走眼选错人的时候？

熟悉中国历史的人，大概都会扼腕叹息，觉得选甘英这个胆小鬼出使大秦，是班超这辈子最大的失误。如果是班超自己，或者是他手下那位单枪匹马生擒疏勒王兜题（龟兹人）的田虑，那么世界上东西两大帝国，大概率当时就能接上头了，但事情真的是这样吗？

汉和帝永元九年（97），甘英奉西域都护班超之命出使大秦（罗马帝国）。他率领使团从龟兹出发，一路西行，到达了安息的西海（今波斯湾）沿岸，安息就是波斯的帕提亚帝国，而安息人一是没有告诉甘英，可以从陆路绕过波斯湾；二是反复渲染海上航行的艰难，不仅时间长，而且有水妖作怪。

《后汉书·西域传》如此记录："海中善使人思土恋慕，数有死亡者。"后来有学者考证安息人所渲染的很有可能就是希腊神话中以歌声迷惑水手的塞壬女妖。安息人之所以这么说，是因为安息是汉朝与大秦贸易的中转地，如果汉朝直接和大秦搭上线，会损害其垄断利益，于是安息人散布这些恐怖言论，导致甘英望海却步，最终未能完成使命。

那么甘英真的是一个懦夫吗？他是第一批随班超出使西域的三十六壮士之一，未知之地的险恶，甘英肯定知晓。而他在接受任务后，"明知山有虎，偏向虎山行"，这岂是胆小者可为？更何况，甘英一路跨越艰难险阻，到达前人所未至之地，一直走到海边无路方才止步，无论如何都不能将他归为缺乏勇气的人。

如果一定要说甘英有什么不足的话，只能说他是个地地道道的内陆人士，完全没有航海的经验。《晋书·四夷传》保存着甘英回国后的行程报告，他甚至感叹海水不可饮用："途经大海，海水咸苦不可食。"很显然，倘若是一个有海边生活经验的人，断然不会发出这样的惊叹。因此，甘英会对海洋怀有本能的恐惧感，这是没有进行过海上航行的人共有的感觉，无可厚非。

照这么说，还是班超选错了人，他为什么不选一个有海上航行经验的人呢？

其实，这些都是今人在有了世界地理概念后，所作的事后诸葛亮之言。要知道，班超长期驻扎在西域，那里几乎是距离海洋最遥远的内陆地区，以当时汉朝人对世界地理的了解，班超如何能未卜先知向西会遇到大海？而当时他选择甘英，一定是认为他是出使最佳人选，也是对其能力和胆识的充分肯定。

所以，称班超派甘英出使大秦是看走眼选错人，显然是用今人的眼光去苛求古人了。

## 燕然勒功的窦宪，为何总是存在感全无呢

2017年的夏天，在蒙古国的中戈壁省发现了一处摩崖石刻，后来被中蒙两国联合考察队确认为《封燕然山铭》。这样一个考古发现令人激动不已！要知道，《封燕然山铭》一直被认为是我国有史记载的"边塞纪功碑"的源头，而今历史终于与现实交相辉映，它将埋没在风沙下近两千年的汉家军威，重新展现在世人面前。

汉和帝永元元年（89），车骑将军窦宪为主帅，执金吾耿秉为副将，率骑八千出塞，大军出朔方，与七千度辽兵，三万南匈奴、乌桓、西羌骑兵会合于涿邪山，与北单于战于稽落山，大破之。北单于大败逃走，汉军一路追击至私渠比鞮海，前后斩杀了一万三千余人，获马牛羊骆驼百余万头。此后，北匈奴八十一部率众降者，前后有二十余万部众。最终，主帅窦宪率众将登燕然山（今蒙古国境内的杭爱山），在燕然山的南麓铭刻纪功。

因此，这篇《封燕然山铭》就是记录和颂扬汉军出塞三千里，奔袭北匈奴，斩将破房立下赫赫战功的铭文。它的作者非常有名，是东汉著名的史学家班固。这篇雄文当然不是在书房里炮制出来的，因为当时的班固是窦宪帐下的中护军（参谋），随大军出塞远征，这种亲身经历带来的自豪感，足以让班固把这篇铭文写得大气磅礴、别具匠心。

一般来说，铭文都是长铭短序，此文恰恰相反，用骚体写成的铭文不过五

句，班固却用了大量韵律优美的赋体序文，详细记录了这次重大胜利的时间、地点、参与者、战果以及立碑之意，让汉军立功塞外的精神千古流传，后世直接用"燕然勒功"这个词形容刻石纪功，更泛指于军中成就功业。范仲淹的《渔家傲·秋思》中，最著名的一句就是"燕然未勒归无计"，意思就是，没有建立功绩，哪里会有回家的打算！

毫无疑问，在《封燕然山铭》中，主帅窦宪是绝对的主角，而班固对主帅之贵的形容可不是简单的溢美之词，其绝对称得上取融经典，化为伟词。比如，"元舅"一词，就出自《诗经·大雅·崧高》中"不显申伯，王之元舅，文武是宪"之句，这两个字把窦宪的尊贵显赫表露无遗，后面更是表彰他恭敬天子、辅佐王室、善理国事、高洁光明。

那么问题来了，窦宪既然如此英明神武，战功卓越，两年后更是击溃北匈奴于金微山，北匈奴单于逃走，从此不知所终。可以说，经他之手彻底解决了匈奴边患——这个困扰两汉王朝近三百年的顽疾。为什么在中国的历史长河中，无论是官方认证，还是民间八卦，谈及历代名将的座次，窦宪总是被自动忽略的那个？

一个最明显的例子就是，"燕然勒功"和"封狼居胥"都是汉家军威声名远播的象征，更是后世武将念念不忘的最高荣誉。但"封狼居胥"的主角霍去病被后世反复歌咏勇冠三军，称得上是家喻户晓；而绝大多数中国人，恐怕连登上燕然山的将军是谁都不知道。

究竟是什么原因，造成如此巨大反差，让窦宪的存在感全无呢？

## 北匈奴的悲歌

章和二年（88），宗室子弟、都乡侯刘畅在洛阳被刺身亡，朝野震惊。

这年年初，汉章帝驾崩。刘畅是东汉光武帝刘秀的兄长刘縯之曾孙，虽只是皇室远亲，按制也需要来京吊唁国丧。

以《后汉书·窦融列传》中的记载，"畅素行邪僻"，也就是刘畅这个人平日里就品行不端,但生得顾盼神飞,一表人才。举办国丧期间,刘畅大概和汉章帝的遗孀窦太后见过几次面,有那么点儿眉目传情的意思。

刘畅当真是色胆包天,国丧之后,他赶紧去找亲戚邓叠。邓叠是步兵校尉,他的母亲元氏和窦太后关系不错,可以自由出入长乐宫。刘畅到邓家套近乎,无非是想通过元氏觐见窦太后。

果然,通过这层关系,刘畅成功进入长乐宫。最终他是否和窦太后有染,无法确考,但《后汉书·窦融列传》中记录为:"得幸太后。"也就是说,刘畅很快得到了窦太后的宠幸。谁曾想到他竟因此迅速招来了杀身之祸?

一天,窦太后再次诏令刘畅到上东门候旨接见。这时候有人对此很紧张,这人便是窦太后的哥哥窦宪。因为汉章帝驾崩后,继位的汉和帝年仅十岁,因此窦太后实际掌握最高权力,而她当然要倚仗娘家人,窦氏一门旋即鸡犬升天,其中最大的受益者是窦太后的兄长——窦宪。

然而,刘畅受宠以后,窦宪慢慢感到了潜在威胁。一般人认为,窦宪对刘畅动了杀机,无非是其分了宫省之宠,削弱了其权势。其实不然,倘若刘畅只是一个毫无根基的小白脸,窦宪大概懒得去管妹妹的宫闱之事。偏偏刘畅是刘氏宗族子弟。这里必须交代一下,窦太后并无子嗣,汉和帝刘肇实际是梁贵人之子,窦太后只是他的嫡母(也是其养母),和帝纯粹是窦太后为巩固自身政治地位而树立的傀儡而已。

而窦太后是窦氏一族的权力支柱,显然窦宪为了家族利益,不希望妹妹再和刘氏皇族有太多的情感和利益牵绊。于是他暗中派刺客混入上东门的侍卫中,将刘畅刺杀,并嫁祸于其弟刘刚。

新宠惨死,窦太后盛怒之下要求严查此事。中间波折颇多,但最终还是真相大白:买凶杀人的,竟然是窦太后的哥哥窦宪。

这下就尴尬了,窦太后陷入左右为难的境地,倘若秉公执法,哥哥人头就要落地,这可是刺杀王族的罪名啊!一旦窦宪被杀,窦氏家族受到重创,自己临朝称制的权力基础也会动摇。无奈之下,她只能将窦宪暂且关在内宫,名为囚禁,实为保护。

窦宪此时的官职是侍中，一个侍中谋杀王族侯爵，朝野间巨大的舆论压力可想而知。就在窦太后头痛如何处理此事时，偏巧不巧，来了根救命稻草：南匈奴使者前来朝见，请求朝廷出兵讨伐北匈奴。

朝廷主流意见是什么？大多数官员反对出兵，更有人直接指出即使消灭了北匈奴，汉朝也拿不到漠北的地和人，毕竟中间还隔着一个南匈奴，打这一仗等于是帮南匈奴统一或者让其他戎狄坐大，不如保持现状。

《后汉书·袁张韩周列传》中记载："宪惶恐，白太后求出击北匈奴以赎罪。"意思是，此时窦宪害怕了，便向太后请求出击北匈奴以赎罪。窦太后显然铁了心要袒护哥哥，倘若没这档子事儿，她大概会慎重考虑一下群臣的意见，但眼下急需一场军事胜利来挽救兄长的性命，帮助窦氏家族渡过丑闻危机。最终，她力排众议，决意出兵北匈奴，不仅放了窦宪，还提拔他为车骑将军，佩金印紫绶。

就这样，窦宪摇身一变从侍中被提拔为将军，杀人者没得到惩处，反而加官晋爵。这当然引起一干朝臣的愤愤不平。《后汉书·袁张韩周列传》就记录了尚书令韩棱始终没给窦宪好脸色，他曾一力追查刘畅被杀的真凶，又多次谏言反对起用窦宪北击匈奴；窦宪战功赫赫时，他阻止朝臣越制敬拜，窦氏事败后，又深究其党羽。

韩棱对窦宪的态度，代表了东汉主流士大夫阶层对此事的看法：窦宪出击北匈奴的动机不纯，赎罪只是个借口，说到底就是给窦太后一个台阶下，为赦免找个冠冕堂皇的理由。深层次的出发点就是窦氏外戚集团为保住自身利益而谋划、实施的一次军事投机行动，因此士大夫对窦宪的评价普遍不高。

不过有一点，窦太后和她的窦氏集团不知道有没有考虑过，万一窦宪打输了呢？要不要数罪并罚？而窦宪主动求出击以赎罪，他就这么笃定，自己一定能破匈奴将功赎罪？

## 南匈奴上书请兵

说句老实话，群臣对窦宪被封为车骑将军，成为北击匈奴的主帅，不服也是正常的，毕竟窦宪此前没什么领兵经验，更谈不上指挥大兵团出塞作战了。

根据《后汉书·窦融列传》里的记述，年轻时的窦宪基本就是一个嚣张跋扈的纨绔子弟形象。他是东汉开国"云台三十二将"（不在"二十八将"之中）之一窦融的重孙，父亲和祖父两代都是驸马爷，出身高门世族。其祖父窦穆、父亲窦勋当年就是有名的纨绔子弟，胆子大到敢假传太后令旨，欺压刘氏宗族，最后惹恼了汉明帝，两人获罪死在狱中。

要说窦家这个跋扈的基因真是强大，爷爷和父亲伏法狱中，按说窦宪少年时也没少吃苦，但他一点儿教训也没吸取，一旦显贵，便加倍地仗势欺人。有一次，汉章帝了解到窦宪竟然欺负到他女儿沁水公主头上（窦宪低价强买了公主的庄园），他大发雷霆：公主都敢欺负，更别说一般老百姓了。本欲重治其罪，多亏当时还是皇后的妹妹苦劝，最终窦宪逃过惩罚，但也得不到重用了。

别人不了解窦宪，他妹妹窦太后还不了解他吗？就这样一个纨绔子弟，又无统兵经验，窦太后能放心把自己和窦氏集团的政治前途全押宝在他身上？

当然不敢！真正下决心出兵前，窦太后还召见过一个人——执金吾耿秉，征求了他的意见。

耿秉，史书上称他精通《司马法》，富有韬略，是将帅之才，他的军事才华和对边境事务的了解程度，在当时汉军将领中无出其右。别的不说，看一下他的履历就足以证明：汉明帝时期，北伐匈奴、西征车师，耿秉都是窦固副将，后来他的堂兄耿恭血战金蒲城，也是由他坐镇酒泉策划救援；耿秉几乎参加了东汉前期所有对匈奴的重要战役，后来还担任了七年的度辽将军，威震边疆，南匈奴等边境部族对他深为敬服那。

事实上，在南匈奴上书请兵时，曾提出一个特殊要求：务必请耿秉出征。《资治通鉴·汉纪》中记载了南匈奴的上书："愿遣执金吾耿秉、度辽将军邓鸿及西河、云中、五原、朔方、上郡太守并力而北，冀因圣帝威神，一举平定。"

像度辽将军、五郡太守本是边将，参与北伐无可厚非，唯有执金吾耿秉，担任拱卫皇城守卫之责，南匈奴人却要求大汉让耿秉领兵。这个要求看似僭越，实际上是对耿秉军事才能的高度认可。

耿秉对窦太后的回答是："以夷伐夷，国家之利，宜可听许。"意思很明确，用匈奴人打匈奴人，这对国家来说是好事啊，应该同意。对于这样的答案，窦太后应该是意料之中，耿秉向来就是朝中主战派，早在汉明帝时，他是最早上书要求打击匈奴的人，如今这样一个好机会，他怎会放过？

因而这次召见，打不打不是重点，重点是由谁挂帅去打。窦太后非常清楚，在军中，完全没有资历和战功的窦宪很难建立起威信，况且这次出征汉军数量不多，主要兵力是征调南匈奴、乌桓等部族。因此，说服耿秉尽心辅佐窦宪才是关键。

而且，耿秉并不是一个人在战斗。耿家是东汉前期人才最多的将门之家，其家出过非常多的名将。仅是这一次北击匈奴，耿家除了耿秉之外，高级将官里还有耿夔、耿谭等人，而耿夔便是两年后金微山之战的实际指挥者。因此，只有获得耿氏家族的支持，才能真正在军中立威。

从最后结果来看，耿秉应该是从大局出发，为了完成灭匈奴大业，甘心当绿叶来捧红窦宪。整场战役中，耿秉完全把自己放到辅佐的位置上，联系协调好三路大军特别是南匈奴部队协同作战。而能把不到一万的汉军和三万多南匈奴、乌桓、西羌等骑兵捏合到一起，恐怕也只有他能做到。

事实上，这次北伐的关键之役稽落山决战，在前线作战的就是耿夔这一路，主力则是南匈奴骑兵。其实就是南、北匈奴的大会战，这恰恰贯彻了耿秉此前回答窦太后的"以夷伐夷"的战略方针。

因此，很多人认为这次北击匈奴，窦宪只是挂名主将，真正谋划指挥的，应归功于副将耿秉，所以窦宪永远排不进名将榜。

当然，耿秉和窦宪两人关系应该很不错，看这两人的交集，实际上也只有永元元年（89）这场北伐，但这一战显然让他们建立了深厚的战斗友谊，以至于

《后汉书·耿秉传》中记载："及窦宪败,以秉窦氏党,国除。"意思是说,窦宪后来事败之后,耿秉虽然此时已死,但还是被列入了窦氏党羽之列,撤除了他的封地。

## 最悲催的单于连名字都丢了

在窦宪北击匈奴的两年前,汉章帝章和元年(87),漠北草原上的一场突袭,预示着草原上霸主即将更迭。

这是一段有些血腥、悲凉、震撼的记录,《后汉书·南匈奴列传》中记载:"章和元年,鲜卑入左地击北匈奴,大破之,斩优留单于,取其匈奴皮而还。"意思是,漠北草原上,鲜卑人从东方而来突然袭击了北匈奴,大获全胜,将北匈奴的优留单于斩首,而且将他的皮剥下带回了鲜卑。

这是怎么回事?匈奴不是草原上的最强者吗?怎么变得如此虚弱不堪,甚至连单于都被轻易斩杀,遭受剥皮的奇耻大辱?

的确,在东汉以后,匈奴便已经不是我们熟悉的那个控弦之士数十万的强悍匈奴了。其彻底分裂为南北两部,相互之间内讧不断。南匈奴向东汉帝国臣服后,一门心思要压缩北匈奴的生存空间。

而上天似乎也成心惩罚这个草原霸主,这段时间漠北经常遭遇各种天灾,牲畜和人口锐减。自身的虚弱直接导致北匈奴周边一系列原来的仆从国顺势发展壮大,逐渐骚扰乃至反噬。北匈奴在后期时常遭到南匈奴、丁零、鲜卑甚至西域一些小国的围殴堵截。

这其中当然有东汉朝廷的"以夷伐夷"的定策之功。比如,鲜卑的崛起,最早就是因为东汉建武二十五年(49),当时的辽东太守用财利诱使鲜卑人去攻打北匈奴,打完回来以统计首级数给予赏赐。就这样,鲜卑人逐渐坐大,最终成为北匈奴人的噩梦。

优留单于被斩首后,北匈奴大乱,屈兰、储卑、胡都须等五十八部二十万人分至云中、五原、朔方、北地投降汉朝。

此时，优留单于同父异母的哥哥继位，这位原来的右贤王后世甚至连名字都没有留下来，也可以看出北匈奴乱到什么地步。我们暂且以"北单于"代称他。

这个"北单于"当真倒霉，鲜卑大掠后北匈奴祸不单行，因为蝗灾，草原上又闹起了饥荒，牲畜和人口锐减。"趁你病，要你命"，死对头南匈奴早在一旁虎视眈眈、摩拳擦掌了。

所以，假如说霍去病当年的对手是"壮年匈奴"，那窦宪撞上的绝对是"垂暮匈奴"。一个数据是，北匈奴此时的人口已经锐减到三十万左右，远不及新崛起的鲜卑。这也可以解释，为何稽落山一战也就斩杀了北匈奴一万三千人，整个北匈奴就崩溃了，因为这一万三千人恐怕是北匈奴最后的精锐了。

面对如此虚弱的对手，窦宪可谓兵精粮足，"发北军五校、黎阳、雍营、缘边十二郡骑士，及羌胡兵出塞"（《后汉书·窦融列传》），如此悬殊的力量对比，自然无不胜的道理。就这样，前文也说了，最重要的决战还是南匈奴打的。

此战之后，窦宪一边班师回朝，一边乘北匈奴惊慌未定，派人去招降。结果"北单于"派了个弟弟来洛阳谈判，窦宪便借口"北单于"没有亲自前来，上书让皇帝遣还其弟，表面是说"你单于不来，证明没诚意"，实际意思是"要谈判你来找我，找别人没用"。

到了第二年，"北单于"为表示诚意，派了儿子去居延塞找窦宪。这让窦宪觉得很有面子，于是答应了北匈奴王储的要求，派了中护军班固等人代表朝廷封赏"北单于"。结果，此时南匈奴又来蛊惑，说乘此机会一举消灭北匈奴，然后南北匈奴合并归汉。

这听起来太有诱惑力了，窦宪立马就改了主意。永元二年（90），汉军与南匈奴夹攻北匈奴，而北匈奴正等着受封呢，自然没任何准备，大败。"北单于"受重伤逃走，老婆被俘虏，具有讽刺意味的是，班固等人此时还奔走在册封北匈奴的路上，大概率他们到达时，匈奴王庭只剩下废墟和尸体。

接下来，北匈奴是战也不能战，降又不能降，只能西迁，而窦宪则决定将其彻底剿灭。永元三年（91），他派耿夔、司马任尚、赵博等率兵出居延塞，在金微山（今阿尔泰山）大破"北单于"，斩首五千余级，这回连"北单于"的母亲都被俘虏了。匈奴历史上，这位最悲催的"北单于"，在老婆和母亲都被俘后，茕茕孑立于世，遁逃不知去向。

金微山之战，是汉匈延续近三百年的战争史上最后一次大规模战役。无论如何，窦宪都算是创造了历史的人，那么为什么后来正史、野史没人待见他呢？

不得不说，这和他的结局有关。

## 绝世之功仅仅停留在摩崖石刻上

熟悉东汉历史的人都清楚，窦宪的个人结局是悲惨的。

但影响对他评价的，不仅是他个人的结局，还有他北击匈奴这个大战略的结局。其实"北单于"不知所终后，紧接着面对的，就是如何处理北匈奴的人和土地。正如一开始朝中反对派所说，汉廷直接驻军塞北，是不可能的，一方面中间隔着一个南匈奴；另一个方面北庭驻军路途遥远，补给线完全跟不上。

此时朝中的主流意见是，既然征北之事是南匈奴的请求，仗打完了，干脆让南匈奴北返故地，由汉廷派使节领护。但窦宪不同意，他的想法是从北匈奴投降的王公贵族中择一人立为北单于，"置中郎将领护，如南单于故事"（《后汉书·袁张韩周列传》）。这样一来，除了出了一口气之外，一切似乎又回到战争之前的样子，东汉非但没有获得什么实际利益，甚至还要往外掏更多的钱。

为什么这么说呢？《后汉书·袁张韩周列传》中详细记录了司徒袁安的反对意见："且汉故事，供给南单于费直岁一亿九十余万……今北庭弥远，其费过倍，是乃空尽天下，而非建策之要也。"意思是说，按照惯例，供给南单于的钱一年要一亿多，倘若要在北匈奴也设立中郎将进行管理的话，花费的钱恐怕要超过一倍，袁安担心，这样将耗尽国家的财富，根本不能持久。当然，除此之外，袁安还有一层担忧，就是和南匈奴之间的关系。南匈奴投奔汉朝四十多年来，一直希望击溃北匈奴，一而再、再而三提出北征，而今大功告成后，却又重新扶植一个北匈奴单于，等于失信于南匈奴。

显然，此时的窦宪更有话语权，最终汉和帝听取了窦宪的方略。于是，窦宪便立了匈奴降将右鹿蠡王于除鞬做了单于。正如袁安所担心的，仅仅过了一年，那个被拥立的于除鞬单于就起兵反叛。

虽然反叛的北匈奴没过几年就覆灭了，但事情到此并没有结束。北匈奴的彻底西迁所造成的草原权力真空，最终给了鲜卑人崛起的好机会。这一点恰恰印证了当年窦太后决意出兵时，尚书宋意一力阻拦并给出的战略分析：北匈奴与鲜卑相争，汉廷可坐享渔人之利；若北匈奴被消灭，鲜卑进占漠北草原，恐将成为汉廷更大的边患。

那么，窦宪为什么要重立北匈奴呢？《后汉书·袁张韩周列传》给出的解释是"宪日矜己功，欲结恩北虏"。意思是，窦宪经常夸耀自己的功绩，而且想用恩惠与北匈奴余部私下搞好关系。

当然，"欲结恩北虏"很可能是日后朝廷对窦宪此举的定性，但是"日矜己功"恐怕真的是窦宪的日常习惯了。前文提到窦宪大破匈奴后，朝臣甚至议论要称之为"万岁"，因此尚书韩棱才会愤怒地指责"礼无人臣称万岁之制"。

从古至今，有功之臣最忌讳功高盖主，可惜窦宪和他的家族从来没把汉和帝这个小孩放在眼里。而这个家族，从血缘上与汉和帝没有任何关系，他们最终为漠视皇权付出了巨大代价。

当时的窦氏家族，父子兄弟同为卿尉要职，权倾朝野。窦氏一门骄纵，尤以窦宪之弟窦景为甚，他当时担任执金吾一职，却纵容奴仆到处抢夺老百姓的财物，肆意奸淫掳掠妇女。在遭到朝廷重臣的多次弹劾后，窦太后最终也只是免了他的官，保留了他的爵位。

回看历史细节，窦景交出执金吾一职其实非常关键，因为此时一场宫廷政变已经在紧锣密鼓谋划中。

还记得那个把刘畅介绍给窦太后的元氏（邓叠之母）吗？她依旧是太后面前

的红人，而代替刘畅的却是窦宪的女婿郭举，他长期出入宫廷，渐渐与汉和帝产生了嫌隙，于是这帮人（邓叠、邓磊、郭举等）竟然共谋欲杀害汉和帝，篡夺朝权。

汉和帝此时十四岁，他得知这些人的阴谋后自然不甘心，便暗暗和宦官们制订了诛灭窦氏的计划。此时窦宪仍在外领兵，汉和帝恐其握兵作乱，因此忍而未发。

永元四年（92）六月，窦宪班师回京，汉和帝让大鸿胪到郊外迎接，然后将窦宪请进了北宫。随后，命令执金吾、五校尉率兵驻守南北宫，关闭城门，立即逮捕了邓叠、邓磊、郭举等人，皆下狱诛杀。念及窦太后的一点儿养育之恩，汉和帝没有立即诛杀窦家人，而是收回了窦宪的印绶，改封为冠军侯。然后命令窦家四兄弟立即离开京师回到封国，等到了封国后，除了罪恶较轻的窦瑰之外，其余人全都被迫自杀。

窦宪从燕然勒功成到身败名裂不过三年多，虽盛极一时，但终归时间太短，根基太浅。因此他的功劳被轻易掩盖，后世多因其大节有亏而不提其功。

客观来说，无论北匈奴有多羸弱，无论耿秉是不是起到核心作用，作为一军之主将的窦宪，他的决策和用人，在三次北击匈奴之战中是无法忽视和抹杀的。千万不要认为谁都能当好主帅。在中国的历史长河中，一副好牌因为主帅昏庸无能而打得稀烂，最终导致战局逆转的例子还少吗？

从古至今，一提起抗击匈奴，中国人只知有卫青、霍去病，而不知有窦宪，只因中国人太在乎所谓"盖棺论定"。从某种角度来说，霍去病近乎完美的形象，恐怕也是因为他死得早，否则以他的身份和性格，难保不会在政治斗争中成为一颗被牺牲的棋子。

从这一点来说，窦宪的身败名裂或许是历史和命运的必然，而从他开始，东汉的宦官和外戚围绕宫廷政权的争斗，再无停歇。

## 谭嗣同拿她影射慈禧，对这位东汉皇后公平吗

有一首诗，中国人听到都会非常热血沸腾。

谭嗣同被杀前在狱中题写的《狱中题壁》说："望门投止思张俭，忍死须臾待杜根。我自横刀向天笑，去留肝胆两昆仑。"

一般人熟悉的是后两句，表达了谭嗣同对自己即将上刑场那种视死如归的精神。那前两句是什么意思呢？大概是他希望逃亡的康有为、梁启超等人，能获得人们的保护，同时也希望战友们能坚忍苦守，等待时机再完成变法维新的大业。

熟悉中国历史的人，一定会觉得谭嗣同用"杜根忍死"这个典故实在太贴切了，刚好影射了慈禧太后不肯交权，破坏变法大业的现实。

让杜根忍死偷生十五年的恰恰也是一个至死不肯放权的女人，她就是东汉临朝称制十五年的邓太后。

根据《后汉书·杜栾刘李刘谢列传》的记载，当时任郎中的杜根认为汉安帝应该亲政，于是便和几个同事一起上书直谏。汉代的郎中不过是俸禄三百石的小官，是士人进入官场的起步阶段，绝大多数是热血青年，容易冲动，其实和谭嗣同等戊戌六君子的情况很像。但邓太后对几个年轻人的上书大发雷霆，连下狱都不用，直接命人拿口袋一蒙头就在殿上打死。执法的人因为杜根素有忠名，乱棍之中对他手下留情，后来几具尸体被车子拉到城外暴尸荒野，杜根苏醒过来。此时，邓太后又派人来检验尸体，杜根只能诈死。足足过了三天，杜根眼睛中都生

了蛆，最终逃出生天。

后来，杜根在一家酒肆中当酒保打杂，一直藏到邓太后病逝，汉安帝亲政。皇帝本以为杜根死了，便下诏想录用他的子孙，杜根这才出山被征召入朝，此时距离他装死足足过去了十五年。

杜根能活下来，靠的是诈死，后来他做官做到汉顺帝时期，活到七十八岁，寿终正寝。

还有一个人，他能安然死在床上，靠的却是诈病。最终成就他的，恰恰也是邓太后的雷霆震怒。

这个人是邓太后的堂弟邓康。应该说邓家的人都因为邓太后升官发财了，她对邓康也挺好，但邓康却很不识相，不断上书劝她还政于汉安帝。很明显，邓康是看到了邓家的潜在危机，虽然此时权倾朝野，但此前多少外戚集团最终被灭族。但邓太后根本听不进去。此后，邓康就声称自己有病，不再上朝。邓太后火了，便派内侍前往探问。巧的是，派出的使者曾是邓康府中的人，而此时，凡是在太后宫中颇受信任的内侍，都被称为"中大人"。这个奴婢来到从前的主人府中，竟然也以"中大人"自居，傲慢无礼。邓康自然不客气，臭骂她一通。结果可想而知，憋了一肚子气的内侍，回到宫中就将邓康诈病的事捅了出来，添油加醋地诋毁邓康对太后出言不逊。

邓太后听信了谗言，不但免去了邓康的官职，还将他从宗室的属籍中除名。

有趣的是，根据《后汉书·邓寇列传》的记载，邓康丢官除名这事发生在永宁元年（120）十二月份。

此时距离邓太后去世［永宁二年（121）三月十三日］不过三个月，会不会是邓康已经看出邓太后时日无多，故意和"中大人"演出一场双簧？

且不管存不存在这种可能，从结果来看，邓康在这个节点上出事，简直比中彩票运气还好。看似丢官失位，实则在接下来的政治斗争中把自己撇身于事外。果然，邓太后死后，汉安帝很快就对邓家动手，邓氏一族被彻底埋进历史的坟墓。而邓康却幸运地因为被除名而逃脱，被重新起用，汉顺帝时升任为太仆。

倘若只看这两件事，感觉邓太后真是霸道狠毒，还容易听信谗言，跟慈禧太后没啥区别。但奇怪的是，在清代人画的《历朝贤后故事图》中，贤德的邓太后排名相当高，第四幅就是她的《戒饬宗族图》。再看看史家对她的评价，那实在是比慈禧太后好太多了。那么邓太后到底是个什么样的人呢？杜根和邓康让她愤怒的共同点都是劝她还政于汉安帝，究竟是什么原因，让她一提这事便翻脸就比翻书还快？

## 阴皇后是怎么被"阴"的

邓皇后本名邓绥，出身于东汉的高门大族。她的祖父为东汉开国元勋——太傅邓禹，父亲是护羌校尉邓训，母亲是阴丽华皇后的堂侄女。阴丽华绝对是东汉最著名的美女，想当年汉光武帝刘秀还是一个太学生时，看到阴丽华便记住了她惊为天人的美貌，后入长安见执金吾车骑盛大感叹了一句千古名言："仕宦当作执金吾，娶妻当得阴丽华。"其美貌可想而知。而邓绥要变成邓皇后，在她面前的第一个障碍就是已经被汉和帝册封的皇后阴氏。这里的皇后自然出自阴丽华家族，她是阴丽华之兄阴识的曾孙女。所以论起来，这邓绥和阴皇后的亲戚关系并不远，邓绥还要长一辈，不过两人的年龄一样大。汉和帝永元四年（92），两人同时备选入宫。恰好邓训突然病故，邓绥在家守孝，整整吃了三年素，面容憔悴，连家里亲人都不认识她了。直到守孝期满，邓绥才重新入宫。

本在同一起跑线上，没想到三年一过，阴氏已经提前出线了，凭借自身的美貌，再加上阴氏家族内外活动，她很快被汉和帝封为皇后。

但是，邓绥一入宫，阴皇后便感到了危机。首先，一个非常重要的原因是邓绥的美貌在自己之上。

《后汉书·和熹邓皇后纪》中形容邓绥："后长七尺二寸，姿颜姝丽，绝异于众，左右皆惊。"意思是说，邓绥个子很高，长得漂亮，非常出众，见过她的人都很惊讶。汉和帝刘肇自然对她宠爱有加，很快便立邓绥为贵人。

需要说明的是，汉和帝十岁即皇帝位，此时也不过刚满十八岁，而阴皇后和邓贵人都是十六岁，说到底三人的关系更像少男少女之间的争风吃醋。而阴皇后因为受宠在先，如今所受到的关爱稍衰，自然心生怨念。

相反，邓绥的表现简直可以用"受虐"来形容。宫中举行宴会时，所有后妃都打扮得艳丽无比，邓绥却总是衣着朴素、不加修饰；但凡阴皇后出现，邓绥总屈腿弯腰，这样才不让自己显得比阴皇后高；偶尔她穿的衣服和阴皇后有点儿"撞衫"，她都立即更换；她从不敢在阴皇后之前抢着说话，就算皇帝刘肇指定其问答，她也要迟疑地看阴皇后的脸色才开口。

当然，除了对标阴皇后一定要矮一截之外，邓绥确实非常低调。有一次，她生了病，汉和帝允许其家人自由出入宫禁探望，且留宿没有时间限制。邓绥却请求皇帝收回成命，因为她忧虑而不愿意享受特权。对此汉和帝很是感叹："深自抑损，诚难及也。"意思是，像邓绥这样能够自我克制甘愿吃亏的，一般人很难做到啊。

皇帝越是惊叹和赞赏邓绥的"完美"，邓绥越是低声下气作楚楚可怜状，阴皇后就越发看不惯这个太能"装"的邓贵人，恨得牙齿发痒。恰好此时汉和帝生了一场大病，病到可能要准备后事了，而阴皇后竟然密言："我得意，不令邓氏复有遗类！"意思是说："我要大权在手了，必然叫邓氏家族一个不留！"

《后汉书·和熹邓皇后纪》中明明记载了这是一句密言，但偏偏传到了邓绥的耳朵里。如果阴皇后当真说了这句话，那就有理由相信在阴皇后身边，有邓绥安排的"眼线"。邓绥在听到这句话后，抹着眼泪哭诉："我是用尽诚意来侍奉皇后，没想到还是成为她的眼中钉。我现在唯有一死，上可以报答皇上的恩宠，中可以解除邓氏宗族的灾祸，下不让阴皇后把我弄成'人彘'。"交代完遗言后，邓绥便要喝毒药自杀，身边的宫人自然要拦着。就这样，一哭二闹三喝药，闹了半天，最后有宫女谎称刚刚有使者来，通报皇上的病已经好了，邓绥信以为真，才打消自杀的念头。最奇妙的一幕发生了，第二天，汉和帝的病居然真的好了。

毫无疑问，这中间的巧合实在太多了，多到让人生疑是不是有人设计了这一切。先是阴皇后的密言偏巧不巧传到了邓绥的耳朵里，邓绥听了之后要自杀，宫女撒谎骗她续命，结果第二天，谎言偏偏成真。皇帝病好，自然又有人把这场大戏的前因后果给他打了小报告。结果，血气方刚的皇帝愤怒了，心说，居然有人想要把自己心爱的邓贵人变成"人彘"！与之形成鲜明对比的是邓绥的忠心耿耿和以身殉夫。此时，皇帝再让人去查阴皇后，发现她竟然和外祖母邓朱私行"巫蛊之事"。要知道，后宫最忌讳巫蛊，而汉和帝之前又大病一场，这种种线索集合在一起，最终矛头通通指向了看上去很"阴"的阴皇后。

很快，阴氏家族在严刑追责下死的死，流放的流放，阴皇后也招认了内外勾结、暗下诅咒的罪行。刘肇决定废了她。即使到了这一刻，邓绥还在为阴皇后求情。而为一个要将自家灭族的人求情，皇帝刘肇必然会叹服邓贵人的胸襟。

永元十四年（102），邓贵人顺理成章地成了邓皇后，哪怕她曾以身体患病为由再三推辞。但这场教科书般的宫斗，最终"扮猪吃老虎"的一方大获全胜。阴皇后被幽禁在桐宫之中，不久"忧惧而死"。这还不是阴邓两家故事的结尾，邓绥之所以历史评价远高于慈禧等其他女性统治者，必然有她的过人之处。

即使阴皇后家族这个政治对手曾和她生死相搏，但等到邓绥真正手握大权后，却对遣返原籍的阴家人网开一面。八年以后，永初四年（110），邓太后下诏大赦阴氏家族，允许被流放的阴氏族人回京，并赐以金帛五百余万以安养。

这当然不是邓绥的良心发现，但确实展现出她极高的政治智慧，毕竟阴家倒台后一蹶不振，而雪中送炭可以收服人心，这有助于塑造其宽德仁厚的形象，扩大她的统治基础。

### 两年连立二帝，偏偏长子有"痼疾"

汉和帝元兴元年（105），二十五岁的邓皇后迎来了她人生的转折点。

这年十二月辛未日清晨，汉和帝刘肇驾崩于章德前殿，年仅二十七岁。由于事发突然，没有留下任何遗诏。这意味着邓皇后变成一个寡妇的同时，身份立即变成太后而登上权力巅峰。这位以温和忍让、小心谨慎出名的"老好人"皇后，真的能够处理好"权力空窗期"的朝政吗？她能让各怀心机的文武百官乖乖听命吗？定立新帝自然是头等大事，她又会如何处理呢？

令所有人想不到的是，从这天开始，邓绥仿佛变了一个人，她所表现出的强悍和果决，让朝臣们心生畏惧。

与三年前汉和帝重病时，还是贵人的邓绥哭得要死要活相比，这一次丈夫过世，她根本没有时间悲伤。清晨汉和帝驾崩，到了下午，邓太后便向群臣传旨，百官当晚要改穿吉服，上殿拜见新皇帝。除了最亲信的几位大臣，绝大多数朝臣根本没想到，眼前这个降生不过百日，还被抱在怀中的襁褓婴儿竟然要继承大统。

原来，汉和帝的基因大概是有点儿问题，前后生了十几个皇子，但都很快夭折了。古人迷信，便以为小孩生在贵胄之家不好养活。于是，后生的皇子被隐秘地送到民间养活。而如今登基的刘隆此时出生不过百日，汉和帝病危时，邓绥已经派人将其秘密接回宫中，预备登基。

关于皇子养于民间，此事虽机密，但朝臣们多少有所风闻，因此并未怀疑刘隆的身份、血统。但邓皇后立刘隆为帝，很多人还是不服。因为汉和帝此时还有一个十一岁的长子，废长立幼，显然有违常理，邓太后自然要给出解释。《廿二史劄记校证·东汉废太子皆保全》的记载是："又和帝长子平原王胜，本应为太子，以痼疾不得立。"

从这句话可以看出两个信息，一是邓太后以刘胜有"痼疾"不宜为嗣，给大臣们一个交代；二是可推断，在刘胜身边可能已经聚集了一些政治势力。对于邓绥来说，控制一个毫无自我意识的婴儿显然比控制刘胜要容易得多。

可惜的是，刘隆实在是命短。这个襁褓皇帝即位不过八个多月又夭折了，死时是一个刚满周岁的婴儿，所以谥号为"殇"。

这显然给邓绥出了一道难题，当初不立长子刘胜，理由便是有"痼疾"不宜为嗣，结果自己立的皇帝这么快就夭折了，接下来该怎么办呢？无论按伦常还是舆情，都该让平原王刘胜"上岗"了。

这一次，邓绥虽然没有独断专行，但是她找来商量的并不是三公九卿，而是以邓骘为首的邓氏四兄弟。讨论的结果是，既然第一回没让刘胜上，难保他心里没有怨念，所以这一回就更不能让他上了。

最终，幸运的光环落到了汉和帝刘肇的兄弟、前废太子清河王刘庆十三岁的儿子刘祜身上。决策定后，太后邓绥当晚便派车骑将军邓骘持节，用亲王才能乘坐的王青盖车，迎刘祜入京为帝。

和立刘隆时分秒必争相比，这次邓绥立刘祜显然要从容很多。她一直等到汉殇帝晏驾后第三天，先封刘祜为长安侯，继孝和皇帝嗣，然后才立为新帝，即为汉安帝。总之，各种该走的程序都走了一遍，显然邓绥此时已经大权在握，根基深厚，可以定心立皇帝了。

但是，放着正宗的皇子不用，偏偏要立旁支，朝臣宗室对此不满的大有人在，纷纷抱怨太后贪权干政。

很快，朝中重臣司空周章见立刘祜为帝而"众心不服"，密谋发动政变，废除邓太后的临朝听政，另立平原王刘胜为新君。但还未实施就已经走漏风声，政变计划被邓太后洞悉。注意，这已不是邓太后第一次通过各种"眼线"觉察到对她不利的举动了。惊闻此消息，邓太后表现得非常镇定，她甚至没有立即逮捕或拷问周章，只是免除其司空职务。周章知道计划已泄露，自知无力改变局势，又不甘心受辱，于是自杀身亡。而邓绥也借搜捕周章同党的机会，在朝中清除异己，牵连极广。

自元兴元年（105）十二月邓太后临朝称制，到永初元年（107）十一月周章政变未遂而自杀的两年时间里，邓太后连立二帝，并采取一系列有效措施掌控了军政大权。而未遂的政变，也标志着她的地位已经非常稳固了。

除了在权力斗争中游刃有余，邓绥执政后发布的一系列诏令，也非常老练和有效，以至于很多人纳闷儿，为何一个深居宫中的女人，表现得比一个政坛老手更能干？

一方面，邓绥聪慧异常。据说她六岁就读史书，十二岁精通《诗经》《论语》，专爱和兄长们进行辩论，以至于她母亲常常发牢骚说："你是想做女博士吗？"而父亲邓训觉得她与众不同，也总喜欢和她一起商议事务。甚至在邓绥入宫之前，叔叔邓陔曾感叹自己的哥哥和父亲，一个曾救活千人，一个未尝妄杀一人，其后世必有兴者，可见整个邓氏家族对此女有多么看重。

另一方面，确实有不少人才尽力辅佐邓绥。其实，邓绥的公众知晓度并不高，但辅佐她的两个助手，名声要响亮很多，一个是续写《汉书》的班昭，另一个是发明造纸术的蔡伦。特别是蔡伦，之所以被封为龙亭侯，绝不是因为造纸，而是多年来在邓绥掌权过程中所起到的重要作用。

当然，最重要的一点是邓绥背靠一个庞大的邓氏家族，关键时刻，邓绥最信任的还是邓家人，这一点在"密立刘祜"时尤为明显，参加邓太后南宫会议的，清一色是邓家人，而且都是太后的同胞兄弟。

## 权力不中留，留来留去留成仇

汉安帝元初五年（118）十二月十八日，洛阳闹市，一名囚犯被斩首，他的名字叫任尚。

这个人或许有各种各样的毛病，但最终因为得罪外戚邓氏而曝尸街头，还是让人颇为唏嘘。任尚和邓家颇有渊源，他在军中崭露头角，就是担任护羌校尉邓训的护羌府长史。此后，他曾在邓训弟弟邓鸿手下大破北匈奴。再后来以副帅身份辅佐邓训的儿子邓骘，出击羌人，然而此次却是无功而返。等到和邓太后的堂弟邓遵一起执行平羌的收官之战时，他实际上已经和邓家三代人当过战友了，无论资历还是战功都足够自傲。

事实上，任尚在最后的平羌之战中确实是居功至伟。首先，他击败了先零部落的首领狼莫，然后才会有羌族的虔人部落一万一千人前往邓遵处投降；其次，他率先使用了羌族杀手，连续刺杀两位羌族首领，其中一位更是羌乱十几年来被杀级别最高的首领。

而邓遵则是从任尚那里学会了这门"刺杀学"，也起用羌族杀手刺杀了狼莫。因此无论怎么看，任尚平羌之功都在邓遵之上。但由于邓遵是太后邓绥堂弟的缘故，很快他被封为武阳侯，食邑三千户。如此优厚的封赏，看得任尚眼热火大，毕竟他同样立下大功，只因不是邓家人，封赏无期。

要怪就怪任尚功名心太重，看不清眼下邓家当道的形势，竟然和邓遵争功。这毫无疑问是摸了老虎屁股，邓遵岂是好惹的主。很快，任尚便被指控虚报杀敌人数、贪污军款钱粮达千万以上。仅仅听信了邓遵的一面之词，邓太后便下令将任尚押回洛阳处斩。

不过，在任尚被押回洛阳的途中，又引发了另外一件事，主角是邓太后的同胞兄长邓骘。原来此前任尚曾向邓骘的儿子邓凤赠送过骏马，而邓凤害怕任尚在狱中情急之下乱咬人，于是便向父亲邓骘自首。《后汉书·邓寇列传》中记载邓骘的反应："骘畏太后，遂髡妻及凤以谢，天下称之。"意思是说，邓骘害怕邓太后责备，因此丝毫不敢护短，他将自己的妻子和儿子都剃去头发（髡刑）一起送交官府，表示谢罪。这件事让邓骘得到天下人的称道。

从这件事能看出什么端倪来？邓家确实很会做"公关"工作，本来诬陷、受贿都是龌龊事，可一件声名远扬的美谈却将这两件事给淡化了。可怜的任尚，先后辅佐邓家多人，最终被是他孙辈的邓遵陷害不说，临死还成了邓骘大义灭亲的背景板。

这一切都是以约束外戚闻名于世的邓太后治下所为，当然也有史家表示，这件事发生时已是邓太后的统治后期，而其临朝称制前期，还是尽力约束邓家子弟的。

称赞邓太后执政早期"戒饬宗族"，最喜欢举的例子就是邓氏四兄弟不受"封侯之赏"的事。原来，在汉安帝即位后，邓太后为奖励功臣，做的第一件事就是大封列侯，重臣之中除了三公，还有邓氏四兄弟全部封侯，这七名列侯食邑各万户，而邓骘因拥立之功，在万户之上增三千户，荣耀至极。

但令朝野惊讶的是，邓骘及他的三个弟弟竟然全都不受封侯之赏，多次上书陈请后，邓太后批准了他们的请求。毫无疑问，此举定然成为美谈，为邓家的口碑加分不少。不过，仔细看这次封赏其实是暗藏玄机的，虽然对封侯辞而不受，但几个弟弟的官职都有擢升，其中最重要的是邓悝由原来的虎贲中郎将升任为城门校尉，这是掌管京师屯兵的武官。很显然，京师及禁中宿卫的兵权，皆落入邓氏之手。

这明白无误地传达了一个信息：虚名可以不要，但实权一定要收。

和这件事形成鲜明对比的是，一年后的永初二年（108），车骑将军邓骘受命西征羌人，就是这次任尚辅佐他出征，结果打了败仗无功而返。按理说，邓骘本应请罪自贬，以谢天下。但奇怪的事发生了，邓骘不仅没有被罚，还被加封为大将军，并享受了规模空前的犒劳和加封仪式。那么素以谦让、能检束自己而著称的邓太后和邓骘，为什么这次一个对败绩视而不见，另一个也毫不惭愧欣然接受呢？

原因很简单，因为大将军一职和封侯这样的虚衔相比，是掌握国家实权的。事实上，早在邓骘出征前，邓太后恐怕就已经盘算好，让他征伐回来就拜为大将军，这样邓骘便名正言顺地成为临朝太后之下的第一号辅佐大臣。

应该说，在取得实权的基础上，约束自家子弟不使骄横方面，长兄邓骘确实起到非常大的作用。他最早曾在大将军窦宪府中任职，窦宪的权势鼎盛和瞬间崩塌，他都亲眼所见。这些经验让他做出表率，在权势面前一再谦让，以免遭祸难。而他也在邓太后权力基础稳固之后，主动引身自退。

但邓骘没有想到的是，残酷的政治斗争并不因为一方在名义上做几次谦让或者隐退就可以化解。事实上，整个邓氏一门"凡侯者二十九人，公二人，大将军以下十三人，中二千石十四人，列校二十二人，州牧、郡守四十八人，其余侍中、将、大夫、郎、谒者不可胜数"。在皇权社会中形成如此权势滔天的势力集团，任何一个皇帝都不可能视而不见。

更何况，邓太后一直到死都不肯交权，让汉安帝亲政。本来，按常理来说汉安帝刘祜是应该感谢邓家的，如果不是邓家的拥立之功，无论如何也轮不到他做皇帝，但是十三岁登基，一直到二十七岁还没有亲政，汉安帝同邓太后之间没有矛盾与愤怨，那是不可能的。

建光元年（121）三月，四十一岁的邓太后去世。邓太后的死对于汉安帝来讲无异于一次权力的解放。汉安帝亲政后，很快就要对邓家动手，因为只有将这个权力集团瓦解，才能证明他实质上掌握了最高权力。

几个以前受过邓太后惩罚的宦人诬告邓太后的兄弟邓悝、邓弘、邓阊等人曾阴谋废汉安帝，另立平原王为帝。这一诬告正中汉安帝下怀，他立即下令严查。随后，邓广宗、邓忠、邓豹、邓遵、邓畅等人先后被逼自杀，邓骘与邓凤绝食自尽，邓太后去世不到五十天，邓氏家族就遭到了毁灭性的打击。

后来有种论调说，邓太后始终牢牢专权不肯放手，主要是因为汉安帝刘祜很不成才，不想让他搞乱江山社稷，所以一直坚持到油尽灯枯。但到底是邓太后没给刘祜学习锻炼的机会，还是刘祜本身就不是当皇帝的料（当年选他时称其忠厚谦虚、举止有礼）？这个当然已经无法考证了，但综合来看，邓太后处理此事确实失当，给邓家埋下了祸根。

一般来说，后世史官对邓绥总体评价颇高，她大赦天下，提倡德化，设立官学，罢省了各地鬼神祠宫，对遭灾的郡州一律减免田租；同时提倡节俭，减省了宫内用度，上林苑的鹰犬统统斥卖，还放出了宫女五六百人；此外还亲自审案，平反了不少冤狱。《后汉书·和熹邓皇后纪》记录了不少关于她的奇闻逸事，比如，五岁时奶奶给她剪头发，一不小心弄破额头，小姑娘一声不吭，就怕祖母伤心，所以咬牙忍住。再如，她少女时期曾在梦中以手抚天，抬头饮用青天上的钟乳。而这些都是传说中尧和汤少年时的经历，可见当时的舆论，已把她的形象往"圣王"上靠了。

但是真正要以"帝王"功绩来评估邓太后的话，她的贤德不过是小物之节约、小节之退让而已。虽然后世对她最大的褒奖在于严厉约束外戚，但实际上，她的为政之道是服务于她的个人和家族。所以，邓太后在执政中看似没有恶行，但只要一提"还政",立刻凶神恶煞,把所谓"贤德"的脸扔到九霄云外。

事实上,在邓绥总揽大政时,东汉的统治根基已经动摇,只不过继任者刘祜更加无能,宦官当道,受制阎后,外诛大臣,内废太子。因为刘祜的昏庸,邓家的无故被诛,人们当然会同情邓氏宗族、怀念邓绥,最后渐渐把她包装成了政绩最好和声誉最高的皇太后。

## 外戚宦官的轮盘赌，为何宦官能连续坐庄六把

东汉永宁二年（121），邓太后去世后，汉安帝终于亲自执掌朝政。

十三岁登基，二十七岁才亲政，汉安帝长期隐忍的怒火终于爆发，首先被这股怒火烧成灰烬的，是权倾一时的邓氏家族，接着在宫墙之内也发生了大清洗。

一位六十岁出头的老宦官，此时接到了汉安帝的诏书，命他自己去向廷尉认罪。老人耻于再受到狱吏的侮辱，于是沐浴更衣，整理衣冠，服毒自杀。

这是《后汉书·宦者列传》中对蔡伦最后下场的描述。

是的，这个蔡伦就是造纸的蔡伦，也被称为"蔡侯"，他所造的纸被称为"蔡侯纸"。多年以后，由蔡伦改进的"造纸术"成为中国古代的四大发明之一，而在老外编写的"影响人类历史进程的100名人排行榜"中，蔡伦排在第七位，足见其影响之深远。

但是回到《后汉书·宦者列传》，造纸的内容可不是《蔡伦传》的重点。蔡伦的人生高光和至暗时刻，恰恰都是如今狗血电视剧最喜欢拍摄的内容——宫斗大戏。

说句老实话，汉安帝刘祜逼死蔡伦，那是为祖母报了隔世仇。自从刘祜不可思议地被邓氏家族拥立，蔡伦就应该料到会有这一天。所谓一报还一报，不是不报，只是时候未到。

如果把时间拨回到四十年前，还是汉章帝时期，此时的蔡伦二十岁左右，不

过是宫中的一个小黄门，却在一次残酷的宫廷斗争中成为窦皇后的心腹。当时窦皇后与宋贵人之间的斗争愈演愈烈。窦皇后深受汉章帝宠爱，但却无子。而宋贵人生有一子，并在马太后主持下立为太子。马太后崩世后，宋贵人没了保护伞，窦皇后便一心要除掉她。恰逢宋贵人生病，欲求生菟为药饵，她便给宫外母家写信求购。不料，此书被窦皇后截住，便诬陷宋贵人欲作蛊道，借生菟为厌胜之术，诅咒皇帝。

负责审问大小宋贵人（宋贵人还有一妹妹，也为汉章帝之妃）的正是蔡伦，而蔡伦早已得到窦皇后的旨意，要将这对姐妹屈打成招。结果，宋氏姐妹双双服毒身亡，而太子刘庆最终也被母亲的"巫蛊之祸"所连累，被贬为清河王。

除了干了这件龌龊事，蔡伦起家的原罪还不止于此。刘庆被贬后，被扶上太子宝座的是刘肇，刘肇只是窦皇后的养子。而当初威逼梁贵人，让其"自愿"把尚在襁褓之中的刘肇过继给窦皇后当儿子的，正是蔡伦。可以说，蔡伦是作为窦太后的"黑手套"起家的。等到十岁的刘肇登基后，窦太后临朝听政，直接把蔡伦提拔为中常侍，随侍汉和帝左右。

此时，蔡伦的能力才干慢慢被发现。《后汉书·宦者列传》中说他开始参与政令制定，尽力辅佐皇帝，为匡正得失甚至多次触犯意旨，却赢得了汉和帝刘肇的尊重，以至于他这个曾经的窦太后亲信，在窦家失势被清洗后，竟然毫发无伤。而改进"造纸术"这件事正是在汉和帝执政后期办成的，汉和帝非常赞赏蔡伦的才能，并在全国推广这种"造纸术"。

邓太后执政后，女主无法直接和外庭沟通，所以蔡伦等宦官更加得到重用。而蔡伦也不负重托，在侦破周章政变未遂等多个事件中扮演重要角色，以宦者之身被封龙亭侯，恩宠至极。

倘若邓太后长寿，或许蔡伦会有一个善终。

刘祜只要亲政，蔡伦便知道自己过不了这一关。说到底，刘祜打心底认为这皇位本就是他的，倘若祖母宋贵人不被陷害，父亲刘庆的太子也不会被废，而刘祜也能顺利接班，哪会有当了十五年傀儡皇帝的耻辱？所以，从他意外坐回皇帝宝座后，蔡伦的结局就注定了。

其实，纵观蔡伦的一生，在不同阶段跟随不同的人主，他的行为和所造成的结果也不同。也就是说，我们不能因为他改进了造纸工艺，给世界文明进程做出了贡献，就对他曾经不择手段搞宫斗避而不谈；但也绝不能走另一个极端，说他造纸其实只是为了讨好当年爱好书画的邓皇后，为自身赚功名、谋利益。

实际上，蔡伦的人生也是在东汉政坛新崛起的宦官集团的一个真实写照。长久以来，史家总是将宦官们归咎为东汉王朝灭亡的祸首，把所有的"义愤"都宣泄在这群"阉人"身上，却忽视了宦官集团其实是皇权的派生物，宦官能否专权，关键还是"人主所为"。

可到了东汉中后期，"人主"们怎么就大量制造出宦官专权的现象呢？

## 开国皇帝刘秀挖的坑

东汉的宦官用权，最早是从郑众开始的。

章和二年（88），汉章帝暴病身亡。十岁的刘肇登基成为汉和帝，其养母窦太后临朝称制，于是窦氏一门"宠贵日盛"。

随着年龄的增长，汉和帝越来越看窦家不顺眼，而常出入宫廷的郭举（窦宪的女婿，颇受窦太后宠幸）竟然计划废掉汉和帝。汉和帝自然不会坐以待毙，他想除掉窦氏，大臣中只有司空任隗和司徒丁鸿不肯依附窦氏。由于宫廷内外隔绝，汉和帝根本无法避开窦氏的耳目和两人商议诛灭窦氏的计划。

于是，郑众便作为汉和帝与外臣之间的传声筒登上了历史舞台，常常是他深夜传语至宫外。这是非常重要也是非常危险的一个任务，而汉和帝能放心交给郑众，足见他对郑众的信任。《后汉书·宦者列传》中这样记述："而众独一心王室，不事豪党，帝亲信焉。"实际上，早在汉章帝做太子的时候，郑众就开始侍奉他了，跟随汉章帝进宫之后，从小黄门做到中常侍。郑众一心只向着皇室，所以汉和帝非常信任这个老臣。

在剿灭窦氏的过程中，由于汉和帝年纪实在太小，且常年在深宫之中，所以整个计划的谋划和实际操作——以召窦宪回京辅政为名，再将窦氏集团一网打尽，都是出自郑众的手笔。在窦氏集团权势熏天，双方实力如此悬殊的情况下，可以说，郑众才是永元四年（92）这场惊天大逆转的幕后操盘手。

汉和帝亲政以后，第一件事就是将郑众升任为大长秋，这是两千石的高官。后来汉和帝多次赏赐他，郑众总是辞多受少，于是汉和帝越发敬重他，常常找他商量政事，以前只负责内廷事务的宦官，从郑众开始，权力扩张到了朝堂。

永元十四年（102），汉和帝念及郑众功勋卓著，封他为鄛乡侯，食邑一千五百户。

当然，宦官封侯并不是没有先例。当年秦国的嫪毐，曾被封为长信侯，姑且不管嫪毐是不是假太监，但总归他是历史上宦官被封侯的第一人。而郑众这个鄛乡侯强就强在，等到郑众过世后，他的养子郑闳竟然可以继承侯位，甚至传到了第三代。

从这个角度就可以说明，宦官作为一种政治势力，确确实实登上了东汉的政治舞台。

那么为什么在东汉会出现中国历史上第一个宦官专权的时代呢？

一个表面的答案就是，因为要对抗外戚集团把持朝政。

从汉和帝开始，大概有十个东汉皇帝继位时年纪普遍较小。造成这种幼主连续出现的情况主要有两方面原因。一种是先皇去世年纪不大，几乎都是在三十五岁以下就驾崩了，因此新皇继位年纪就更小了。另一种是往往"太后欲专国政，贪立幼年"。这一点在所谓"贤德"的邓太后身上非常明显，她不立十一岁的刘胜，偏偏要立不过百天的刘隆，为何如此朝堂中的大臣们都心知肚明。

不管哪种原因，最终便造成了"主幼母少"的局面，而太后要想大权在握，就必须依靠娘家人。于是，那些太后的父兄子侄，打着辅主理政的旗号，内外勾结把持朝政，先后出现了窦、邓、阎、梁、何等外戚集团。一旦总揽了军国大权，这些利益集团很难把到手的权力拱手相让。这必然会造成一对矛盾，小皇帝年纪越大，越不甘心当傀儡，必然要夺回原本属于皇帝的权力。

事实上，这些小皇帝本身的处境确实堪忧，因为外戚专权下，常常对小皇帝任意摆布，甚至鸩弑幼主。仅仅是为了不再被人扼住命运的喉咙，小皇帝们也会殊死一搏。但宫墙之内，唯一能使得上力和帮得上忙的，只有那些忠于自己的宦官。

一旦扳倒了外戚集团，小皇帝们亲政后，因为品尝过大权旁落的滋味，找不着更放心的代理人，只能依靠"因为无后自然不会篡权"的宦官集团，继续巩固自己的权力中枢。如此一来，宦官的权力越来越大，渐渐形成一股政治势力，与外戚集团交替专权乱政。

但是，倘若把宦官集团在东汉的崛起，仅仅归因在外戚专权上，那就太浮于表面了。

西汉时的外戚专权也很严重，为什么就轮不到宦官出手护主呢？当年，窦宪的门客崔骃在劝诫窦宪不要擅权，并表示为窦氏下场担心时，曾列举了从汉高祖吕后到汉昭帝赵太后共二十位皇后家族，结果其中十六家皆被灭族。足见早在西汉，外戚专权便是一个无解的老问题了。

到了东汉，最终需要宦官集团崛起来对抗外戚集团，实际上是东汉的开国皇帝刘秀给子孙们挖下的坑。

刘秀在建立东汉王朝后，为了加强皇权，不设丞相，但保留了三公的职位——司徒、太尉、司空（御史大夫），三公享有尊荣的地位和丰厚的秩禄，但不管理具体的事务，也就是变成了虚衔。那么具体权力去哪儿了呢？原来，刘秀设立了尚书台，尚书台官员的品级并不高，却掌握着朝廷的具体权力，直接听命于皇帝。刘秀对尚书台这种"官小权大"的安排，就是为了加强皇权。把权力集中在内廷近臣，确实便于皇帝控制，但前提是皇帝有足够的控制力。

到东汉中后期，小皇帝被玩弄于股掌之间时，外戚集团只要获得一个"平尚书事"的头衔，便可轻而易举地控制尚书台，进而控制整个朝廷。而三公之类的朝臣，他们手中的权力被大打折扣，自然无法与之对抗。

同样，一旦小皇帝夺回了属于自己的权力，也会把尚书台交给他所信任的宦官控制。

东汉朝廷官员的职位和权力毫不匹配,这种制度上的缺陷,导致了官僚阶层根本无法制约皇权;而外戚与宦官轮流坐庄,说到底都是在争夺皇权。

所以,从根本上说,正是东汉皇权的极度膨胀导致了宦官专权局面的出现。

## 外戚为什么总是斗不过宦官

延光四年(125)十月二十七日,东汉前少帝刘懿因病去世,在位时间不过两百零六天。此时掌权的车骑将军阎显和大太监江京奏请太后阎姬秘不发表,先征调济北王、河间王的王子入京。得知这一消息后,十一月二日,年轻的宦官孙程就与王康等十八人一起集合谋划,大家撕破单衣起誓:剿灭外戚阎氏,拥立嫡统济阴王刘保登基。

这是东汉宦官和外戚之间六次大的斗争中,唯一一次不是皇帝主导,也不是在外戚压迫下被迫反击,完完全全由宦官发动的政变。

从某种角度来说,这一次政变主角——宦官们,是有点儿正义感的。他们所扶持的皇帝刘保,是汉安帝唯一的儿子,但是这个太子实在是太苦命了。

原来,他的父亲汉安帝专宠阎皇后,但可惜阎皇后肚皮"不争气",虽然集三千宠爱于一身,但她始终没有诞下一儿半女。倒是身份低贱的李氏怀了"龙种",最终生下了刘保。阎皇后对李氏自然无比愤恨和嫉妒,于是暗中派人将她毒死。既然有了杀母之仇,阎皇后肯定也容不下刘保。

但汉安帝只有这一个儿子,于是在永宁元年(120),刘保还是被册立为太子。阎皇后自然要抓紧动手了,她指使几个老太监诬陷太子的乳母和厨监,随即将二人处死。这两人从小把刘保带大,可以说是他最亲近的人。两人遇害后,刘保自然郁愤难平,经常暗自叹息落泪。阎皇后和那些老太监,索性一不做、二不休,再次诬告太子心怀不满,有谋反之心。汉安帝实在是糊涂,也不想想自己儿子才十岁,拿什么谋反,竟然听信阎皇后的"枕头风",将太子刘保废为济阴王。

延光四年（125）三月，汉安帝驾崩，可怜刘保十一岁就成了无父无母的孤儿。阎皇后不杀他就不错了，自然是不会选他，于是她与阎显商议后，最终迎立了幼童北乡侯刘懿（汉章帝之孙，汉安帝的堂弟）为帝。在这里要插一句，刘懿登基后，外戚集团内部先掐了一架。对阵双方分别是车骑将军阎显和大将军耿宝，阎显是阎皇后的兄长，而耿宝则是汉安帝的母舅，这其实就是新老外戚的对决，结果当然是新晋的阎氏家族大获全胜，耿宝被逼自杀。

延光四年（125）十一月四日夜，孙程等十八位太监果断地在宫中发动政变，击杀了江京等大太监，然后拥立刘保为帝，随后向阎氏一党发动进攻。阎显等人虽掌握兵权，但平素不得军心，竟遭遇士兵们的倒戈一击。很快，阎显被捕，下狱处死。

这个阎显，身处权力旋涡中，扳倒了大将军耿宝，却没想到被一群小太监给扳倒了。

其实，耿宝一死，阎显实际已是军中第一人，距离大将军的职位只有一步之遥。

但即使阎显当上了大将军，恐怕也扛不住宦官的殊死一搏。要知道，在东汉六次外戚和宦官的对决中，除了他是车骑将军之外，有四位大将军死于宦官之手，还有一位大将军在卸任十一年后被宦官诬陷，最终选择绝食而亡。

第一位倒下的大将军是窦宪，郑众协助汉和帝最终用计扳倒了窦宪。

第二位是邓骘，有感于窦宪的前车之鉴，邓骘其实很低调，低调到觉得大将军这个职务容易功高震主，生怕皇帝猜忌，老早就辞官不做了。后来，被宦官诬告的他确实有点儿冤，但汉安帝憋着一口气，就是要清除朝中的邓家势力，他只能接受命运。

要重点说一说第三位大将军梁冀，因为他绝对是东汉外戚势力的最顶峰。梁冀的父亲梁商就是大将军，后来把这个职位传给了他。按理说，这大将军又不是爵位，怎么也来个世袭罔替？由此可见当时梁家势力之大。梁冀一个人拥立了三个皇帝，还公然毒死了一个，你说他嚣不嚣张？

他先是拥立了汉冲帝，冲帝当时才一岁，很快夭折。后来他又找了个小孩上位，没想到这个小孩说话有点儿直，因为不满梁冀专权，批评他一句"跋扈将军"。梁冀火了，派人把他毒死，这个史称汉质帝的孩子死时才九岁。接着，梁冀又找来一个十五岁的少年登基，就是汉桓帝。因为有了前车之鉴，汉桓帝一直在忍耐，足足忍了十三年，一直熬死了梁太后和梁皇后。这样，宫内的梁家势力就被削减了，汉桓帝找到单超等五位大宦官，歃血（咬的是单超的胳膊）为盟，决定除掉梁冀。

其实，梁冀对此有所察觉，但可能是太过自信，竟然没有做太多部署。结果五大宦官召集到一千多人，突然包围了梁冀府邸，收缴了大将军印。梁冀自杀而死，盛极一时的梁氏被灭族。

说句老实话，五大宦官诛杀梁冀其实惊险至极，在完全没有外援的情况下，就靠宫内召集的一千多禁军，竟然能一击毙命，有的时候你不得不佩服宦官放手一搏的勇气。

除了勇气，宦官们还有好运气。

第四位被扳倒的大将军是窦武。大将军窦武与太尉陈蕃密谋诛杀宦官，本来占据绝对优势，结果谋事不密，奏折被宦官看到。宦官先下手为强，控制了窦皇后。运气更好的是，名将张奂所率的边军，居然被成功调动。窦武虽然掌控北军，但在宫门下无法形成战斗力，手下兵士很快倒戈溃散，窦武兵败自杀。

第五位大将军何进，代表着东汉王朝最后的外戚集团，其实也是东汉最后一位名副其实的大将军。此后，韩暹、袁绍两人做的都是有名无实的大将军，因为那时东汉王朝已名存实亡。

宠信宦官的汉灵帝死后，汉少帝继位时年仅十四岁。何进听了袁绍的建议，从四方召集猛将带兵入京诛杀宦官，没想到外兵未到，何进的头倒先掉了。所犯错误几乎和窦武一样：筹谋太久，事情泄漏，当断不断，反受其害。另外和窦武如出一辙的是，窦太后和何太后都不赞成尽杀宦官，迟迟未同意父兄动手。两位太后大概至死也不能理解，外戚和宦官怎么就不能和平共处呢？

其实看这六位外戚，窦宪、邓骘、梁冀都是在小皇帝成长过程中对皇权构成了威胁，最终皇帝要夺回皇权，宦官不过是皇帝杀人的刀而已。而阎显、窦武与何进，则是在老皇帝去世、小皇帝刚刚登基的敏感时期，与宦官集团斗争失败而死，说到底都是在争夺皇权。

另外还有宦官主动攻击外戚。比如，郑众杀窦宪、单超杀梁冀，都是一击必中。而外戚窦武与何进图谋诛杀宦官，往往是因为犹豫不决，最终反被杀。

这里面虽然有宦官们的勇气、运气、了无牵挂、无所顾忌以及种种巧合，但宦官集团之所以能完成"六连杀"，说到底它本质上就是皇权的衍生物，代表着皇权，特别是在京城的羽林军、南北军中，这种意识根深蒂固。这也是窦武、阎显等人虽手握重兵，但还未交战兵士就哗变倒戈的原因。

然而，等到所谓"外兵"进入京城时，显贵达百年的汉朝宦官集团，彻底迎来了末日。

## 宦官真的能控制皇帝

中平六年（189）八月，一场惨烈的屠杀正在洛阳皇宫内上演。

这场屠杀的起因是大将军何进的人头被宦官集团抛了出来。本来何进一方占据了绝对优势，董卓的部队已经很近了，而在京畿，袁绍任司隶校尉，王允任河南尹，袁术任虎贲中郎将，何进几乎控制了从京畿到皇宫门口的绝大多数军事力量。此时，一向迟疑的何太后也迫于压力罢免了中常侍、小黄门等宦官，并将他们赶出了宫禁。何进觉得胜券在握，便轻易入宫。

没想到在此之前，张让、段珪等人劝说了何太后，得到了最后一次入宫当值的机会。于是宦官们延续他们的传统——冒险一击，几十个人携带兵刃，将何进的人头砍下。

洛阳城瞬间就炸了！何进的部属随即进攻皇宫，袁术在东、西、南三个方向放火，威胁张让等人出来。袁绍则守住北宫门，指挥甲士们捕捉"阉人"，作灭绝性的屠杀，不分大小，通通杀掉。在《后汉书·窦何列传》中有这样的描述："或有无须而误死者，至自发露然后得免。死者二千余人。"意思是，皇宫里有些男人因为没有胡须，被错认为是宦官而杀死，有的则是直接脱了裤子来证明，才免遭屠戮，一共死了两千多人。

可怜那些平日里受尽欺凌、没有任何作恶行径的小宦官，也不明不白地做了刀下之鬼。中国历史上的第一次宦官时代，终以这样的悲剧收场。

东汉最后的宦官首领张让，杀何进前曾有这样的责问："天下愦愦，亦非独我曹罪也。"意思是，天下大乱，难道仅仅是我辈的罪过吗？

但是在中国人长期的历史观里，只要是宦官，多数都是贪如豺狼，自然也就成了祸国殃民的代称。那么东汉宦官中真的没有好人吗？皇帝们真的能被宦官轻易控制吗？为什么说东汉王朝最终轰然倒地，宦官集团其实远没有起到一般人想象中败坏天下的作用？

第一个问题其实很好回答。仅仅在本文中，我们所提到两个最早被重用的宦官郑众和蔡伦，后世对他们的评价其实总体都不错，即使整体上对宦官集团持批评态度的《后汉书·宦者列传》，对郑众也是不吝赞美之词。蔡伦更不消说，他在前人造纸基础上集成大业，对人类文化传播产生深远影响，后世并没有因为他是宦官而对其诟病，直到现在多地还建有蔡侯祠。

即使被人诟病宠幸宦官的昏君汉灵帝，他手下也有吕强、丁肃、徐衍、郭耽、李巡、赵佑等宦官为时人所赞美。尤其是吕强，他反复劝诫汉灵帝要爱惜百姓，避免穷凶极奢，汉灵帝最终不予理睬，还派人捉拿吕强，导致他愤而自杀。由于怀有偏见和受正统思想所支配，中国历史对宦官的记述往往多是阴暗面，正如李约瑟所说："历史大多是宦官们的对头所写，结果很多替国家工作得很好的宦官完全没有被载入史册。"

宦官最终被彻底屠杀的悲剧似乎是注定的。在此之前，窦武、何进都是要尽诛宦官。早在窦武之谋被泄密时，宦官朱瑀就愤愤不平地说："中官放纵者，自可诛耳。我曹何罪，而当尽见族灭？"（《后汉书·宦者列传》）这个道理也许世人都懂，但是由于世俗的偏见和妖魔化，最终整个宦官群体被归咎为朝政混乱、皇帝昏庸的祸首，最终官僚士大夫阶层在宦官身上发泄了他们不可抑制的"愤怒"。

第二个问题则涉及长久以来我们对宦官和皇帝之间关系的一个误解。特别是汉灵帝曾经说过"张常侍是我公，赵常侍是我母"，导致这样一个判断，所谓"主奴易位"，皇帝很容易被他所宠信的宦官集团所控制。事实真是如此吗？

比如，汉桓帝曾经和单超等五个宦官歃血为盟，在除掉梁冀后，五人被同日封侯，一时风光无二。但几年之后，除了单超死得早逃过一劫外，其他四人皆成为阶下囚，身败籍没。"五侯"失势后，侯览、苏康、管霸等人又成为新一轮炙手可热的宦官，但蛮横也不过几年，最终落得身首异处的短命下场。

又如，拥立汉顺帝上台的孙程等人，只要触犯到汉顺帝的意愿，所有功劳也就烟消云散了。可见，这些专权骄奢的宦官，虽然看上去权势熏天，敢与外戚争权，但实际上皇权奴隶的性质并无一丝一毫的改变，命运完全操纵在皇帝的股掌之间，东汉无限扩张的皇权，决定了他们只不过是皇权的延伸和辅助罢了。

为什么说把宦官归咎为东汉王朝灭亡的祸首，是被历史的表象遮蔽后所下的结论？

因为与后代特别是明代各种独立的宦官机构相比，东汉的宦官根本没有完善的组织系统，个人更是无法担任外朝官员，这一点导致他们的影响力被限制在一定范围中。

的确，东汉王朝建立后，宦官势力得到比较大的增长，汉光武帝刘秀改革西汉的宫廷制度，宦官全部使用"阉人"，宫廷几乎没有其他士人担任职务。这一点和西汉是有很大不同的。比如，中常侍一职，西汉王朝就常常使用士人担任；到了汉光武帝，则定下规矩必须由"阉人"来担任此职，而这一职务由于负责内廷对皇帝的建议，因此也就为后来的宦官干政提供了便利。宦官的数量，在东汉时期也有了明显的增幅，像中常侍最初只有四人的定数，后来扩展到十人，最终东汉由内廷直接管理的人员达到万人以上，其中隶属少府的宦官"阉人"达到两千多人。

其实，刘秀强行分隔内外庭，是为了集中皇权，吸取西汉时期某些"功高震主"强臣的教训，内外庭隔绝，便于皇帝一人统御。因此，宦官集团即使完全掌控内廷，所发布的各种政令还是需要通过尚书台来传达指挥。而宦官们要想扩大权力范围，只能通过自己的亲故爪牙以及趋炎附势之徒来发展自己的权势，所以宦官专权其实是有限的，它远不能影响整个官僚系统。

需要特别提醒一点，宦官出身多较为低贱，因此在地方上肯定不属于世家豪强势力，所以一旦有专权的宦官触及地方豪强的利益时，便会引起强烈的反弹。这也是在外戚和宦官集团争权时，所谓"清流党人"必然会站在外戚集团一边的原因，因为外戚集团多半也是地方豪强成长起来的，他们拥有共同的利益。作为皇权延伸的宦官集团，没有任何地方上的牵绊，因此很容易代表中央皇权和地方势力进行白热化的斗争。

所以，简单地把"党锢之争"说成宦官对正直清流的迫害，远远不能揭示东汉错综复杂的特殊政局。宦官仅仅是这一政局中的一部分，远远到不了"脏天下"的地步。

## 立志"扫天下"的陈蕃，结局却是白头狼狈只堪哀

建宁元年（168）九月初七夜，一场充满诡计和血腥的宫廷政变正在发生。这是汉灵帝刘宏继承大统的第一年，在年仅十二岁的刘宏眼中，温顺和蔼的宦官们是替自己铲除逆臣贼子的忠仆，因而他并不是后世所传的政变被劫持。相反，《后汉书·窦何列传》中如此记载，宦官曹节一阵怂恿之后，"令帝拔剑踊跃"（《资治通鉴·孝灵皇帝上》）。

真正被挟持的，是彼时掌握最高权力的窦太后。只有女儿没有儿子的汉桓帝死后，尚未成年的刘宏被外戚窦氏挑选为皇位继承人，窦太后因而名正言顺地执掌朝政。所以政变一开始，宦官们先下手控制了窦太后，然后伪造窦太后的诏令，去逮捕窦太后的父亲大将军窦武以及窦氏一族。到第二天的下午，随着窦武的兵败自杀，宦官集团取得政变的全面胜利。

在这场史称"九月辛亥政变"中，最让人感到悲壮和震撼的一幕，是八十多岁白发苍苍的老太尉陈蕃，惊闻宫廷政变，面对如此变故没有丝毫退却，当即召集自己的门生故吏八十多人，各持兵刃去皇宫平乱，由承明门冲入，直抵尚书门前，如飞蛾扑火般进行最后的抗争，被捕后当天遇害。

陈蕃，字仲举，东汉名臣，为官清廉正直，官至太尉。当然，绝大多数人所知道的陈蕃，永远停留在他的十五岁，因为少年意气的他曾说出一句非常著名的话："大丈夫处世，当扫除天下，安事一室乎！"（《后汉书·陈王列传》）

这个"扫一室"与"扫天下"的故事，因为入选过小学四年级的课本而家喻户晓。事情大体是，一位叫薛勤的人拜访陈蕃父亲，正巧父亲不在，薛勤便走进陈蕃的书房，却发现房子里面脏乱得一塌糊涂，便好心劝陈蕃打扫干净。结果陈蕃满不在乎地说了那句话，把客人顶了回去。课本上的结果有点儿尴尬，因为薛勤半劝诫半讥讽地回了他一句："一屋不扫，何以扫天下！"

不过在《后汉书·陈王列传》中，有关这件事最重要的史料记录，其实和课本出入很大。薛勤并没有说"一屋不扫，何以扫天下"，而是"勤知其有清世志，甚奇之"。意思是，知道陈蕃有澄清天下的志气，非常赞赏。也就是说，根本没有人在陈蕃少年时，点醒他年少有大志，要从小事做起，学习做事的能力，否则小事不愿做，如何能办成大事。

于是，宋代诗人杨万里读完其传记后，写下了《读陈蕃传》："仲举高谈亦壮哉，白头狼狈只堪哀。枉教一室尘如积，天下何曾扫得来。"

后两句理解起来容易，就是感慨"一屋不扫，何以扫天下"。但前两句，似乎有点儿讥讽：陈蕃平时高谈阔论、抨击奸邪，确实威武雄壮。只可惜头发白了，却掉入狼狈不堪的境地，悲哀啊！

虽然陈蕃最终没完成扫除天下的夙愿，好歹也算是勇气可嘉，何至于被杨万里如此刻薄评价呢？

要理解杨万里，恐怕就要厘清东汉后期"党锢之祸"的缘由和细节，回到中国首次出现大规模文官集团和士大夫阶层的朝代，回到那个清流们敢于"标榜正义，激浊扬清"，甚至专和皇帝对着干的年代……

陈蕃的个人命运、性格特点以及最终的功亏一篑，从某种意义上说，充分展示了他背后那个群体在政治权谋上的不成熟：清议有余，手段不足。最终祸水来势凶猛，清流被残酷镇压，直接引发了东汉王朝的全面崩溃。

## 汉桓帝当真总是站在宦官这边

绝大多数历史爱好者在读中国历史时，看到仇士良、童贯、魏忠贤等宦官专权时恼火得很，更让人恨得牙痒痒的是那些昏君不知为何总是站在宦官一边，听信谗言打击忠良。

按一般意义的理解，汉桓帝也是这样一位昏君，他宠信宦官，发动了第一次"党锢之祸"，严厉打击清流。但是汉桓帝当真总是站在宦官这边吗？并不是。

汉桓帝刘志，十五岁时被梁太后和她的兄长大将军梁冀扶上皇帝宝座，此后朝政一直被梁冀独揽。成年后的汉桓帝不想再当傀儡。由于朝廷中遍布梁氏亲信，他只能求助身边的宦官。延熹二年（159），二十八岁的刘志在宦官单超、徐璜、具瑗、左悺、唐衡的帮助下，一举除掉了梁冀。事成之后，五位宦官同日封侯，其中单超最为得宠，被封两万户，宦官集团权势迅速膨胀。

"阉人"当道自然要引发外朝官员的不满。就在这年的九月，便有一位官员李云上书指责宦官干政。汉桓帝大怒，立即逮捕李云，下令处死，众多官员求情，时任大鸿胪的陈蕃谏言，直接被罢官。还有一位叫杜众的官员，上书愿与李云同死，想将汉桓帝一军，没想到汉桓帝正要杀鸡儆猴，便将李云、杜众二人一齐处死。

从这件事可以看出，汉桓帝此时刚刚得到权力不久，对拱卫皇权的宦官势力非常维护。但仅仅过了一年，情况就不一样了。

单超的侄子单匡任济阴太守时贪污钱财，被兖州刺史第五种（复姓第五）举报。单超诬陷第五种有罪，直接把他发配到朔方。因为朔方太守是单超的外孙，到那儿肯定没好果子吃。不料，第五种中途被人解救并隐匿起来。单超对此气急败坏，很快发病而死。汉桓帝虽然厚葬单超，但直到第五种在大赦后回家养老，也没有再追究此事。

单超的早死其实是他的福气，避免了看到所谓"鸟尽弓藏，兔死狗烹"的那一天。延熹八年（165），有人举报宦官左悺的亲戚贪赃枉法。这一次，汉桓帝没有对宦官集团客气，直接下令严查。结果一查一大堆，左悺及其兄长左称、侯览的弟弟侯参畏罪自杀，徐璜、侯览和具瑗的哥哥具恭被革职逮捕，具瑗主动辞爵跑进监狱谢罪。基本上，立下拥立之功的"五侯"及其继承人都受到牵连，被剥夺了大部分封地，这批宦官前后风光了五年就集体失势了。显然，汉桓帝并不会让宦官集团的势力过大。

延熹九年（166），黄河水变清了。汉桓帝大概有点儿志得意满，觉得自己的帝王术还行，外戚、宦官、官僚集团平衡搞得不错，况且他还从民间和基层提拔了不少人才，上天大概也觉得他干得不错吧，所谓"圣人出，黄河清"。可是就在这一年，第一次"党锢之祸"发生了，将汉桓帝的"圣人梦"砸得粉碎，而后世对他的评价也因此急转直下。

## "党人"们真的威胁到皇权了吗

经历"李云案"而被罢官的陈蕃，后来被汉桓帝再次征召。在光禄勋的位置上，陈蕃继续行谏争之实。当时汉桓帝封赏频繁，很轻易地便封侯赐爵，陈蕃上书反对；另外他嫌汉桓帝后宫的宫女太多，也一并给予批评。《后汉书·陈王列传》中记录了他的上书："今后宫之女，岂不贫国乎！"意思是，你后宫这么多宫女，国家怎么能不贫困呢？

汉桓帝接到奏章后，先是依从陈蕃所言，放出宫女五百人，紧接着却又封了两人为侯。汉桓帝的意思再明显不过：可以听你们点儿建议，但不能什么事都管着我。可惜陈蕃毫不识相，延熹六年（163），陈蕃再次就皇帝出巡、校猎一事上谏章，结果是"书奏不纳"，他本人很快被人诬陷而罢官。

再次被起用后，陈蕃最终升任太尉，正式成为朝臣领袖。此后，他在立皇后问题上又和皇帝对着干。等到第一次"党锢之祸"时，他又坚决不肯在党人的审讯记录上签字，并上表为党人说情，又被罢官。

纵观陈蕃入朝为官的经历，几乎不是被罢官，就是写奏疏批评皇帝准备被罢官。但他并不是个例,这是当时的一种社会风气。东汉后期产生了一批清流派名士,他们以"清议"为己任,实现对朝廷的舆论监督。宦官以及碌碌无为的官僚们往往成为批判和抨击的对象,正直忠义、勇于谏争的官僚则成为褒扬和赞颂的对象。而陈蕃就和窦武、刘淑一起被当时的清流派名士奉为"三君",为"一世之所宗",意思是值得世人学习的榜样。

就这样,汉桓帝敏锐地感觉到,文官系统和太学生们正在形成一股和皇权抗衡的势力——不管家事还是国事,皇帝干什么都要遭批评;宦官集团只要犯一点儿错,也会被他们抓住不放;动不动他们还要集体请愿。最后汉桓帝给他们定性为"结党营私",称他们为"党人"。

产生"党人"的社会基础,是东汉儒生的大量增加。此时的太学已进入鼎盛时期,西汉初立时只有几十人,到东汉中后期,聚集京师的太学生却达三万多人。太学生大都出身于地方豪强和贵胄世族,入了太学自然想做官,但哪儿来那么多官给他们做?他们只能寄希望于"察举制"。"察举制"是当时官员的选拔制度,顾名思义就是先察后举,地方官根据百姓评价选拔人才推荐做官。这种制度完全以个人推荐为基础,等于将皇权变成了私权,个人推荐显然只会推荐自己熟悉或者同一个圈子的人,其结果是形成了一个个利益集团。太学生们想要做官,就必须投到能举荐他的利益集团中去。

同样因为"察举制",个人评价体系没有掌握在国家手中,而是掌握在清流士大夫手中,这些人实际上掌握了话语权,而这种话语权是可以变现的,因为获得他们的好评就可以做官。比如,清流派最重要的代表人物李膺,当时的读书人和官员都以与他结交为荣,如果某个儒生幸运地得到李膺的接见,就会被称为"登龙门"。这样一个形象的比喻,其实暗含了皇权的某种危机,党人的利益集团和清流派的舆论监督,隐然和皇权平起平坐。甚至在基层社会,这种小圈子和话语权对个人所起的作用远比皇权更实际。感受到巨大威胁的皇权,势必要对日趋声势浩大的党人势力进行压制。

第一次"党锢之祸"的导火索是张成事件,点燃引信的正是天下读书人所仰慕的李膺。张成是当时有名的术士，他和宦官集团交好，得知最近朝廷会颁布大赦令，便谎称自己未卜先知，更唆使儿子杀死仇人。果然，在司隶校尉李膺审理此案期间，朝廷颁布了大赦令。按规定，李膺应立即放人，哪知他却违旨将张成儿子处死，引得朝野称赞。

倘若此事只是孤案，汉桓帝还不会那么火大。事实上，仅仅在延熹九年（166）就发生过数起类似事件。大赦令颁布后，地方官员却依旧违抗皇命，斩杀犯人。犯人本身或罪大恶极，或只因和宦官集团搭边。毫无疑问，这两起执法行为，本身就是抗旨不遵、知法犯法。

感受到严重挑战的汉桓帝完全被激怒，李膺的做法无疑是顶风而上，朝野的一片赞誉和叫好更是火上浇油，让党人们和皇权完全站到了对立面。在宦官的支持下，张成及其门徒控告李膺等人收买太学生树朋结党、诽谤朝廷、惑乱人心。气急败坏、忍无可忍的汉桓帝在延熹九年（166）年底下令，逮捕李膺，并在全国范围内收捕党人，二百多人被捕入狱。永康元年（167）六月，汉桓帝大赦天下，李膺等人幸免于难，但他们的名字被朝廷记录在案，禁锢终身永远不得为官，史称"党锢"。

不过，第一次的"党锢之祸"，表面上党人似乎是受到重大挫折，遭遇了牢狱之灾，但二百多党人最终全部平安出狱，受到英雄凯旋般的欢迎，这种人心所向让李膺等人的声望愈加隆盛，同时也激发了他们的斗志，而宦官在舆论上则被完全逼入死角，惶惶不可终日的他们，自然不会坐以待毙。

因此党人与皇权的斗争，还会有第二回合。

## 殊死反扑、被逼入绝地的宦官们

第一次"党锢之祸"中，有一个细节很值得玩味。

根据《后汉书·党锢列传》的记载，当时汉桓帝派中常侍王甫到大牢审问"党人"，此王甫，便是后来声名狼藉且在"九月辛亥政变"中抓捕陈蕃和窦武的宦官，这是他在史书上的第一次登场。

一批犯人戴着刑具等待审问，名士范滂却在后面要求插队，自愿先受拷打，王甫便先审问他。结果范滂仰天慷慨陈词，竟然让王甫听了非常动容，就把他们身上的刑具全除去了。

当然，作为范滂传记的重要情节，主要是突出范滂的大义凛然。但也从侧面反映出，至少在这个阶段，还是有不少宦官同情"党人"的，甚至宦官内部也对那些行为不端的"阉人"怨声载道，远没有像"九月辛亥政变"那一夜的同仇敌忾。

那么仅仅过了一年，究竟发生了什么，让宦官们最终被逼上绝路，只能抱团取暖？

此时，大形势的确对宦官集团极度不利。永康元年（167）十二月，宦官集团的最大靠山汉桓帝病逝，十三岁的刘宏即位，窦太后临朝称制，窦武和陈蕃受到重用。政局迎来了重新洗牌，李膺等被"禁锢"的官员重新回到朝廷，当初主张严惩"党人"的宦官们惴惴不安。而且形势很明显，老皇帝刚死，新皇帝年幼，大权尽在窦氏掌握，外戚和文官系统更是要联起手来，共同对付宦官集团。

事后来看，窦武与陈蕃最大的错误就是要彻底废弃宦官制度，并将所有宦官一网打尽。这样难免树敌过多，也很难得到窦太后的认可。所以窦太后始终认为，当诛杀有罪的，不同意全部诛杀。

关键时刻，窦武又犯下致命错误。他好不容易找齐宦官们的罪证，写了一道建议捕杀宦官的奏折，竟然还要从正常程序上报窦太后，结果窦武临时有事从宫中返回自己的府邸，这道杀气腾腾的奏折便落入宦官手中。

《后汉书·窦何列传》记载了宦官们看到这道奏折时的愤怒，骂曰："中官放纵者，自可诛耳。我曹何罪，而当尽见族灭！"意思是说，宦官中放纵非法的当然该杀嘛。我们这些人有什么罪呢，何以一起要被灭族？由此可见，这道奏折上的打击面太广，一些平素毫不干政的宦官也被列入诛杀名单。因此宦官们同仇敌忾，歃血为盟，誓要和窦武等人血拼到底。

东汉中后期，皇宫中的宦官有两千多人，一旦宦官们拧成一股绳，控制内廷就不费吹灰之力。事变当夜，宦官们的行动力是惊人的。在这场血腥政变中，行事最关键、杀伐最果断、手段最毒辣的恰恰是曾经同情"党人"的王甫。

宦官们在成功恐吓了皇帝后，当即召集尚书官佐，用刀胁迫他们写下委任诏书，令王甫为黄门令掌握宫禁。王甫火速持皇帝的命令至北寺狱，解救此前已被窦武逮捕的宦官。北寺狱本已被窦武的人所掌握，自然有所怀疑，王甫没做任何解释，将其全部诛杀。被抓宦官获释，宦官集团中的死硬派顿时得到大大补充，当下合兵一处去太后寝宫劫持了窦太后，夺了玺书。随后伪造窦太后诏令，让使者同持太后、皇帝的命令，去收捕窦武等人。窦武自然不信女儿会抓自己，不肯奉诏，他跑进由子侄控制的北军军营，在射杀使者后，准备率北军在天亮后反攻。

此时，形势对宦官来说是非常危急的，京畿地区的兵权绝大多数控制在窦氏手中，一击不中，时间拖得越长对他们越不利。

也算是天亡窦氏，窦武此前确实已将兵权牢牢掌握在手中，却漏算一着。最近，护匈奴中郎将张奂正好回京述职，张奂长期镇守北部诸郡，主要任务是防御匈奴，此次他带了数千人回来，被安置在城郊的长水校尉大营。

张奂是边军将领，不属于朝廷中任一派系。关键时刻又是王甫，他持节下诏急调张奂的部队入城护驾，张奂见王甫手中有皇帝、太后的玺书，自然不敢怀疑，当下率军进入长安，屯于朱雀门下拱卫皇宫。此外，王甫还把宫中所有能调动的虎贲、羽林、厩马兵、都侯等，共一千多人，全部动员起来，不断补充到张奂的布阵中。

到了第二天清晨，窦武的北军来攻，两军对垒。王甫令人出示皇帝和太后的诏书，令手下不断喊话："窦武谋反，你们都是禁兵，为什么要跟着造反的人呢？先投降的有赏！"两军几乎没有激战，窦武的士兵纷纷倒戈，到了中午，竟落到"兵降略尽"的地步。窦武只能逃跑，不幸被包围，无奈自杀。

政变结束后，曹节、王甫等十八名宦官因平乱有功受到封赏，而窦武、陈蕃的宗亲、宾客、姻属或者被诛杀，或者被流放，长安城陷入一片血腥屠杀之中。

宫廷喋血已然结束，但对于清流派士大夫们而言，噩梦才刚刚开始。建宁二年（169）十月，朝廷下令在全国范围内搜捕党人，而党人的门生、故吏、父子兄弟及五服内的亲属都要禁锢终身，不得做官，这便是第二次"党锢之祸"。而李膺和范滂等清流名士再也没有上回入狱的好运气，最终都被拷打致死。

建宁四年（171）正月，汉灵帝刘宏举行了隆重的加冠礼，按照惯例大赦天下，再罪大恶极的囚犯也会被释放，然而党人不在赦免之列。事实上，对于党人的种种迫害，一直延续到中平元年（184）才停止。

## 大好局面，怎么就被翻盘了

回顾"九月辛亥政变"之夜，其实有三次决定性的转折点，前两个转折点非常清楚，一个是窦武奏请窦太后铲除宦官的消息遭到泄露，宦官先下手为强，打了窦武等人一个措手不及。另一个是宦官们竟然能想到矫诏调动张奂和他的边军过来，否则仅靠宫中的一千多虎贲、羽林，他们是不可能有信心对抗窦武叔侄统领的北军的。

但第三个转折点，一般人恐怕想不到，就是作为朝臣领袖的老太尉陈蕃，如飞蛾扑火般带门生故吏八十多人冲入皇宫这件事。必须承认，这是政变中最悲壮的一幕。

当时的情况是，窦武正在北军军营中做最后的战前动员："黄门、常侍反，尽力者封侯重赏！"（《后汉书·窦何列传》）陈蕃该做的是和他会合，而不是逞匹夫之勇。毕竟他已是八十多岁的老人，却依旧没有洞察全局的眼光和手段，还像一个十五岁的少年一样，意气用事，寥寥八十余人，能诛除阉党吗？不过是送死而已。倘若陈蕃能和窦武合兵一处，反败为胜的可能性非常大。

为什么这么说？就在窦武被杀的第二天，政变时宦官集团最重要的外援和救星——张奂，在了解此事的前因后果后懊悔不已。后来宦官集团论功行赏，张奂被提拔为大司农。感到被利用的他痛心疾首，坚决不受封赏，甚至还上奏汉灵帝，要为窦武、陈蕃平反，这种敬酒不吃吃罚酒的做法，最终让他被禁锢归田。

我们可以大胆设想一下，窦、张两军对垒之时，倘若陈蕃作为朝臣领袖来助力窦武，以张奂日后的表现，他会不会当场就对宦官集团产生怀疑呢？毕竟东汉中后期，外戚和宦官集团两者之间争斗太过频繁，作为边军将领的张奂一时无法判断谁是谁非，但以陈蕃的资历、人品和天下人的敬仰，张奂至少要掂量一下正义的天平究竟倾向哪一方。

即使陈蕃不能说动张奂弃暗投明，但有他坐镇，相信北军的士气能提高一大截。毕竟当时两军对峙，双方都指责对方为叛逆，宦官们可以拿出皇帝和太后的诏书，而窦武则拿不出任何证据。此时，陈蕃作为国之重臣鼎力相助，至少让北军士兵感到民心所向，也不至于落到全军不战而降的地步。

那么此时的陈蕃在哪儿呢？

他已被关在北寺狱大牢中，临死前还遭遇了奇耻大辱。

《后汉书·陈王列传》中记载，早就对他怀恨在心的黄门从官们，纷纷上前踢踩他，边踢还边骂："死老魅！复能损我曹员数，夺我曹禀假不？"意思是说，死老鬼，看你还能不能裁我们的员，削减我们的开支。这些小吏竟然未经任何程序，当晚就杀害了他。

这也就是杨万里时隔千年以后，生出"白头狼狈只堪哀"的悲叹的原因。

可以说，陈蕃毁在冒进冲动上，而窦武则死于优柔寡断。

彻底铲除宦官集团，这一念头最早起于建宁元年（168）五月。因为天上出现了日食现象，朝野上下惊恐。以汉朝人的观念，这是上天对天子施政的警告，窦武借机上奏太后，说宦官干政招致天怒人怨，要将他们全部诛杀。

显然，此时窦武与陈蕃早已互通心意，外戚与重臣的联合基本宣告了宦官们的命运。这本是一场胜券在握的政治行动，却在时间的流逝中发生了变化。

窦武将铲除宦官的计划告知女儿，窦太后却犹豫不决，而窦武因为女儿的举棋不定，竟也一直隐忍不发。

从五月一直拖到了八月，陈蕃等人的接连催促都无果，最终还是善观天象的刘瑜称"以星辰错谬，不利大臣，宜速断大计"（《后汉书·窦何列传》），才推动窦武再次行动。在这个月，他完成了京畿地区的警备部署之后，再次要求诛杀宦官首领曹节等人，但窦太后还是不同意，因为她认为证据不足。或许确实是太后太过妇人之仁了，但窦武还真的就按程序去办，一步步寻找"罪证"，时间越拖越长，给了宦官集团谋划反扑的机会。

即使到了最危急时刻，窦武逃入北军射杀拘捕他的使者后，这老先生依旧是慢半拍，按理说变故已然发生，所谓兵贵神速，当夜就该集中北军优势兵力，挥师进宫，抢夺太后和皇上，然后"挟天子以令诸侯"。奇怪的是，他还是不急，一直等到天亮后才摆开阵势，就是不攻，好像非得让宦官们充分调动好兵力后，光明正大打一场才算是真君子。

窦武、陈蕃二人自身品德高尚，立志终结宦官专权，却因为自身缺乏丰富的政治斗争经验，最终事败身亡，特别是陈蕃悲壮而又憋屈的死法，让人感到既可怜又可恨。

更重要的是，随之而来的第二次"党锢之祸"彻底动摇了东汉王朝的根本，经此浩劫，天下儒生被清洗一空，宦官专权达到历史顶峰，最终酿成了黄巾之乱。

# 黄巾军的首领张角和宦官张让之流竟是师兄弟关系

光和七年（184）二月中旬的一天，洛阳城外押来数辆来自山阳的囚车。其中一辆囚车里，被五花大绑的人名叫马元义，他是太平道的大方首领。

什么叫大方？据说，张角在黄巾起义前按照军事化组织来管理教众，将全国各地的太平道徒众分为三十六方，大方有一万多人，小方也有六七千人，每方设立一名首领，也称渠帅，来号令部众。马元义还不是一般意义上的渠帅，他长期负责太平道的居中联络工作，教中尊称他为"神上使"。他不辞辛劳，来往奔走于冀州、洛阳、荆州、扬州，联络各方筹备起义的诸多事宜。

囚车进入洛阳城后，很容易发现城内建筑的外墙上，到处是一片一片的白色印迹，虽然被涂抹掩盖，但仔细辨认，依旧能看出"甲子"的字样，这是马元义此前一年中多次出入京师的杰作。他策划和指挥教众，在夜深人静时，到处涂写这两个字，重点是在府衙外壁上。官府发现后自然要让人清理，然而一夜之后，城内墙壁上又会出现新的用白土书写的"甲子"。渐渐地，城里的老百姓开始流传一首朗朗上口但寓意深刻的民谣："苍天已死，黄天当立，岁在甲子，天下大吉。"

光和七年（184）三月初五，这天是农历甲子年的甲子日，也是张角与太平道诸方教众约定的暴动时间。没想到，在距离起事时间不到二十天的二月十五日，马元义突然在山阳被捕。这对准备十几年的太平道和张角来说，犹如晴天霹雳。

马元义到底有多重要？仅凭一点便可知晓，此前他曾多次来京师，最重要的使命是奉张角之命和宫中的宦官联络，里应外合共同起事。不夸张地说，他才是张角策划起义时最重要的那颗棋子。这一点在《三国演义》的开头也有所交代，小说里张角派出的联络人正是马元义，他带着大量金银财宝，暗中结交中常侍封谞，以为内应。要知道，封谞是汉灵帝最宠信的十常侍之一，有他在宫内做内应，再加上洛阳城内有太平道的大批信徒，一旦内廷生变，城内必乱。此前，马元义召集的荆州和扬州的数万人，说是向邺城运动，但其真正目标很可能是京师洛阳，如此连环三击，朝廷仓促之间难以调动部队，届时洛阳危矣。

这显然是张角的冒险一击。确实，倘若"斩首行动"成功，一举拿下皇宫，就能用最小的代价和最短的时间，实现政权的更迭。为此，他们花费数年工夫在洛阳城营造神秘氛围，潜移默化教导民众，甲子年甲子日起事的队伍，从法理到天命，都是顺理成章的继承者。

马元义的被捕，直接导致张角和宫内的联系被切断，随即朝廷在京城大肆搜捕、屠戮太平道教众上千人，洛阳起义的计划彻底泡汤。这无疑给接下来仓促起事的黄巾军当头一棒，也预示着这场蓄谋已久、轰轰烈烈的起义最终将陷入败亡的命运。

那么，马元义这颗棋子到底是被谁挖出来的？是一个名叫唐周的人告的密，他的身份是张角的弟子。

《后汉书·皇甫嵩朱俊列传》中如此记载："张角弟子济南唐周上书告之，于是车裂元义于洛阳。"不过，后续的记录却有点耐人寻味，汉灵帝非常重视，让各级官吏赶紧搜查宫中的侍卫以及京城中信太平道的人，审讯诛杀了上千人，然后才能"推考冀州，逐捕角等"。

这就很奇怪了，为何一直到此时，朝廷还需大费周章，在多方审讯侦查后，才能确定策划造反的太平道总部在冀州，首脑为张角？

有一点可以肯定，马元义没招，他的确是一条硬汉，其必定经受严刑拷打，一直到五马分尸也未向朝廷吐露半字。事实上，非但张角没有暴露，甚至宫中的两个太监封谞、徐奉也是在黄巾军起事后很久才被发现其卧底身份。马元义不招可以理解,那么唐周呢?这个张角弟子的投敌动机就有点儿奇怪了,既然他已反水,为何不直接告发张角呢?似乎他的目的仅仅是扳倒马元义。对于叛徒来说,不是应该供出层级更高的领导人,使所获的利益更加丰厚吗?

毫无疑问,济南人唐周只是时代中的一粒沙尘,史料记载寥寥数字。很少会有人关心,究竟是什么原因让他在起义最后关头突然叛变告密?他的身份和动机,或许是一把钥匙,能够让我们拨开历史的迷雾,解开曾经同日举义、声势浩大的黄巾军,为何互不统属各自而战,为何又在极短的时间里土崩瓦解?

### 张角《太平经》和宦官的关系

网上有个热门提问,说是看《三国演义》,实在弄不懂为什么封谞、徐奉要和黄巾军张角他们搞在一起,毕竟张角他们提出的政治诉求明显是针对流民百姓。宦官们深居内宫,倘若王朝更迭,对他们来说又有何益?无论从哪个方面来看,封、徐二人都没有理由背叛皇帝而与太平道相约造反。

回答是五花八门,有的说因为宦官之间争权夺利,封谞大概常年受张让的打压,因此心怀不满,所以激愤之下要换新天。也有的说《三国演义》毕竟是小说,黄巾军是逆贼,宦官们也多是反派,因此他们当然会互相联手……

首先要澄清一下,《三国演义》虽是小说,但封谞和黄巾军的内外勾结,却是史实。甚至在真实的历史中,宫中的宦官与张角互通往来的层级之高,远比小说中描绘的更让人不敢想象。

《后汉书·宦者列传》中有明确记载:"而让等实多与张角交通。后中常侍封谞、徐奉事独发觉坐诛。"意思是说,张让等人都与张角互通往来,只不过后来中常侍封谞、徐奉二人与黄巾勾结的事情败露而被杀。而汉灵帝经常念叨"张常侍是我父"的太监首领张让,在皇帝指责他们和贼寇暗通款曲时,便将责任一股脑儿推到了已被处死的两个太监首领王甫和侯览身上。

可见宫中的太监，和张角有联系的不在少数，因而张让可以脸不红心不跳地将祸水全泼在别人身上。那么问题来了，宦官们长期处在禁宫之中，如何一个个都和太平教扯上关系呢？

回答这个问题，就要从太平道的源头讲起。太平道奉事黄帝与老子，以符水咒术治病，向上追溯就是秦汉时期的"神仙方术"。到了汉顺帝时，太平道的根基终于被一位神人干吉（也称于吉）筑牢，因为他在曲阳泉边得了本神书，即《太平青领道》，也就是《太平经》。此后，干吉便以该书为经典，创立了宗教团体，建清舍，行烧香等宗教礼仪，读道书（《太平经》），用符水为百姓治病。奇怪的是，用此法往往能治愈病人，因而太平道颇得人心。

在《后汉书·郎𫖯襄楷列传》中，有这样一段记录："顺帝时，琅邪宫崇诣阙，上其师干吉于曲阳泉水上所得神书百七十卷……号《太平清领书》。"意思是说，早在汉顺帝时，干吉的弟子宫崇便向皇帝进献了那本神书《太平经》，而后来到汉桓帝时，宫崇的弟子襄楷又一次上书《太平经》。而襄楷在奏疏中非常清楚地表述："臣前上琅邪宫崇受干吉神书，不合明听。"意思是，师傅的上书没有引起朝廷的注意，故他再次上书。

宫崇、襄楷为什么要反复上书呢？因为《太平经》中确实有一些内容反映了东汉后期的社会矛盾，所以他们希望皇帝能够从中得到一些提醒，反省自己的作为，特别是汉桓帝荒淫无道，襄楷便希望能以清心寡欲的黄老学说，来劝诫皇帝节制淫欲，不要再像此前那样在宫中极天下之丽了。

这一次，汉桓帝似乎是被说动了，后来他两次派大臣前去河南鹿邑（老子故里）祭拜老子，并将老子灵位请回宫中祭拜。当然，汉桓帝祭祀老子并不是被《太平经》所打动，只不过这本书中"亦有兴国广嗣之术"，就是讲房中术，怎么生儿子的事。这恰恰是汉桓帝的心病，他生了几个女儿，却一直没有子嗣。因此，他寄希望于《太平经》和老子能为他留一个"龙种"。皇帝如此重视这本"神书"，毫无疑问对道教信仰在民间、朝廷和宫中的迅速传播起到了推波助澜的作用，特别是皇帝最忠实的跟随者和效仿者——宦官们笃信道教，甚至熟读

《太平经》也就不足为奇了。

事实上，张角获得《太平经》的时间相对较晚。也有专家认为，"最有可能的是被其收买或皈依其道的宦官为张角提供了此经书"，不过这一点还没有确切证据。毫无疑问的是，因为学习同一本经书，张角和宦官们有了某种特殊的联系，这也能解释他为什么能和张让、封谞等人互通往来。说到底，他们系出同门，甚至宦官们大概还是张角的师兄，他们共同的师祖自然是那位最早发现《太平经》的干吉。

## 唐周告密事件，实是太平教内的派系斗争

干吉，实在是东汉末年一个非常神奇的人物，他的生卒年龄不详，《三国志·吴书》的《孙策传》裴松之注引《江表传》中有个简单介绍："琅邪于吉，先寓居东方，往来吴会。"其基本活动在山东、江苏沿海一带。干吉早期只是一个精通五行、医术的方士，后来在曲阳泉边偶得《太平清领书》，于是老年术法"大成"。但干吉始终比较低调，他的徒子徒孙将"神书"进献入宫，他本人则一向对权力敬而远之。

即使如此，干吉的命运依旧逃脱不了权力的桎梏。一天，江东的小霸王孙策在城门楼上大宴诸将宾客，这时候恰巧"老神仙降临"，原来是干吉拄着一根拐杖仙风道骨地在城门下慢慢踱步。瞬间，众多宾客和部将扔下筷子，蜂拥下楼去迎拜"神仙"，拦都拦不住，丢下小霸王孙策在那一人怒火中烧：在东吴的地界上，到底谁是老大？更有几个不懂脸色的人，竟想拖着孙策去拜，孙策当即命人逮捕了干吉。而此后说情者众，甚至托到了孙策母亲那儿，但孙策坚持认为干吉蛊惑人心，已经威胁到了他对部众的统领，最后不顾所有人的反对杀了他。当然，根据《搜神记》的记载，孙策因为此事遭受干吉诅咒，最终箭创崩裂而死，但这个内容毕竟只见于野史，不足采信。

干吉被杀的那一年是汉献帝建安五年（200），据说他已年近百岁。此时距

离光和七年（184）年的黄巾起义被剿灭，已过去整整十五年。即使所谓的黄巾余部起义，也爆发过多次，但是从干吉在吴地的影响力来看，他不光受社会底层民众的膜拜，中上阶层同样对其热烈追捧。干吉才是太平道真正的创立者，那就可以得出这样一个结论：太平道并没有全员参加黄巾起义，而东汉的统治者对此显然非常清楚，对黄巾军的打击也没有扩展到整个太平道的道众，以至于黄巾起义失败后十五年，干吉依旧在东南沿海逍遥自在地做他的"老神仙"。

怎么做到这一点的呢？只有一种可能，就是干吉这一派系的太平道势力，在黄巾起义前已经和朝廷达成了某种约定，或者是递交了"投名状"，已向朝廷表了忠心，而这个"投名状"恐怕正是唐周告密事件。

注意看唐周的籍贯济南，济南在东汉时属于琅琊郡。显然，这是干吉的太平道势力范围。前文已经说过，干吉本是琅琊人，在山东、江苏等东部沿海区域深耕多年，所以这一区域的太平道势力并不听从张角的指挥。

这一点还可以从张角振臂一呼起事后得到印证。《资治通鉴·孝灵皇帝中》中如此叙述："自青、徐、幽、冀、荆、扬、兖、豫八州之人，莫不毕应。"但这句记录显然是有问题的，遍观黄巾起义的进程，并不是"八州并起"，初始只有"六州同步"，而所谓"青、徐"二州的起义，其实是在黄巾起义失败三年后的事，而在过往的史书中常常归类为"黄巾残部"的起义，实际情况是曹操在担任济南相时"禁断淫祠"引发的民变。

在镇压"黄巾起义"中没捞到多少好处的曹操，成为这次起义最大的受益者，最终成功招降三十多万黄巾军，随军眷属达百万，曹操从中选拔出精锐十余万号青州兵，最终成为他争霸天下的基础。从这一串数字也可以看出，这次"青、徐"起义绝无可能是一次残部起义。

至此，可以大胆推测，张角在谋划和实施起义时，全国的太平道教众并没有全员支持，尤其以干吉为首的"元老派"和其所掌握"青、徐"区域，不但没有参与，私下里还做了一些小动作，将张角的起义计划提前暴露。

他们为什么要这么做呢？显然是因为政治理念的不同。干吉家族世代为方士，自古以来就走上层路线，比如负责为秦皇、汉武寻仙求药的方士。因而干吉的徒子徒孙也多次上书汉廷，希望影响皇帝，以《太平经》作为清除积弊的施政纲领，实现社会改良的政治目标。

而张角三兄弟显然是太平道中的"少壮派"，至少起义后三兄弟都能领兵作战，年纪估计都不会太大。面对东汉末年种种社会问题，各种贫富不均和剥削压迫，张角选择直接向教众宣传激进的革命，为此他还描绘了一个美好的太平世界，号召大家起来把当下的"末世"推翻。

很显然，从太平教的历史渊源和演变进程来看，干吉一派是元老勋旧，在朝野有较强影响力；张角一派则是后起新秀，影响力多在民间。然而，随着东汉末年社会矛盾日趋加剧，干吉的信徒尤其是民间的弟子大量转投张角，唐周很有可能属于这种情况，后来又变成张角的弟子。

双方的实力和声望此消彼长，"元老派"和"少壮派"渐生嫌隙。当得知张角在洛阳皇宫的"斩首"计划后（该计划极有可能是由宦官通报给"元老派"，毕竟干吉一派和宦官的关系恐怕更亲密），"元老派"再三衡量后最终指示唐周告发马元义，却并没有告发张角，很显然这是一招敲山震虎，警告张角不要轻举妄动，斩其一臂但不伤其根本，同时也保证太平道绝大多数信徒不受牵连，以免殃及池鱼。

令"元老派"想不到的是，张角等"少壮派"明明"知事已露"却偏偏要铤而走险，"晨夜驰敕诸方，一时俱起"（《后汉书·皇甫嵩朱俊列传》）。唐周告密本想阻止起义，却意外逼得"少壮派"提前起事。于是，黄巾大起义就此爆发，承平已久的天下在战火中沸腾起来。

## 因为这个人活着，张角至死也没坐上教主宝座

黄巾军刚刚举事时，徒众数量庞大，振臂一呼动辄数十万人，声势非常浩大。很多历史爱好者都以为这场动摇东汉统治基础的起义一定折腾了很久，其实

并没有。从二月下旬举兵，到十一月张宝在下曲阳兵败被杀，轰轰烈烈的黄巾起义只坚持了九个多月就以失败告终。

整个起义过程中最悲壮的一幕是，十月份皇甫嵩与张梁激战于广宗，皇甫嵩夜袭成功，斩杀张梁，三万黄巾军战死。城破之后，有五万教众坚决不降，投河赴死，河水为之断流。但其后却发生了一件令人意想不到的事，《后汉书·皇甫嵩朱俊列传》如此记载："角先已病死，乃剖棺戮尸，传首京师。"广宗城破，官军们这才发现最大的"贼首"张角早已病死。可以肯定的是，张角去世后，以张梁为首的黄巾军领导集团，肯定是要封锁消息的，一方面防止动摇军心，另一方面也因为张角的死因说不出口。张角是病死的，这就有点儿尴尬了，以符水包治百病的大贤良师，竟然无法医治自己的病。

当然，本就有医者不可自医这个说法，但张角给人治病毕竟不同于普通医者，当年这位大贤良师持九节杖，为病人用"符"祝祷，然后让人喝下符水，接着便让病人跪拜，诉说自己的过错。如果这一套仪式走完，得病痊愈，只因病人已信道，对方自然对张角死心塌地；如果不愈，一定是因为对方还不够虔诚。

而今张角自己得病死了，那是不是证明他信道不坚呢？

类似这样的疑问恐怕在黄巾起义开始后就不断在教众心中蔓延，毕竟此前张角等人是用一种神秘主义和宗教手段来包装和神化领导层的，比如张角三兄弟的"三公将军"明显是天地人的三官信仰，"三十六渠帅"则是象征天罡斗数。信徒对他们的预言和能力毫不怀疑。但是，随着战事不断遭遇挫折，信徒渐渐困惑：黄天怎么没站我们这一边呢？这种信心的消失，对于这种以宗教教职命名的军事组织来说，几乎是致命的。所以，听说大贤良师竟然得病身亡，直接导致大量信众信心崩塌而集体自戕。

说到教职，必须要强调的一点是，后世史家常常混淆了太平教谱系的脉络，误认为张角是太平道的教主。这一点是不正确的，张角从头到尾没有称自己为教主，也从不自认是太平道的最高领导人。起事之后，他自封为"天公将军"，却在黄巾军中空缺诸如"帝君""师君"等更为高阶的职位。很显然，张角自己清楚，在太平道教中，只要干吉活着一天，他于公于私、于情于理都无法坐上"教主"的宝座。

张角一死，便再无一个在资历和威望上能够统御上下的人继续扛起大旗，黄巾军顿时群龙无首。这与张角最初的传教策略有关，当时他将教徒分立三十六方，使得天下能同时举义，声势确实吓人，但是因为"各立渠帅"，三十六方之间并无统属关系，无法形成合力，因此很容易被朝廷各个击破。

这一点从黄巾军的溃败过程中看得清清楚楚。起事之后，黄巾军形成了冀州黄巾、颍川黄巾、南阳黄巾三大中心，从北、东、南三个方向对洛阳形成包围的局势，形势一片大好。

而东汉军队的将领们显然更有战略眼光，他们及时采取了"主攻中线，截断南北，各个击破"的策略，先主攻距离洛阳最近的颍川黄巾，迫使"各自为战"的各方黄巾自求出路，而各地黄巾军之间果真毫无配合，纵观整个黄巾起义，竟然没有一次互相援助的战例。另外，黄巾军本来就是由大量流民组成的，他们没有严格的军事训练，人数虽众，但战斗力低下。这群乌合之众，在装备精良、训练有素的东汉官军面前，自然是一败涂地。

而此后黄巾余部的起义更是贻笑大方。所谓黑山黄巾的统帅张燕，高举黄巾旗帜，其实是聚众为盗，有了点儿实力后便"遣人至京都乞降"（《三国志·二公孙陶四张传》），赶紧让朝廷招安，谋一个中郎将的富贵。益州黄巾的首领马相，才占领了益州三郡之地，就敢直接称帝，最终兵败身亡。

可以说，张角一开始为太平道制定的组织形式，分封了所谓的三十六方渠帅，其实是削弱了黄巾军的实力。各个渠帅对起义目的认识不同，太平道思想各异的派系之争，流民们小富即安的局限都加速了黄巾军的灭亡。

总之，黄巾大起义更像是烈火烹油，瞬间火花四溅，气势逼人，终不能持久。之后虽然余波弥久方平，但结局早已注定。